本书受哈尔滨商业大学工商管理一级学科－战略管理研究方向－研究生教材－《现代公司理论与实践》项目资助（项目编号：HLJGCYC20039920221164583）

# 现代公司理论与实践

主　编　陈彦丽

副主编　侯瑞雪　王艳红　赵　慧

中国财经出版传媒集团

经济科学出版社
Economic Science Press

·北京·

**图书在版编目（CIP）数据**

现代公司理论与实践／陈彦丽主编；侯瑞雪，王艳红，赵慧副主编．--北京：经济科学出版社，2025.7.（21世纪高等院校研究生教材）．-- ISBN 978 - 7 - 5218 -6733 -6

Ⅰ．F276.6

中国国家版本馆 CIP 数据核字第 20254QK518 号

责任编辑：李 雪 袁 澂
责任校对：齐 杰
责任印制：邱 天

**现代公司理论与实践**

主 编 陈彦丽
副主编 侯瑞雪 王艳红 赵 慧
经济科学出版社出版、发行 新华书店经销
社址：北京市海淀区阜成路甲 28 号 邮编：100142
总编部电话：010 - 88191217 发行部电话：010 - 88191522
网址：www. esp. com. cn
电子邮箱：esp@ esp. com. cn
天猫网店：经济科学出版社旗舰店
网址：http：//jjkxcbs. tmall. com
固安华明印业有限公司印装
710×1000 16 开 22.5 印张 310000 字
2025 年 7 月第 1 版 2025 年 7 月第 1 次印刷
ISBN 978 - 7 - 5218 - 6733 - 6 定价：78.00 元
（图书出现印装问题，本社负责调换。电话：010 - 88191545）
（版权所有 侵权必究 打击盗版 举报热线：010 - 88191661
QQ：2242791300 营销中心电话：010 - 88191537
电子邮箱：dbts@ esp. com. cn）

# 前 言

········································

马克思曾说:"假如必须等待积累使某些单个资本增长到能够修建铁路的程度,那么恐怕直到今天世界上还没有铁路。但是,集中通过股份公司转瞬之间就把这件事完成了。"公司尤其是股份公司作为资本集中的一种形式,使生产规模惊人地扩大,让个别资本不可能建立的企业得以出现,促进了耗资巨大的工程兴建,推动了生产和社会的发展。在当今全球经济一体化的浪潮中,商业环境正以前所未有的速度发生着变革,现代公司作为经济发展的核心驱动力,其运营模式和管理理念也在不断演变。从传统的家族式企业到如今的跨国巨头,从工业时代的生产导向到信息时代的创新驱动,公司在社会经济中的角色和影响力越发举足轻重。

党的二十大报告指出,"完善中国特色现代企业制度,弘扬企业家精神,加快建设世界一流企业"。完善中国特色现代企业制度是加快建设世界一流企业的重要制度基础，而世界一流企业是国家经济实力、科技实力和国际竞争力的重要体现，是引领全球产业发展和技术创新的关键力量。党的二十届三中全会提出，高水平社会主义市场经济体制是中国式现代化的重要保障。必须更好发挥市场机制作用，创造更加公平、更有活力的市场环境，实现资源配置效率最优化和效益最大化。这些为现代公司的发展指明了方向，提供了保障，也给出了更高的要求。在此背景下，深入了解现代公司形成与发展规律、运行规则与制度、操作实务与实践等，具有重要的意义和价值。

现代公司理论建立在企业理论的基础上，内容广博。本书以现代公司的运行为主线，主要包括现代企业制度（公司制）总论、交易成本理论与现代公司的产生、契约理论与公司治理、企业成长理论与公司的发展、产权理论与中国企业改革等五个部分。

现代企业制度是以社会化大生产为基础，以科学技术为动力，以权力与制约为手段，以效率为目标的一种企业制度，其基本特征是产权清晰、权责明确、政企分开、管理科学。公司制能够完整体现现代企业制度的特征，是现代企业制度的主要表现形式。现代公司制度的核心是法人特征；现代公司制度的基础是有限责任；现代公司制度的关键是公司治理机制。中国公司制度的建立是一个逐步发展和完善的过程，主要是从 20 世纪 90 年代建立现代企业制度开始。1993 年，党的十四届三中全会明确建立社会主义市场经济体制，提出建立现代企业制度，同年《中华人民共和国公司法》（以下简称《公司法》）颁布，为公司设立、运营等提供法律依据，标志着中国公司制度的确立。其后，《公司法》进行了四次修正、两次全面修订，完善公司设立与运行、股东权利保护、公司履行社会责任等制度，健全市场化经营机制，优化营商环境，促进各类公司健康发展。中国的公司制度正逐步走向成熟和完善。

交易成本理论是新制度经济学的重要理论之一。1937年，罗纳德·科斯在《企业的性质》中首次提出交易成本概念，用于解释企业存在的原因。之后，威廉姆森等学者进一步拓展该理论，深入研究交易成本的成因、类型及影响，使其成为分析经济组织和制度的重要工具。交易成本理论的主要内容有：①企业作为一种不同于市场交易的组织形式出现，它替代市场的根本原因是因为市场交易存在成本，市场价格机制的运作是有代价的。②交易费用就是运用市场价格机制的费用，它包括交易之前、交易之中、交易之后所发生的所有费用。科斯认为企业内部的组织与管理也是有费用的。③企业组织出现后，依靠价格纽带形成的单个经济主体之间的市场交易关系就被企业内不同要素所有者之间的契约关系和服从企业家的"权威"所代替，从而可以降低交易费用。④企业的显著特征就是作为价格机制的替代物，但企业不能完全替代市场，而是与市场并存，因为企业交易也是有成本的。交易成本理论从经济学角度解释了公司产生的根本原因。

契约理论关注公司内外各方之间的契约关系和制度安排。契约理论认为，公司是各种契约关系的集合体，包括股东、经营者、员工、债权人、供应商、顾客社区居民等利益相关者之间的契约。这些契约不仅规定了各方的权利和义务，还决定了公司的治理结构、运营模式和激励机制。由于人的有限理性、信息不完全以及交易的不确定，使明晰所有特殊权利的成本过高，拟定完全契约是不可能的，不完全契约是必然和经常存在的。因此，20世纪八九十年代，由格罗斯曼、哈特、莫尔等学者共同创立了不完全契约理论。该理论以合约的不完全性为研究起点，以财产权或（剩余）控制权的最佳配置为研究目的，是股东权益保护、董事会制度、经理层激励与约束、公司控制权配置等公司治理问题的重要分析工具。

企业成长理论是指关于企业发展的动力、规律、阶段、影响因素等方面的系统性观点。马歇尔在《经济学原理》中指出，在公司制之前，在整体经济中成长起来的企业如同森林中的大树，大树不会无限成长，现实中的企业也同样不能无限成长，企业成长的道路艰难曲折，企业成长很难持续。公司制相比于独资和合伙企业更能实现永续成长。其中，股份有限公司作为一种有效的组织形式，能够突破原有企业制度的局限，为企业的发展提供了更广阔的空间和更有效的机制。现代公司制被视为企业成长的归宿和结果，因为它能够实现持续的成长，不断适应市场变化和经济发展的需要，为企业的长期发展奠定了坚实的基础。在当今数字化转型背景下，中国企业积极运用互联网、大数据、云计算、人工智能、区块链等技术加速创新，实现内涵式成长。

产权理论是交易费用理论的一个重要延伸，关注于产权的界定、分配和保护对公司交易费用的影响。产权理论认为，明确的产权界定能够减少交易中的不确定性，降低搜寻和谈判成本。当产权得到清晰界定并得到有效保护时，交易双方能够更准确地评估交易的风险和收益，从而更愿意进行交易。此外，产权理论还强调，通过合理的产权分配，可以激励交易双方采取更有效的行为，减少资源浪费和交易摩擦。在现代公司中，产权理论的应用有助于企业建立清晰的产权结构，保护投资者的合法权益，促进企业的健康发展和长期稳定。产权理论为中国企业改革提供了重要的理论依据。在混合所有制改革过程中，无论国有企业吸纳民营企业进入的混改，还是国有股权参股到民营企业之中的逆向混改，都是依据产权理论有序进行。

　　本书按照我长期讲授的"现代公司理论与实践"研究生课程的总体思路与框架设计。现代公司理论与实践课程是以管理学中的公司组织为研究对象，以制度经济学中的经济理论为研究手段，以法学领域的公司法、证券法等为研究依据，以实现公司利润最大化的经济目标、平衡利益相关者之间关系的社会目标相结合为目的，涉及经济学、管理学、法学三大学科领域的一门交叉学科。本书疏理了交易成本理论、契约理论、企业成长理论、产权理论等现代公司理论，系统性、理论性强；将公司理论其与现代公司运行过程相结合，如将交易成本理论与公司的产生相结合、将契约理论与公司治理相结合、将企业成长理论与公司的发展相结合、将产权理论与国有企业混合所有制改革相结合，具有创新性；探讨了现代公司发展中的热点问题，如数智革新、逆向混改等，并介绍了相关典型案例，具有实践性；引用2024年实施的最新《公司法》法条，具有适用性；提供了立体化数字学习资源，包括知识拓展、案例、教学PPT、知识点等，具有丰富性、实用性。

　　本书是哈尔滨商业大学工商管理一级学科战略管理研究方向的研究生教材建设项目，在立项和招标过程中，得到了哈尔滨商业大学商务学院、资产管理处、财务处等多个部门多位领导、多位老师的帮助，在此深深感谢！在写作过程中，得到了哈尔滨商业大学、哈尔滨工业大学、中北大学、黑龙江开放大学多位老师的支持，是大家的共同努力才使本书最终完成。本书的顺利出版与经济科学出版社的李雪、袁潋两位编辑的辛勤工作密不可分，感谢她们细致的审稿和提出的宝贵建议。本书参考了许多专家学者的研究成果，在此一一表示感谢。

本书编写的执笔人及分工如下：陈正康（第一章、第二章）、徐磊（第三章、第四章、第十章）、王昱淇（第五章、第十一章）、陈彦丽（第六章、二维码知识点归纳）、侯瑞雪（第七章、第八章）、张宁（第九章）、赵玥（第十二章）、张鑫瑜（第十三章、第十四章）、周娟美（第十五章）、王艳红（二维码教学 PPT 制作）、赵慧（二维码数字资源整理）。由陈彦丽设计总体篇章结构，确定各章主要内容及观点，撰写前言。由陈彦丽、侯瑞雪、王艳红、赵慧总撰定稿全书。

本书主要适用于经济、管理类研究生专业课程学习，也适用于对公司理论感兴趣的经济、管理类本科生延伸学习，还可以作为从事公司管理、公司治理、公司法务等专业人士参考。

由于时间和水平有限，书中难免存在不足之处，恳请广大读者批评指正。

陈彦丽
2025 年 3 月 9 日

# CONTENTS ▷
# 目　　录

## 第一篇　现代企业制度——公司制

## 第四篇　企业成长理论与公司的发展

## 第五篇　产权理论与中国企业改革

# 第一篇　现代企业制度
## ——公司制

# 第一章

## 企业制度的演进

　　企业是利用生产要素（如土地、资本、劳动力、技术等）从事生产、流通或服务活动的营利性经济组织，是市场经济的基本要素。企业具有以下特征：第一，企业向市场提供产品或服务；第二，作为经济组织，企业以营利为直接目标；第三，企业要独立经营，独立核算，自负盈亏；第四，企业是公共机构的财务主要来源；第五，企业只履行自身的职能，也就是从事生产经营或服务活动。

　　制度是一个社会的博弈规则，是一些人为设计的、形塑人们互动关系的约束。[①] 制度对经济发展和组织效率提升的意义不言而喻。诺思在《西方世界的兴起》中宣扬的最主要的观点就是西方经济的发展最主要得益于制度的变迁。这些制度安排能够使经济单位实现规模经济、鼓励创新、提高要素市场的效率，或者减少市场的不完善。这类制度安排起到了提高效率的作用。[②]

　　企业制度就是企业在从事生产经济活动中需要遵守的规则，也就是要如何管理企业的机制，一般是指以产权制度为基础和核心的组织和管理制度。企业制度经历了古典企业制度时期和现代企业制度时期。

知识拓展

---

　　① （美）道格拉斯．诺思．制度、制度变迁与经济绩效 [M]．杭行，译．上海：格致出版社，2019：3.

　　② （美）道格拉斯．诺思，罗伯斯．托马斯．西方世界的兴起 [M]．厉以平，蔡磊，译．北京：华夏出版社，2017：8.

# 第一节　古典企业制度

## 一、古典企业制度的含义

古典企业制度是一种企业所有者集权的制度，换句话说，古典企业是集所有权和经营权于一身的企业制度，这种企业制度下，企业的所有权和经营权是统一的、不分离的。古典企业制度的两个主要形式分别是业主制和合伙制。

业主制又称独资业主制，企业是由业主独资创办的。所有者也就是资产的所有者，即企业的业主，也是企业的实际经营者，其拥有决定生产什么、如何生产、怎样销售的权利，同时也独享获得的利润。这一制度的载体一般都是小规模企业，因为小规模企业资金投入不大，是个人或单一家庭可以承担得起的。业主制企业规模小，企业的建立、终止和转让都相对比较容易。但由于出资者和经营者单一，企业的资本来源受限，故企业的发展也会受限。业主制企业所有者对企业债务要承担无限责任，因此业主制企业的经营风险大，不太适应大规模企业和社会化市场经济的发展。

合伙制是在业主制的基础上，资本来源由单一的个人变为多个个体共同投资，合伙对象多是亲朋好友，合伙人之间共同管理经营、互相监督，并分享利润。与业主制相比，合伙制的资金来源进一步扩大，同时也分散了风险。但由于人们在经济活动中会追求自身利益的最大化，这会导致一些投机行为而产生道德风险。合伙制企业的规模相比业主制企业的规模有所扩大，但大多仍是小规模企业。

## 二、古典企业制度的特征

### （一）所有权与经营权合一

所有权与经营权合一是古典企业制度的显著特点。古典企业无论是业主制企业还是合伙制企业，企业的所有者都会从事企业的经营活动，企业的所有者直接担负企业的管理职责，因此古典企业没有聘请专门的管理人员进行管理，企业的所有权和经营权合一。

### （二）经营规模小且管理简单

古典企业制度下的古典企业无论是业主制企业还是合伙制企业，由于资金来源的限制，普遍规模不大，由于所有权与经营权合一，所以管理层级简单，只有雇主（企业所有者也是经营者）和被雇佣者（劳动者）两个层级，没有独立的管理层。

### （三）无限清偿责任

古典企业制度的另一大特点就是无限清偿责任。古典企业是自然人企业，企业的财产与所有者的财产没有界限，可以说企业的财产就是所有者的财产，因此所有者对企业财产具有占有权、使用权、处置权、收益权等权利，这种权利是无限的。而反映在责任上，所有者对企业的债务清偿责任也是无限的。如果企业倒闭欠款，所有者即使散尽家财也要偿还。业主制企业由业主或业主一家偿还，而合伙制企业则由合伙的几位所有者共同偿还。

### （四）经营封闭性

古典企业所有者和经营者同一，资金来源也只限于业主或合伙企业的合伙人，并没有公开向社会集资，所以企业的运作经营属于企业内部事宜，无须向社会公开，企业的经营具有私密、封闭性。同时古典企业具有较强的独立性，只需受到市场约束，而无须受社会的监督。

古典企业所有权和经营权合一，资金都来自企业的所有者，企业的经营也是直接由企业的所有者进行。这样的企业经营独立，管理者有很大的决策权，在遇到一些情况或问题时，能够及时应对作出决策。同时管理层级少，组织结构简单，因此企业的组织协调过程比较迅速，内部管理效率高。此外，所有者与经营者同一，没有委托—代理关系，因此大大减少了管理费用和诸如交易成本、监督费用、委托代理费用、协调费用等成本。

古典企业虽然有以上的优点，但是古典企业也存在一些致命缺点。第一，古典企业资金来自业主独资和合伙人合资，融资渠道比较单一；此外，由于古典企业的所有权和经营权合一，企业的专门化程度低，这些都限制了企业对规模化的追求。第二，古典企业无论是业主制企业还是合伙制企业都是自然人企业，企业的所有者对企业债务负有无限责任，这会给企业的所有者造成很大的风险，一旦企业的财务出现问题，企业所有者的财产和他们的家庭财产都会处于危险之中，所以，古典企业的经营更加谨慎，这在一定程度上也限制了古典企业的发展。第三，古典企业的产权流动性比较差，这导致企业的存在对企业的所有者依赖性比较大。如果一个或多个合伙人退出企业或某个合伙人突然离世，企业很可能面临管理混乱、重组甚至解散等问题，这些会导致古典企业"短命"。此外在合伙制企业中，合伙人较多的时候，总是会有一些人"惰性"发作，在工作中"偷懒"，这时就需要合伙人之间互相监督，这种内部的消耗也会大大影响企业的效率。

古典企业制度的这些缺点限制了企业规模的扩大，所以想要扩大规模，企业必然会创新出新的、更适合大规模企业发展的企业制度——现代企业制度。

## 三、古典企业制度存在的机理

世界上很多企业均采用古典企业制度，即使在现代企业制度为主流的时代，古典企业制度仍有其独特的活力。

### （一）古典企业制度是企业初创期最佳制度选择

（1）企业初创时期，经营风险较大，一般商业银行不愿意提供贷款，或即使提供贷款条件也比较苛刻，成本也比较高，而企业又很难通过其他金融渠道去筹集资金，所以独资的业主制或是与亲朋好友共同出资的合伙制就是最合适的企业制度。

（2）古典企业制度所有权和经营不分离，决策权集中，特别是在合伙制企业中很容易出现"大家长"或创业者权威的企业组织结构，这种结构下，企业的交易成本极低，人员在创业初期可以快速融合。由于企业的"合伙人"多为亲属或朋友关系，其内在利益和动机是一致的，协调成本低，因此，即使有些古典企业没有正规的组织结构，企业也可以有效运作。

（3）企业初创期，企业的资金不足，很多时候人力资源都处于不足的状态，而古典企业，特别是合伙企业，所有者也是经营者，企业可以充分开发合伙人的能力，达到所有者、经营者、操作者三位一体，从而可以以较低的成本解决人力资源不足的问题。

### （二）古典企业更容易度过困难时期

古典企业有着强大的凝聚力，这就使得企业在遇到危机，面对外界压力时，具有迅速处理危机和应对风险的能力。古典企业由于所有权与经营权合一，企业兴衰直接影响经营者（也是所有者）的利益，因此经营者忠诚度高，特别是企业的家族性合伙人，在企业发生危机的时候，他们可以在回报很低，甚至没有的情况下，尽全力为企业工作。此外，古典企业的业主或合伙人对企业肩负着无限责任，这在极大的程度上保障了债权人的利益，因此当企业遇到困难的时候，比较容易拆借资金，这有助于企业尽快脱离困境。

### （三）古典企业在税收方面是单一收税

古典企业是自然人企业，不具备法人资格，因此企业不存在自己独立的资产，我国的税法规定，对古典企业只征收个人所得税。也就是说对古典企业，国家只征收一次税款。这也是创业者选择古典企业的一个重要原因。

综上所述，采用古典企业制度，能够利用较少的资本开始创业，合伙人能够同舟共济，一起共渡难关，并且可以把成本控制在较低水平，增强企业的市场竞争力。

## 第二节　现代企业制度

### 一、现代企业制度的含义

现代企业制度早期是从西方发展起来的，西方的现代企业制度有两个明显特征：一是公司是法人组织，有统一的规章，独立进行经济活动，进行生产或交易，行使经济权利；二是公司由股东参股合作投资，公司的资本所有者和经营者相互分离，经营者由公司雇用，有时候股东也可以成为经营者。[①]

---

① 张银平. 现代企业制度在中国的构建与发展 [J]. 中外企业文化，2022（12）：17－23.

现代企业制度是以社会化大生产为基础，以科学技术为动力，以激励与制约为手段，以效率为目标的一种企业制度，是由一定的产权结构、治理结构和责任制度所决定的企业组织结构制度。

19世纪40年代末美国铁路建设充分诠释了古典企业制度向现代企业制度演化的过程。美国铁路建设推动了美国铁路企业的所有权与经营管理权逐步分离。

在美国铁路建设过程中，美国铁路企业的资金筹集方式和管理模式都发生了巨大的变化。修建铁路需要巨额资金，这不是通过个人独资或少数人合伙投资能够完成的，铁路企业为了能够筹集到相应的资金，不得不通过股票等资本市场工具向社会融资，这就使得企业的投资人数量剧增，导致企业所有权的分散。在当时，铁路属于科技含量比较高的项目，要求管理者具有专门铁路管理的技能或受过专门的训练，这就决定了铁路企业必须聘用具有专门技术的职业管理人员进行管理，而大多数的投资人都不具备这样的能力，他们不参与企业的管理经营，铁路企业的所有权和经营管理权逐步分离。现代企业的演进过程就是企业规模扩张的过程，也是所有权和经营权分离的过程。

由美国铁路建设的案例可以看出，推动现代企业制度形成的重要因素是生产规模的扩大、科学技术的进步以及信用制度的发展。[①] 第一，生产规模的扩大。马克思曾指出："生产规模惊人地扩大了，个别资本不可能建立的企业出现了"[②] 生产规模扩大，组织形式扩张，管理层级由古典企业单层的管理层级向多层管理转变。由于生产规模扩大，企业的资本来源扩大，绝大多数投资者（股东）是通过委托代理的形式通过董事会行使权力。所有权和经营权被多层分解，投资者（股东）拥有所有权，董事会实行控制权，企业的实际管理权在经理

---

① 白津夫. 现代公司制度与国有企业改革［D］. 北京：中央党校，1995.

② 马克思. 资本论第3卷（下）［M］. 北京：人民出版社，1975：1029－1030.

阶层手中。这种分解的过程就是现代公司制形成的过程。第二，科学技术的进步。现代企业制度的形成离不开科学技术的推动。在现代经济的发展过程中，科技作为第一生产力有着举足轻重的作用。通过美国铁路建设中美国企业的转变也可以看出，以新兴技术为主体的产业，通常既是资金密集型又是技术密集型产业，虽然新技术能够提高劳动生产率，降低成本，但是随着技术水平的提高，资本有机构成相应提高，这就意味着创立这样的企业或运营这样的一个企业需要更多的资金，而古典企业模式下的筹资方式已经不适应这样的企业发展，所以需要更多的方式筹集资金。而资本集中、市场竞争加剧会加大企业的经营风险。为了能分散风险，对企业负有有限责任的现代企业制度被广泛采用。另外，技术的发展使得资本的所有者很难同时具备资本和技术两种优势，同样的，受过训练的技术人员也很难同时具备技术和资本两种优势，他们只能各司其职，发挥各自的优势。而这就促进了资本与技术的分离，最终导致所有权与管理权分离，具有专门能力和知识的管理层出现。第三，信用制度的发展。马克思指出："信用制度是资本主义的私人企业逐渐转化为资本主义的股份公司的主要基础。"① 现代企业制度下的企业，特别是股份有限公司，其建立和运行所需的资金远远超过古典企业，而信用制度的发展使信用制度体系成为现代企业发展的媒介。信用制度能够聚集大量的社会闲散资本，为企业提供大量运行资本。信用制度的发展促进了现代企业制度的形成，现代企业制度的发展反过来促进信用制度的发展和完善。

## 二、现代企业制度的基本特征

1992 年，党的十四大明确提出"我国经济体制改革的目标是建

---

① 马克思. 资本论第 3 卷（下）[M]. 北京：人民出版社，1975：498.

立社会主义市场经济体制"。1993 年 11 月，党的十四届三中全会提出"必须坚持以公有制为主体、多种经济成分共同发展的方针，进一步转换国有企业经营机制，建立适应市场经济要求，产权清晰、权责明确、政企分开、管理科学的现代企业制度"。明确了现代企业制度的内涵和特征。①

## （一）产权清晰

产权制度是企业制度的基础，产权明晰才能更好地确认权利和义务。企业法人对企业的法人财产具有支配权，这使企业成为市场的主体，也构成了市场经济的基础。相反，产权模糊就会导致组织制度混乱和管理制度的混乱，最终影响企业的效率和发展。

## （二）权责明确

权责明确是指企业内部各组织机构之间权力界限分明、各司其职、各负其责。

在现代企业制度下，股东是公司实际的所有者，具有公司的决策权，股东成立股东会，将决策权委托给董事会；董事会拥有决策权，董事会聘请专业的经理经营公司；管理者经营公司，并获取相应收益；监事会监督董事会和经理层、对股东会负责。

与权力相对应的是责任。严格意义上说，责任也包含了通常所说的承担风险的内容。要做到权责明确，除了明确界定股东会、董事会、监事会、经理层各自的权力和责任外，还必须使权力和责任相对应或相平衡。要在各组织机构之间，建立起相互依赖又相互制衡的机制，明确彼此的权力和责任，互相监督。

① 张琦. 建立现代企业制度的理论探索——中国 20 世纪 90 年代的企业改革思想［J］. 中国经济史研究，2023（1）：152.

## （三） 政企分开

政企分开，就是政府行政管理职能与企业经营职能分开，政府将企业的经营职能还给企业。企业完全独立，不再是政府的附属；企业要按照市场的需求来配置生产要素，组织经营，提高劳动生产率，获取盈利；企业公平地参与市场竞争，优胜劣汰。同时也要把企业原来承担的社会职能，交还给政府和社会。

## （四） 管理科学

管理科学是指企业制定科学的、规范的组织管理制度，采取现代经营管理方式，调节所有者、经营者和劳动者之间的关系，形成激励和约束相结合的经营机制。① 管理科学要求企业管理的各个方面，如质量管理、生产管理、供应管理、销售管理、研究开发管理、人事管理等方面科学化。管理致力于调动人的积极性、创造性，其核心是激励、约束机制。

现代企业制度的样貌可以通过这四大特征较为直观地表达出来，主要区别于古典企业制度的业主制和合伙制。现代企业制度还有几个关键的内在维度特征，即先进性、时代性和国别性。这几个内在维度特征决定了现代企业制度阶段性使命的变迁。②

## 三、现代企业制度的基本内容

企业制度是指以产权制度为基础和核心的企业组织和管理制度。

---

① 李保民. 现代企业制度的涵义、特征和意义 [J]. 财会研究，1994（总152）：9.
② 汪青松. 中国特色现代企业制度的公司法进路 [J]. 上海政法学院学报（法治论丛），2024（3）：18 – 19.

构成企业制度的基本内容有三个：一是企业的产权制度，是界定和保护参与企业的个人和经济组织的财产权利的法律和规则；二是企业的组织制度，即企业组织形式的制度安排，规定企业内部的分工协调和权责分配的关系；三是企业的管理制度，是指企业在管理思想、管理组织、管理人才、管理方法、管理手段等方面的安排，是企业管理工作的依据。

现代企业制度的基本内容包括三个部分：现代企业产权制度、现代企业组织制度、现代企业管理制度。

### （一）现代企业产权制度

现代企业采用的是法人产权制度，法人产权制度下公司法人对法人财产拥有占有、使用、支配、处置等权利，而法人财产是来自股东的投资。股东对企业投资后，这些资本就转为企业法人的财产，股东不再是企业所有权的主体，股东不能参与企业的经营。拥有独立的财产是法律规定的企业法人重要条件。企业法人财产权，使企业法人拥有独立的财产、独立的人格，不用依附其他机关、组织和个人，这也是企业独立经营的基础。

### （二）现代企业组织制度

现代企业组织制度是由产权制度决定的，有什么样的产权制度，就有什么样的组织制度。现代企业是法人团体，是由多人筹资组建的，股东众多，不可能每个股东都参与公司的决策经营，因此在企业组织制度中，董事会是企业法人权利代理机构，董事会对公司有决策权，代表了股东的利益。在法人所有权制度下，公司所有权和经营权分离，因此真正经营管理公司的是总经理为首的管理人员和执行人员，他们一起构成执行部门。而为了确保董事会作出正确的决策，以及确保与股东利益不一致的执行部门能够有效地经营公司，股东们通过股东会选举出监事会，对董事会和执行部门进行监督，至此公司的决策权、执行权和监督权实现了三权分立，这就是现代企业组织制度。这样的企业组织制度不但能给予经营者充分的经营自主权，而且能保障股东的权益，同时也能调动生产者的积极性。

## （三）现代企业管理制度

现代企业管理制度是企业为了规范自身建设，加强企业成本控制、维护工作秩序、提高工作效率、增加企业利润、增强企业品牌影响力，通过一定的程序所制定出的管理企业的依据和准则。有效的企业管理制度可以提高效率，获得更好的经济效益。企业管理制度通常是根据企业的具体情况具体制定，但总体来讲，企业管理制度包括计划管理、财务管理、生产管理、劳动人事管理等。

综上所述，现代企业产权制度、现代企业组织制度和现代企业管理制度三者相辅相成，共同构成了现代企业制度基本框架。企业产权制度是现代企业制度的基础，企业组织制度为企业可以长期高效地经营提供了保证，企业管理制度能够使企业内部条件和外部条件相适应，有效地进行资源配置。

# 第三节　公司制的特征及作用

## 一、公司的含义及特征

### （一）公司的含义

按照公司法，公司指的是依法设立的，以营利为目的的法人企业。要充分理解公司的含义，需要理解公司这三个方面的特征：公司是企业，公司是法人（企业），公司是联合体。[①]

第一，公司是企业。根据公司的定义，可以清楚地确定公司是企业，具有企业的特性。首先企业是从事商品生产和经营的营利性组织，公司具有独立经营、向市场提供商品或服务，以及以盈利为目的的性质；其次，公司作为企业，是经济实体，需要自主经营，自负盈亏。

第二，公司是法人或法人企业。准确地说，公司是企业的一种特殊的企业形式——法人企业。公司作为一个企业组织，被法律赋予了"人格"，成为法人，具备独立承担民事责任的能力。也就是说，认定一个经济组织是否是公司，只看它是否是企业是不够的，还要看它是否是法人。

第三，公司是联合体。法人这个概念就不是单一的个体而是团体。公司是法人，也说明了公司是团体，是由相关成员联合组成的。联合组成公司的成员需要两人以上，可以是两个以上的自然人，也可以是法人，也可以是两个以上的企业，无论是自然人、法人，还是企业都要通过集资方式联合组成公司，集资也是公司的本质特征之一。

公司是企业，但属于特殊的企业，公司与其他企业相比，特殊之处在于以下几点：第一，公司需要两人以上的投资者集资组成，一般采用股份制或股权制。第二，股东对公司负有有限清偿责任。第三，公司是法人。第四，公司有独立的"寿命"，不受投资人或管理人的变化影响。第五，组织管理制度不同。公司多实行董事会领导下的总经理负责制。

## （二）公司的特征

公司发展经历了原始公司、近代公司、现代公司三个阶段。现代公司具有以下特征。

---

① 吕天奇.公司法人制度新论［D］.成都：四川大学，2004.

### 1. 法人特征

公司不是自然人企业而是法人，公司被赋予了独立法人地位。公司是依法享有民事权利和承担民事责任的团体，并且公司采用法人产权制度，公司依法支配公司的法人财产。

### 2. 有限责任

公司制是现代企业制度的主要形式，因此公司的所有者（股东）对企业债务负有有限清偿责任，股东仅以其出资额为限对公司承担有限责任。如果企业出现财务问题，企业的所有者损失的仅是投入在企业中的资金。

### 3. 两权分离

公司的所有权和管理权高度分离，公司的所有者不是公司的经营管理者，公司的管理者由专业的管理技术人员担任。

### 4. 管理复杂

由于所有权和经营管理权分离，公司的管理层级比较复杂，通常采用法人治理结构。

## 二、公司制的特征

### （一）现代公司制度的核心是法人特征

现代公司制度的核心是适合现代市场经济要求，适应社会化大生产的公司法人制度。

《中华人民共和国民法典》第五十七条规定，法人是具有民事权利能力和民事行为能力，依法独立享有民事权利和承担民事义务的组织。这种组织既可以是人的结合团体，即社团法人，也可以是依特殊

目的所组织的财产，即财团法人。公司是社团法人的一种，公司具有
独立的人格，有独立的名称、住所和组织机构，能够以自己的名义从
事生产、经营、服务等活动。公司也具有独立的财产，股东投入公司
的财产成为法人财产，公司对法人财产享有占有、使用、收益和处分
的权利，并以此对外承担责任。法人财产是公司设立的前提，也是公
司经营以及可持续发展的物质基础，公司必须充分有效地维护法人财
产权。公司的可持续发展既依赖法人财产的安全完整和权利的维护，
也是其根本的保障。① 法人性是公司区别于独资企业、合伙企业等自
然人企业的根本特征。②

## （二）现代公司制度的基础是有限责任

所谓有限责任即有限清偿责任，指投资人仅以自己投入企业的资
本对企业债务承担清偿责任，资不抵债的，其多余部分自然免除的责
任形式。有限责任是大公司兴起的重要因素。而合伙制和个人业主制
的所有者一般情况下需要对债务负有无限责任。

有限责任制度自产生以来，就成为促进经济发展的有力工具，美
国著名法学家、哥伦比亚大学原校长巴特勒（Butler）在 1911 年曾指
出，"有限责任公司是现代社会最伟大的独一无二的发明，即使蒸汽
机和电也远逊于有限责任公司这一重器"。现代社会中，公司成为占
支配地位的商业组织的重要原因之一就是投资人的有限责任制度。③
在有限责任制度下，股东仅以其投入公司的资本进行偿债，公司资产
与股东的其他财产相分离，这样就减少了股东的投资风险，鼓励投
资。同时，有限责任制度能够实现股东投资的自由转让，促进所有权

知识拓展

---

① 谢志华，等. 法人财产权维护与公司可持续发展——基于财务的视角 [J]. 财务研究，
2024（3）：3.

② 李由. 公司制度概论 [M]. 北京：经济科学出版社，2010：68.

③ （美）罗伯特·C. 克拉克. 公司法则 [M]. 胡平，等译. 北京：工商出版社，1999：1.

与经营权分离，完善公司法人治理结构。并且通过股份自由转让，促进证券市场发展，实现资源最优配置。①

### （三） 现代公司制度的关键是公司治理机制

现代公司涉及多个利益相关者，有股东、债权人、员工、消费者、经理层、政府、供应商、社区等，在公司价值一定时，对同一公司的各种形式的索取构成公司内部冲突的根源，公司规模越大，利益冲突越激烈。因此需要建立有效的公司治理机制，协调股东与经理层之间、股东与股东之间、所有利益相关者之间的利益关系。

## 三、公司制的作用

### （一） 扩大了企业自主权

股东组成的股东会通过委托代理将权利委托于董事会，董事会是企业的决策机构，负责对企业投资和发展方向等作出重大决策，企业的日常工作交董事会推选出来的厂长（经理）负责，厂长（经理）直接对董事会负责，所以企业的经营权也掌握在企业自己手中。

### （二） 公司制是解决资金问题的有效方法

企业，特别是资本密集型的大中企业的发展扩大都需要资金的投入，仅靠国家或个人投资是无法满足企业需要的。采用股份有限公司的形式，公司可以通过发行股票的方式筹集社会资金，缓解资金短缺问题。此外，股份有限公司向社会筹资，其经营状况也受社会监督，有助于企业健康发展。

---

① 吴高臣. 有限责任公司法论 ［M］. 北京：中国民主法制出版社，2019：9 - 10.

### （三）公司制能够促进技术和人才的流动

公司制企业，特别是股份有限公司更便于融资。资金充足的情况下，更便于技术的研发，也能够负担得起价格更昂贵的设备，有助于新技术的推广；此外，新的设备和技术又能吸引知识储备丰富、能力出众的技术人才和管理人才，公司制有利于人才流动。

### （四）公司制有利于调动经营者和职工的积极性

知识拓展

在很多公司，经营者和职工也会参与剩余价值的分配，公司职工和经理等管理者的收入同公司经营成果密切相关，从而可以充分调动企业职工的积极性。而企业管理人员是由代表股东利益的董事会聘用，竞聘上岗，内外部的竞争使得经理等管理人员更有责任感和积极性。

公司制企业具有传统企业形式不可比拟的优越性，它能够容纳较为灵活而规范的经营机制，能够吸引和释放过去人们难以想象的经济能量，从而推动社会进步。[①] 因此，公司是现代企业的主要组织形式，公司制能完整体现现代企业制度的要求，现代企业制度就是公司制。

>> **复习思考题**

1. 古典企业制度与现代企业制度有什么不同？
2. 如何理解"现代企业制度就是公司制"这一说法？

 **案例分析**

#### 中华老字号如何新发展——建立现代企业制度*

根据《中华老字号认定规范（试行）》的定义，中华老字号是指

① 王虎成. 公司制企业运作［M］. 北京：华文出版社，2023：7.
* 资料来源：贺小刚，等. 现代企业理论［M］. 上海：上海财经大学出版社，2016：23.

"历史悠久，拥有世代传承的产品、技艺或服务，具有鲜明的中华民族传统文化背景和深厚的文化底蕴，取得社会广泛认同，形成良好信誉的品牌"。我国拥有众多的老字号企业，如全聚德、同仁堂、胡庆余堂、楼外楼等。这些中华老字号往往都传承了独特的产品、技艺或服务，具有中华民族特色和鲜明的地域文化特征，具有历史价值和文化价值。同时经过长时间的历史检验，具有良好信誉，得到了广泛的社会认同和赞誉，很多在国内外都享有盛誉。但是，在当今经济全球化的条件下，技术进步日新月异，市场竞争日趋激烈，许多中华老字号由于企业体制、管理经营等多种原因，不能适应市场发展，逐步丧失了可持续发展的能力。我国众多老字号出现生存危机的根本原因就在于没有建立现代企业制度，而向现代企业制度靠近的老字号企业往往都获得了高速发展。

现代企业制度主要由三个部分组成：法人财产制度、有限责任制度、科学的组织和管理制度。现代企业制度使所有权与经营权的分离建立在公司法和公司章程的基础之上，公司各行为主体的权、责、利由法律和章程明确规定，使产权清晰。国家与企业之间产权边界明确，这可以真正实现政企分开、两权分离。有限责任制度是人类制度文明的优秀成果，对出资者和经营者都有利。对投资者来说，它减少了投资风险，增大了获利机会；对经营者来说，可以放开手脚，独立自主经营、自负盈亏。

老字号要持续发展，就必须逐步建立现代企业制度，把优秀传统与现代企业机制、管理方法结合起来，使老字号变为以先进的现代企业制度为基础的品牌企业，以适应市场竞争。例如1996年，胡庆余堂因种种原因当年亏损700多万元，负债近1亿元。当年10月，胡庆余堂加入青春宝集团，改变企业制度，此后3年，胡庆余堂利润年递增率均超过100%。

建立于1938年的新华书店于2004年通过改制引入民营和外国

资本也是经典案例之一。新华书店总店与人民出版社等7家国有出版单位、北京博恒投资有限公司等2家国内有限责任公司，以及英国派可多投资有限公司共同组建新华出版物流通有限公司，投资总额和注册资本3亿元，中方投资占总额的73%。该公司经营范围为国内版的图书、报纸、期刊和电子出版物的批发零售业务（不含港澳台版），经营期限为30年。新华书店的改制，使其获得了新发展。所以，我国老字号要长久持续地发展，和其他企业一样，关键是要确立现代企业制度。从目前的成功经验来看，主要是在产权上实行股份制或者引进新的投资者，在管理经营上引进高级管理人才或者引进管理方法。

**问题：**

1. 中华老字号建立现代企业制度的重要性体现在哪些方面？
2. 中华老字号建立现代企业制度后应注意哪些问题？

授课PPT

本章知识点

# 第二章

## 中国公司制度的建立

现代公司制度是随着鸦片战争进入中国的，并在清朝末年产生了中国的第一部公司法《大清商律》。随着清政府的覆灭，北洋政府和南京民国政府先后在《大清商律》的基础上出台了《公司条例》和《公司法》两部公司法法典。1949年新中国成立后，废除了国民党统治时期的法律，包括南京国民政府在1929年颁布的《公司法》。1950～1954年我国颁布了如《私营企业暂行条例》《私营企业暂行条例实施办法》《公私合营工业企业暂行条例》等法规。1978年改革开放之后，发展经济成为第一要务，出现了办公司的热潮，这也将公司的缺乏规范和设立混乱等问题暴露出来。1978～1993年，由于没有专门的公司法调节和规范，导致了许多公司设立混乱，涌现了一大批出资不实的"皮包公司"。此外，比较严重的问题还有政商不分、公司和其他企业不分的情况。由于对开办公司的条件没有明确的要求，许多党政机关开办公司，政商不分；由于公司组织形式的企业没有明确的定义，许多所谓的"公司"并不是真正的公司。没有统一的法律约束，很多公司管理混乱，甚至出现违法、违规经营的情况。这些情况都严重扰乱了商业秩序，影响了经济的发展。

1992年党的十四大明确提出建立社会主义市场经济体制，1993年党的十四届三中全会明确提出要"建立适应市场经济要求，产权清晰、权责明确、政企分开、管理科学的现代企业制度"。因此，要将现代企业制度的概念具体化，离不开相关法律的支持和保障，因此在 1993 年我国制定了《中华人民共和国公司法》（以下简称《公司法》）。

# 第一节　《公司法》的制定与地位

## 一、公司法的定义

公司法有广义和狭义之分，广义的公司法，泛指有关公司设立、组织机构和经营活动的一切法律，包括公司法、证券法、股票交易法等。狭义的公司法仅指公司法法典，是规定各种公司的设立、组织、活动和解散、清算以及其对内对外关系的法律规范的总称。[①]

公司对内关系有两种：一是公司与股东之间或股东与股东的关系。公司是由股东创立的，因此公司设立、存续、变更、解散、清算时，股东与公司或股东与股东之间必然存在诸如出资比例、利润分配，以及债务承担等关系。二是公司经营管理过程中各行政机构之间的关系。比如公司的决策机构与公司的经营机构之间的关系等。

公司对外关系也有两种：一是公司与政府有关部门之间的关系。如公司设立、解散等事务需要工商行政部门予以登记审批，或公司存续经营期间，税务部门会对公司收缴税收。二是公司与其他有经济关系的公司或有经济关系的其他形式的企业或组织之间的关系。这里的经济关系多指债权债务关系。

---

① 江平，李国光. 最新公司法培训教程［M］. 北京：人民法院出版社，2006.

# 二、《公司法》制定的动因及流程

## （一）《公司法》制定的动因

第一，国企改革建立现代企业制度的需要。我国国企改革的方向是建立现代企业制度，而公司制是现代企业制度的主要表现形式，党的十四届三中全会明确给出了现代企业制度的特征是"产权清晰、权责明确、政企分开、管理科学"，而这些特征恰恰是当时的国企所不具备的。现代企业制度需要明晰产权，而很多国企当时产权混乱，很难界定，并且在之后几十年中，明确产权一直是国企改革的重点。现代企业制度要求政企分开，而这也是改革之初国企一大难题。现代企业制度要求权责明确，管理科学，而当时的国企正处于管理混乱、责任不明的时期。由此可见，彼时的我国，迫切需要一部法律来定义公司，区分政企、界定产权、规范管理。

第二，规范市场主体的需要。1992年党的十四大明确提出了我国经济体制改革的目标是建立社会主义市场经济体制，而要建立和发展市场经济就要充分发挥市场主体的作用，市场主体是社会主义市场经济建立的重要基础之一。公司是现代企业重要的表现形式，也是市场经济重要的市场主体，公司规范健康的发展，直接影响着市场经济的发展。我国治理公司的许多方式，自由放任的管理模式，均不利于公司健康发展，因此需要相关的法律规范公司，同时也为公司的发展提供法律保障。

第三，公司制度法治化的需要。我国在实行了改革开放之后，公司企业大量涌现，这对我国的经济发展起了重要的促进作用，但同时也存在很多问题。公司法实施之前，特别是20世纪80年代，各种类型公司层出不穷，有些公司"钻法律的空子"扰乱了市场秩序，危害了社会大众的利益，在这样的情况下，国家需要一部法律来规范公司，在法律层面向公众展示并解释公司制度，并为公司制度的确立提供保障，将公司制度以法律的形式表现出来。

第四，加强改革和对外开放的需要。我国改革开放和建立社会主义市场经济过程中，一项重要的举措是发展国际贸易、引进外资。20世纪80~90年代，资金和技术都不充足。这时候需要引进外资帮助我国发展经济，而外商评估投资的一个重要的评判标准是是否有良好的法律环境，投资和投资回报是否受法律保护，这就需要公司法来为外资提供有利的法律环境。此外，公司是进行国际贸易的主体，只有规范公司的组织和管理，促进公司健康发展，才能增强我国公司在国际市场上的竞争力，因此设立《公司法》是扩大改革开放的需要。

### （二）《公司法》制定的流程

《公司法》是我国法律体系中非常重要的法律，它对确定公司这一市场主体的法律地位，规范公司的组织和行为，建立现代企业制度，促进社会主义市场经济的健康发展，有着重要意义。①

1992年人大常委会提出制定一部内容比较全面的公司法，1992年9月开始公司法起草工作。在起草公司法之前，做了一系列准备工作。第一，新中国成立之后，虽然我国没有普遍意义的《公司法》，但是在清朝末年，北洋政府期间和民国时期，都制定了相关的《公司法》，并且在1949~1956年我国为了规范和管理私有公司出台了一些法规，在1978~1993年，为了规范外资和合资企业也颁布了一些有关公司的法规，因此在准备起草公司法时，认真研究了以前有关公司的法律法规。第二，在改革开放后到《公司法》颁布之前，我国已经

---

① 卞耀武. 新中国第一部公司法——公司法的制定过程和基本特点［J］. 人大工作通讯，1994（3）：23-26.

出现了很多公司，类型也比较多样，所以在准备起草公司法时，要对已有的公司进行充分的调查了解，考察已有的公司，充分了解这些公司积累的经验和遇到的问题，这些对公司法的起草提供了宝贵的客观信息。第三，公司是市场的主体，发展市场经济要充分发挥市场主体的优势和作用，但公司在发挥市场主体地位的同时也需要与市场的其他主体和非市场主体的其他组织，如工商、税务、法院、检察院等政府行政机构或一些如会计师事务所、律师事务所等相关的社会机构协同合作，才能真正地发挥作用，因此，起草公司法时广泛征求了这些相关部门和机构的意见。第四，每部法律的设立过程都少不了专家学者的参与，专家更能把握法律的精髓，更能准确确定法律的适用范围。因此起草公司法时，向专家学者咨询了意见。第五，起草公司法时，在发展市场经济方面，我国还处于"摸着石头过河"的阶段，整个市场经济体制还不健全，因此在起草公司法时，研究和借鉴了许多国外的公司法，特别是市场经济比较发达的国家的公司法。

起草工作准备完毕后，1993年1月，举行了第一次公司法座谈会，会后又根据座谈会的意见，对公司法草案作了修改。1993年2月，《中华人民共和国公司法（草案）》（以下简称《公司法（草案）》正式提请七届全国人大常委会第三十次会议审议。1993年6月，八届全国人大常委会召开第二次会议，会议上对公司法作了审议。1993年7月，根据所征求的意见对《公司法（草案）》作修改后，召开第二次公司法座谈会，1993年12月20日，八届全国人大常委会召开第五次会议，《公司法（草案）》获得了大多数委员们的赞成。《中华人民共和国公司法》于1993年12月29日颁布，新中国第一部公司法诞生。

我国的《公司法》颁布于1993年，于1994年7月1日实施。在之后的30多年间，经历了多次修订。2021年开始了对《公司法》的第六次修订，新修订的《公司法》于 2023 年 1 月 8 日晚上 8 点正式通过，于 2024 年 7 月 1 日起正式实施。这次修改涉及公司设立的便利性、股东权利的保护、公司的治理结构等多个方面，旨在为市场主体提供更加完善、合理的法律保障。

## 三、《公司法》的特点

### （一）实践性和成长性

1993 年制定的《公司法》第一条指出公司法的立法宗旨是"为了适应建立现代企业制度的需要"。服务于现代企业制度，是我国公司法重要的立法理念。

2003 年中共中央提出"完善社会主义市场经济体制""加快建设企业制度"。并提出了"建立现代产权制度""完善公司法人制度"等政策，2005 年《公司法》进行了修订。

2013 年党中央提出"健全社会主义市场经济体制""完善现代企业制度"，并提出了"使市场在资源配置中起决定性作用"。2013 年公司法的修订更多偏重鼓励投资、方便工厂设立和经营、发挥市场机制引导投资的方向。

2020 年党中央提出"加快完善社会主义市场经济体制""完善中国特色现代企业制度"。"中国特色现代国有企业制度，'特'就特在把党的领导融入公司治理各环节，把企业党组织内嵌到公司治理结构之中，明确和落实党组织在公司法人治理结构中的法定地位"。[①] 2021 年公司法再次启动修订，2021 年发布《中华人民共和国公司法（修订草案）》第一次审议稿，2022 年发布《中华人民共和国公司法（修

---

① 习近平. 论坚持党对一切工作的领导 [M]. 北京：中央文献出版社，2019.

订草案)》第二次审议稿,在第一条增加了"完善中国特色现代企业制度"的立法宗旨。

由此可见,我国《公司法》是随着市场经济改革实践和现代企业制度发展实践逐渐完善的。

## (二) 先进性

我国公司法从立法之初到后面的几次修订,一直努力与世界接轨,力求成为全球最好的公司法之一。1992 年提出设立公司法后,在为公司法立法做准备期间,就研究了国外的大量公司法,特别是经济发达国家的公司法。将国外比较成熟的法典与我国的实际情况相结合进行分析,这是我国公司法立法的基础之一。随着全球经济的发展,"在全球性经济与贸易竞争的带动下,各国或地区为进入'最优公司法'序列,纷纷进行公司法现代化改革,希望以此吸引投资者,刺激经济发展"。① 特别是 2001 年我国加入世界贸易组织后,我国的经济进一步与世界经济接轨,而在全球经济一体化的背景之下,各国在贸易、技术、资金方面的竞争越来越激烈,为了吸引投资和更多的高新技术产业"落户",各国都努力营造更好的市场环境,而这方面的竞争也反映了法律制度的竞争。我国 2005 年修订的《公司法》"突出显现放松政府管制、强化公司自治的立法理念,通过建构适于发挥自治能力的公司治理结构来提升企业活力和竞争力"。② 2013 年修订的《公司法》"主要对资本制度做了突变性改动"。③ 2021 年修订《公司法》,是在世界各国纷纷修改公司法以提高本国市场竞争力的背景下提出以国际制度竞争理念构建公司法,我国的公司法的完善程度和竞争力

---

① 赵忠奎,周友苏.整合与扩容:公司组织形态变革的本土路径 [J].社会科学研究,2021 (1):142 - 152.

②③ 陈甦.我国公司立法的理念变迁与建构面向 [J].中国法律评论,2022 (3):22 - 36.

会不断地提高，使我国《公司法》成为世界上最先进的公司法之一。

由于我国市场经济制度建立比较晚，公司法起步也比较晚，这就使我国公司法的制定和修订过程中会参考、借鉴其他市场经济国家的比较成熟的制度。与我国的具体国情结合，选择性地"吸收"，将其"精华"融入我国的公司法中，形成更先进的公司法。

## （三）独特性

公司是一种企业组织形态，无论在何地组织经营公司，都会受到本地的政治、经济、人文等因素的影响，而作为管理规范公司的公司法，在不同的国家和地区，必定会有其各自的独特之处，我国的公司法也是如此。

### 1. 在治理结构上具有中国特色

我国现代企业治理结构是公司法人治理结构，这也是大多数市场经济国家采用的治理结构。我国公司法对于法人治理结构的规定，既有与其他国家公司法相似规定的普遍性，又有结合我国国情的独特性。例如，1993 年《公司法》专门规定了公司经理的地位与权限，并在明确公司经理由董事会聘任或者解聘并对董事会负责的前提下，将公司经理与董事会一同设为公司执行机构而只是权限不一。而域外"许多国家公司立法甚至完全没有经理职位的规定"，我国"《公司法》赋予公司经理更高的法律地位和更大的职权"，"更主要原因还在于受公有制企业长期实行的'厂长（经理）负责制'的影响。"①

### 2. 中国特色企业制度"特"在党的领导

在我国的企业中，尤其是国有企业中，党的领导始终处于重要的

---

① 周友苏. 公司法通论 [M]. 成都：四川人民出版社，2002.

地位。公司法对公司党建工作作出了相关规定。1993 年《公司法》规定要在公司中组建基层党组织，2005 年《公司法》规定，公司要为党组织开展活动提供必要条件。《公司法》第十八条规定"在公司中，根据中国共产党章程的规定，设立中国共产党的组织，开展党的活动。公司应当为党组织的活动提供必要条件。"公司中党的领导和党建本是一种政治关系，而公司法中的规定将政治性与法律性相结合，形成了显著的中国特色。

### 3. 促进公司利益与社会利益相统一

公司是企业的一种组织形式，而企业是以盈利为目的的，也就是说，公司也是以盈利为目的。但我国的公司法对公司的规范，体现出公司利益与社会利益相统一，这也是我国公司法自立法之始的立法原则之一。1993 年《公司法》第十四条规定，"公司从事经营活动，必须遵守法律，遵守职业道德，加强社会主义精神文明建设，接受政府和社会公众的监督"。也就是说，公司合法获得利益才会受到法律的保护，公司利益得到法律保障的前提是遵守法律，遵守道德，在保证了公司存续的社会利益之后，公司的盈利才会受到法律保护。2005 年《公司法》进一步"强调了在维护公司营利目的与要求公司承担社会责任之间实现合理平衡的立法理念"[1]。2022 年《公司法（修订草案）》也规定"公司从事经营活动，应当在遵守法律法规规定义务的基础上，充分考虑公司职工、消费者等利益相关者的利益以及生态环境保护等社会公共利益，承担社会责任。国家鼓励公司参与社会公益活动，公布社会责任报告"。[2] 保护公司的合法权益，公司才能实现盈利的目的，这样确保了公司的利益；要求公司实现社会责任，可以更好地维护社会利益。

---

[1][2]　陈甦. 我国公司立法的理念变迁与建构面向 ［J］. 中国法律评论，2022（3）：22 - 36.

## 四、《公司法》的地位

党的十四届三中全会决定指出："社会主义市场经济体制的建立和完善，必须有完备的法制规范和保障。"要建立和完善市场经济体制，一套完善的经济法律体系是必要的。

公司法属于有关市场主体的法律。市场主体是市场经济发展的前提和基础，只有市场主体规范健康地发展起来，市场经济才能健康发展和完善。而有关市场主体的法律，是整个经济法律体系的基础。

作为一部有关市场主体的法律，公司法又是其中最基础、最重要的一部法律，这主要是由公司在市场经济中的地位决定的。公司是现代企业制度的主要表现形式，在市场经济的发展中起着越来越重要的地位。因此规范公司的公司法在经济法律体系中是非常重要的存在。此外，公司是市场经济的基础，公司法也是其他一些经济法律执行和贯彻的前提，如银行法、税法等。

我国的《公司法》是为适应市场经济的发展需要而制定的，它对市场经济体制的建立和发展以及现代企业制度的建立、发展和完善都起到了重要作用。第一，《公司法》赋予了公司法律地位，规范了公司的组织行为，保障了合法公司的规范健康发展。第二，《公司法》为建立现代企业制度提供了法律依据。《公司法》明确规定了公司是企业法人，并明确了公司法人的财产权，明晰的产权和完善的法人制度是现代企业制度的特征之一。《公司法》明确规定公司是由股东组成的，它没有直接上级行政部门。政企分开是现代企业制度的另一个特点。因此《公司法》是建立现代企业制度的法律依据。第三，《公司法》保护公司、股东和债权人的合法权益。公司是社会主义市场经济的重要主体。公司、股东、债权人的合法权益受到法律保护，公司的发展才有稳定的基础。《公司法》明确规定了公司、股东和债权人的权益。第四，《公司法》维护社会经济秩序，在社会经济中起规范作用。

市场经济在本质上是竞争经济，在竞争过程中，总有一些人会违背公平竞争原则，采用一些违规或极端的手段，这些会导致经济秩序的混乱，使守法的经济主体受害。《公司法》以法律的形式，规范公司制度和行为，保障公司的合法权益，从而维护社会经济秩序。此外《公司法》对公司的制度进行规定，确认了公司在市场经济中的主体地位，并对公司进行规范。通过这些规范，公司内外部做了立场调配，使公司避免了很多经济纠纷。

党的十九届六中全会指出："建立中国特色现代企业制度。"党的二十大报告进一步指出"完善中国特色现代企业制度，弘扬企业家精神，加快建设世界一流企业"。建立和完善中国特色现代企业制度，需要坚持九个原则：符合现代企业制度要求的制度替代原则、企业生产力原则和公司治理原则，建立中国特色现代企业制度必须坚持党的领导原则、党组织融入公司治理原则、党组织在公司法人治理结构中的法定地位原则，优化中国特色现代企业制度环境需要坚持和完善中国特色社会主义基本经济制度、社会主义市场经济体制、国家治理体系和治理能力现代化。① 2024 年 6 月 11 日，习近平总书记主持召开中央全面深化改革委员会第五次会议，审议通过了《关于完善中国特色现代企业制度的意见》等文件。② 2024 年 7 月 1 日实施新《公司法》，《公司法》在进一步完善中国特色现代企业制度中必将起到至关重要的作用。中国特色现代企业制度的特点与优势具有内在一致性，一系列鲜明的特点焕发出一系列独特优势。③

---

① 李正图，朱秋，米宏晋，等．论建立和完善中国特色现代企业制度的原则［J］．上海经济研究，2023（3）：19 – 26.

② 李锦．习近平总书记再提完善中国特色现代企业制度的背景与指向［J］．现代国企研究，2024（7）：7.

③ 吴波，等．中国特色现代企业制度的历史逻辑、基本特点与特殊优势——基于国企党建的视角［J］．探求，2023（5）：38.

## 第二节 公司法框架内的公司形态

我国《公司法》将公司分为两类，即有限责任公司和股份有限公司。2023 年《公司法》第二条规定："本法所称公司，是指依照本法在中华人民共和国境内设立的有限责任公司和股份有限公司。"立法未对其他公司组织形式（如无限责任公司、两合公司、股份两合公司等）作规定，在实践中则不允许设立。

除了这两种基本的公司类型，在相关公司法律框架内还存在多种公司形态，以下按照不同的分类标准进行梳理。

### 一、按照是否发行股份可以把公司分为有限责任公司与股份有限公司

#### （一）有限责任公司

有限责任公司在英文里是"limited liability company"，译为封闭公司或私人公司。

在我国，有限责任公司又称有限公司，是指依照《公司法》在中国境内设立的，股东以其认缴的出资额为限对公司承担责任，公司以其全部财产对公司债务承担责任的企业法人。

股东要符合法定人数。《公司法》第四十二条规定："有限责任公司由一个以上五十个以下股东出资设立。"

股东承担有限责任。股东以各自的出资额为限对公司承担有限财产责任。

有限责任公司不公开募集资本，不发行股票。公司的规模可大可

小，公司的设立程序简单。

## （二）股份有限公司

股份有限公司在英国被称为"company limited by shares"，在美国被称为"public company/corporation"，中文译为"公众公司"或"开放公司"，在日本、韩国被称为"株式会社"。虽然各国对股份有限公司的称谓不同，但基本含义、理论认识大体相同。

在中国，股份有限公司又称股份公司，是指依照《公司法》在中国境内设立的，公司资产分等额股份，股东以其认购的股份为限对公司承担责任，公司以其全部财产对公司的债务承担责任的企业法人。

股份有限公司的发起人要符合法定人数。《公司法》第九十二条规定："设立股份有限公司，应当有一人以上二百人以下为发起人，其中应当有半数以上的发起人在中华人民共和国境内有住所。"

股份有限公司的股东对公司承担有限责任。股东投入公司的财产与其个人财产相分离。

股份有限公司是开放性公司，可以发行股票。股票可转让，股东不固定。

股份有限公司一般规模较大，在设立程序上也比较复杂。

## 二、按照上市与否可以把公司分为上市公司与非上市公司

### （一）上市公司

上市公司是指其股票在证券交易所上市交易的股份有限公司。上市公司首先必须是股份有限公司，因为只有股份有限公司才能发行股票；其次要求该股份公司所发行的股票经依法核准在证券交易市场上

知识拓展

市交易。公司上市有利也有弊。

## （二）非上市公司

非上市公司是指除上市公司之外的公司，包括股票不能在证券交易所上市交易的股份有限公司和所有的有限责任公司。

## 三、按照管辖关系可以把公司分为总公司与分公司

总公司与分公司是相互对应的概念，总公司是设立分公司的公司本身，也称本公司；分公司是指由总公司设立的分支机构。

### （一）总公司

总公司是指在组织上统辖其系统内所有分公司的具有法人资格的公司。它有权对分公司实行统一管理、协调指导和监督检查。总公司必须下设三个以上分公司。

### （二）分公司

分公司是指总公司在其住所以外，依照法定条件和程序设立并受其统辖的从事经营活动，不具备法人资格的分支机构。分公司是总公司内部的一个组成部分。

分公司没有独立的法人资格，没有独立的财产。分公司的业务、资金、人事等都是总公司统一安排，分公司设立程序简单，它不是实际意义上的公司，只是总公司的一部分，或分支机构。

## 四、按照控股关系可以把公司分为母公司与子公司

母公司与子公司是相对应的概念，实践中称为"母子公司"，母

公司是对子公司有控股地位的公司，子公司是受母公司控股的公司。

## （一）母公司

母公司，又称控股公司，是指拥有另一个公司一定比例的股权或通过协议方式能够对另一公司进行实际控制的公司。母公司具有独立的法人资格，它通过对子公司控股而占有子公司更多的董事席位，进而拥有子公司重大事项实际上的决策权。

## （二）子公司

子公司，也称被控股公司，是指其一定比例以上的股权被另一公司所拥有或通过协议方式受另一公司实际控制的公司。子公司也具有独立的法人资格，独立承担民事责任。这是子公司同分公司的最大区别。

## 五、按照出资主体可以把公司分为内资公司与外商投资公司

### （一）内资公司

内资公司是指在我国境内设立的，由我国自然人投资或控股的有限责任公司和股份有限公司。

### （二）外商投资公司

外商投资公司是指依照中国有关法律在中国境内设立的，全部资本由外国投资者投资开办的公司，不包括外国的公司和其他经济组织在中国境内的分支机构。外商投资公司主要有中外合资经营企业、中外合作经营企业、外商独资企业。

## 六、按照公司的国籍可以把公司分为本国公司与外国公司

### （一）本国公司

本国公司是依照本国的公司法在本国境内登记成立的公司。依照中国公司法在中国境内设立的所有公司都是本国公司，包括外商投资公司。

### （二）外国公司

外国公司是指依照外国法律在中国境外登记成立的公司。

在经济全球化时代，不同国家公司之间的联系日益增强，外国公司会对本国经济产生影响。《中华人民共和国反垄断法》规定了域外适用原则，"中华人民共和国境外的垄断行为，对境内市场竞争产生排除、限制影响的，适用本法。"[①] 也就是说，如果外国公司侵害了中国公司的利益，可以依据中国的法律对其进行处罚。

## 七、按照公司之间的特殊联系可以把公司分为关联公司与公司集团

### （一）关联公司

关联公司，亦称关联企业。广义上指两个以上独立存在而相互之间又具有稳定、密切的业务联系或投资关系的公司。狭义上则仅指存在持股关系但未达到控制程度的公司。通常所称的关联公司是指广义

---

① 中华人民共和国反垄断法［Z］. 北京：法律出版社，2022：11.

的关联公司，是指任何两个以上具有关联关系的公司。主要有三种：母子公司，合资公司与投资公司，公司与其重要投资者、关键管理人员、关系密切的家人直接控制的公司。

对关联公司要规范关联交易。《公司法》规定了董事、监事、高级管理人员及其关联人关联交易报告义务，并规定了董事关联交易回避制度，董事会对董事、监事、高级管理人员关联交易、合法谋取商业机会、竞业禁止等事项进行决议时，关联董事不得参与表决，其表决权不计入表决权总数。

### （二）公司集团

公司集团，亦称企业集团，它是指在统一管理之下，由法律上独立的若干企业或公司联合组成的团体。公司集团中处于主导地位的为母公司或支配公司，公司集团的成员都属关联公司或从属公司。

公司集团不是公司，而是公司的联合体。

#### ▶▶ 复习思考题

1. 实施《公司法》的意义是什么？
2. 《公司法》实施前后公司制度有什么差别？
3. 公司上市的好处及风险都有哪些？
4. 子公司与分公司有什么区别？

 案例分析

#### 王丽的责任*

王丽是一位个体商人，她与另一位个体工商户共同发起成立了一家丽华服装贸易有限公司，并由该公司买下了她全部资产，不过，

---

* 赵旭东. 新公司法案例解读 [M]. 北京：人民法院出版社，2005.

公司并没有给她现款，而是给她债权（即公司承认欠她的钱），王丽拥有了公司全部资本的94%。由于经营不善，该公司最终解散。王丽声称自己是公司的债权人，有权要求公司偿还她借给公司的钱。但是，公司的其他债权人主张，既然公司成立后的业务与公司成立前完全一样，而且王丽拥有公司几乎全部的股份，所以实质上，丽华服装贸易有限公司就是王丽的独资企业。因此，王丽与公司之间并不存在什么债权债务关系，王丽无权要求公司偿还所欠其的债务，而只能由其他债权人共同分配公司财产以清偿债务，为此双方发生纠纷，诉至法院。

该案件中，王丽与另一位个体工商户共同出资，从有限责任公司的特征来看，即使王丽对该公司绝对控股，也并不影响公司的有限责任公司性质，并不能说丽华服装贸易有限公司是王丽的独资企业。

但是本案中，王丽的身份特殊，作为公司的控股股东，她实际掌握了公司的决策权与控制权。她将资产卖给公司的行为，可以称作"关联交易"。王丽的案件中，需要审查王丽的交易行为是否经过了公司中无利害关系股东董事的同意，以及该交易本身是否公平合理。王丽应对此负举证责任，如果该关联交易符合这两个特殊要件，则王丽理应和其他债权人一样享有平等的普通债权。反之，王丽应当负赔偿责任，并且认定其与丽华服装贸易有限公司之间的债权债务关系不成立。

▶ 问题：

1. 独资企业与公司有什么区别？在本案中，如果该企业被认定为独资企业，王丽应如何承担责任？

2. 公司的关联交易该如何规范？

授课PPT

本章知识点

# 第二篇　交易成本理论
　　　　　与现代公司的产生

# 第三章

# 交易成本理论概述

## 第一节　交易成本理论的提出

### 一、背景与动机

在传统的经济学中，市场通常被视为资源配置的最佳机制。这一观点的基础是完全竞争的模型，其中市场参与者是价格接受者，并且市场交易是无摩擦的。然而，在现实世界中，交易经常受到各种摩擦和阻碍。[①] 因此，需要一种新的理论框架来解释非标准化的、非"摩擦自由"的交易和这些交易背后的动机。

案例

### （一）传统经济学视角

自亚当·斯密和其他古典经济学家时代开始，市场被广泛视为最有效的资源配置机制。在一个理想的完全竞争的模型中，价格完全是由供给和需求决定的，而所有的市场参与者，无论是买家还是卖家，

---

① 阿希姆·塞潘斯基.21世纪金融资本论［M］.王彩萍，黄志宏，许金花，译.北京：中央编译出版社，2023：349.

43

都是价格的接受者。在这样的模型中，交易是即时且无摩擦的，也就是说，买家和卖家可以自由地进入和退出市场，不需要承担任何额外的成本。

### （二）现实中的市场交易

然而，现实生活中的市场远非如此简单。许多交易都伴随各种摩擦和障碍，如信息不对称、谈判成本、合同制定和执行成本等。这意味着在很多情况下，简单地依赖市场来分配资源并不总是最高效的。

### （三）交易成本理论的诞生

正是基于这些现实中的观察，经济学家开始认识到需要一种新的理论框架来更好地描述和解释实际市场交易。这种框架不仅要解释为什么会有摩擦和障碍，还要考虑这些摩擦是如何影响资源的配置、合同的设计以及企业的结构和边界的。这就是交易成本理论诞生的背景。

在这个新的理论框架下，交易成本成为解释市场与企业行为的关键因素，它提供了一种理论基础，来帮助我们理解为什么某些活动会在企业内部进行，而另一些活动则通过市场进行。此外，交易成本理论也解释了为什么企业存在，以及它们的界限如何确定。交易成本理论的提出，是对传统经济学市场模型的一种重要补充，它为我们提供了一个更加丰富和现实的视角，来看待市场、企业和经济行为。

## 二、罗纳德·科斯的开创性工作

在经济学的宏大舞台上，"为什么存在企业？"的问题曾长时间悬而未决。传统的经济模型经常把市场视作资源配置的圣杯，忽略了真实世界中的交易摩擦。正是在这样的背景下，罗纳德·科斯（Ronald Coase）在 1937 年里程碑式的文章《企业的性质》（*The Nature of the*

*Firm*）中为我们揭示了交易成本理论的魅力。科斯挑战了主流观念，论证了企业的存在、界限和规模实际上是市场交易成本与企业内部管理成本之间权衡的结果。[①] 这一开创性的理论为我们提供了一个新的视角来解释和理解企业的核心本质，揭示了企业不仅是生产和交易的实体，更是经济行为者为降低交易成本而采取的一种策略选择。

### （一）企业的存在：为什么存在企业？

科斯的思考始于一个简单但至关重要的问题："为什么存在企业？"为什么不仅仅依靠市场来协调所有的生产和交易活动？他的回答极为精辟：企业的存在是由于市场交易成本的存在。这些交易成本包括但不限于信息获取成本、谈判成本、合同的制定和执行成本等。

### （二）企业的界限：交易成本权衡

继续深化这个问题，科斯进一步研究了决定企业规模和界限的因素。他提出，企业规模的扩张或收缩取决于两种交易成本之间的权衡：市场交易成本与企业内部管理成本。如果市场交易的摩擦和成本较高，那么企业会倾向于扩张，内部化更多的生产和交易活动；相反，如果企业内部的组织和协调成本增加，企业则可能选择缩小规模，外包一些活动。

### （三）结论：企业是一种权衡机制

因此，科斯的核心观点是企业不是某种抽象的组织或机构，而是经济行为者之间为降低交易成本而采取的一种权衡机制。在某种程度上，企业的存在和规模代表了市场与内部组织两种方式之间的权衡。

---

① 罗君丽. 罗纳德·科斯的经济学方法论研究综述 [J]. 浙江社会科学，2016（4）：133.

科斯的这些洞察为后来的研究者提供了一个全新的视角来研究企业的性质、存在和界限。不仅如此，他的工作也奠定了现代交易成本理论的基础，这一理论在经济学、组织理论、策略管理和许多其他领域都产生了深远的影响。

### （四）奥利弗·威廉姆森的深化研究

奥利弗·威廉姆森（Oliver Williamson）在 20 世纪 70 年代进一步发展了交易成本经济学。[①] 他专注于合同的不完整性、信息的不对称和机会主义行为（opportunism）。威廉姆森强调了资产特定性（asset specificity）对交易成本的影响。例如，当一个企业为特定的买家制造特定的部件时，该资产就具有高度的特定性。如果买家退出，卖家可能难以找到新的市场，因此双方更有可能选择长期合同或垂直一体化。

## 三、当代观点和进展

交易成本理论已经成为现代工业组织和合同理论的核心。许多学者如道格拉斯·诺斯（Douglas North）和本杰明·克莱因（Benjamin Klein），进一步发展了这一领域，探讨了制度变革、信誉机制、路径依赖性等多种因素如何与交易成本相互作用。这一理论不仅为我们解释了公司为什么存在、为什么有不同的规模和范围，还为我们提供了理解现实世界经济行为的一种有力工具。在此基础上，交易成本理论已经被应用于各种经济领域，包括金融、法律、政治经济学和国际商务。

---

① 高珂，李晴. 威廉姆森与交易成本经济学 [J]. 改革与战略，2010，26（12）：183 - 186.

## （一）资产特定性的影响

资产特定性是交易成本经济学中的核心概念。它描述了资产或资源如何专门为特定交易或关系而制定。这种专门化可能是技术上的、地理上的、时间上的或组织上的。由于这种专门化，资产在其他用途或交易中的价值可能会大大降低。这导致了重大的再投资风险。例如，一个特制的机器只能为一个特定的客户生产零件，如果与该客户的关系破裂，该机器可能无法被再利用或只能以大幅折扣出售。

## （二）机会主义行为和契约

威廉姆森对机会主义行为的关注特别突出。机会主义是指一方在交易中为了自己的利益而行事，尽管这可能会损害对方或违背合同精神。由于信息不对称和合同的不完整性，机会主义行为可能会在交易中出现。这就是为什么在许多情况下，即使市场交易可能更具效率，企业也可能选择内部化生产，以减少因机会主义行为带来的交易风险。

## （三）影响决策的其他因素

威廉姆森还提到了其他一些影响交易成本的因素，如频率、不确定性和环境复杂性。例如，高频率的交易可能会因规模经济而受益，从而促使企业选择内部化生产。而在不确定和复杂的环境中，长期合同或垂直整合可能更为稳妥，因为它们可以提供更好的保障和适应性。

总体来说，威廉姆森的深化研究为我们提供了一个全面的框架，用于理解企业和市场如何基于交易成本来决定其生产和交易模式。他的研究不仅为经济学家提供了新的洞察点，而且对于实践中的企业家和策略制定者也具有深远的启示。

# 第二节  交易成本的含义及分类

## 一、交易成本的定义

交易成本可以定义为与市场交易相关的所有成本。它不仅包括与商品和服务的生产直接相关的成本，还包括在市场上找到合适的交易伙伴、进行谈判、确立合同以及确保合同执行的成本。[①] 这种成本的存在改变了经济行为者的决策过程，使之不同于传统的、仅基于生产成本的决策过程。

## 二、交易成本的来源

### （一）信息的不对称

在经济交易中，双方通常不可能拥有相同的信息。这种信息的不对称可能导致所谓的"逆向选择"和"道德风险"。逆向选择是在交易发生前的问题，例如，卖方可能知道商品有瑕疵，但买方不知道。而道德风险则发生在交易之后，例如保险场景中，被保险者因为有了保险而采取更高风险的行为。为了解决或减轻这些问题，可能需要进行成本高昂的筛选、监控或保证。

### （二）合同的不完整性

合同无论其精密程度，都很难预见所有未来的情况和变数。这种

---

① 曹乃恩. 社会主义市场经济体制下的公共定价理论研究［D］. 福建：厦门大学，2010.

不完整性可能导致双方在未来的某些情境下面临争议。例如，一个长期供应合同可能没有考虑到未来原材料价格的巨大波动，从而在价格变动时产生争议。为了应对这种不确定性，双方可能需要进行重新谈判，这进一步增加了交易成本。

### （三）机会主义行为

当存在合同的不完整性或执行困难问题时，某些参与者可能会寻找利用这些漏洞的机会，以便为自己谋求更大的利益。例如，一位承包商可能会使用比合同中规定的等级低的材料，且希望业主不会注意到这一点。对此进行防范需要持续的检查和监控，从而增加了交易成本。

## 三、交易成本的主要分类

### （一）搜索和信息成本

在一个复杂且多样化的市场环境中，寻找合适的商品或服务供应商并非易事。搜索和信息成本涉及消费者或企业需要付出的时间、精力和金钱来获取和评估不同供应商的信息。例如，进行市场调查、咨询专家、参观展览会或查看在线评价都可能产生相应的费用。这种成本还可能涉及由于选择了一个不合适的供应商而带来的额外开支或损失机会。

### （二）谈判和决策成本

确定一个或多个潜在的供应商后，通常需要进一步的沟通和谈判来达成交易。这可能涉及价格、质量、交货时间、付款方式等细节的讨论。此过程可能需要律师、顾问或其他专家介入，从而产生额外的费用。此外，谈判可能会因为双方的立场和期望而拖延，导致时间上的延误。

### （三）监督和执行成本

与交易相关的合同或协议签署后，确保各方遵守其中的条款变得至关重要。这可能需要一定的管理和监督机制。例如，购买原材料的企业可能需要定期检查供应商的产品质量和交货时间。如果出现违约或不满足条件的情况，可能需要法律干预，这进一步增加了成本。为了减少这种成本，企业可能需要投资于培训、技术和人员来更好地管理合同和供应商关系。

## 四、交易成本的影响

交易成本对经济决策和组织形式的选择产生深远影响。当交易成本很高时，市场可能不是最佳的资源配置机制。例如，高度特定的资产可能导致垂直整合，因为内部交易的成本低于市场交易。此外，交易成本还影响供应链管理、网络设计、外包决策等多个领域。理解交易成本的来源和分类有助于更好地制定策略和政策，以减少这些成本并提高经济效率。

### （一）市场与内部组织的选择

交易成本的高低往往决定了资源配置是通过市场机制完成，还是通过企业的内部组织来实现。例如，当外部市场交易成本显著增加时，企业可能会考虑自行生产或提供某些商品和服务，而不是从外部市场购买，这被称为"垂直整合"。反之，如果企业内部的组织和管理成本过高，它可能会选择与外部供应商或合作伙伴进行交易，这就是所谓的"市场化"。

## （二）供应链与合作伙伴关系

交易成本对供应链的结构和管理也有显著影响。例如，与具有高度专业化能力的供应商建立长期合作关系可能有助于降低搜索和信息成本。但同时，这也可能导致合同的不完整性和机会主义行为，因此需要有效的监督和管理机制。

## （三）网络和平台经济的崛起

在数字化和全球化的背景下，网络和平台经济得到了迅速发展。这些平台通过减少搜索和信息成本、提供标准化合同和信誉评价系统，有效地降低了交易成本。例如，电商平台可以帮助买家和卖家更容易找到彼此，并提供安全的支付和交付机制。

## （四）政策制定和战略决策

交易成本的理解对政策制定者和企业决策者来说都是至关重要的。政府可以通过简化法律法规、提供更好的基础设施和教育、推广开放和透明的市场机制来帮助降低交易成本。而企业则可以基于交易成本的考量优化其业务模型、外包决策和合作伙伴关系。

总的来说，交易成本在现代经济中占据了核心地位。无论是政府、企业还是消费者，都需要深入了解并考虑交易成本，以更有效地分配资源、促进创新和提高整体的经济福祉。

# 第三节 交易成本理论的主要内容

## 一、市场与企业之间的权衡

交易成本理论的核心观点之一是市场与企业之间的权衡。在某些情况下，市场交易是更高效的，因为它可以利用价格机制进行资源配置，而在其他情况下，企业内部的交易可能更为经济，因为它可以减少与市场交易相关的摩擦。科斯在其开创性的文章中首次提出了这种观点，并指出企业的存在和大小部分地由交易成本决定。

## （一）价格机制与指令机制

市场交易通常依赖价格机制来进行资源分配。价格的变动会影响供求关系，从而使资源向高价值的用途转移。这种机制通常在信息流通、参与者众多且商品标准化的情况下工作得最好。相反，企业则依赖"指令机制"，[①] 即管理层的决策和指示来分配资源，这种方式更适合复杂、不确定和非标准化的交易。

## （二）交易成本的多样性

市场与企业的选择不仅基于生产成本，还涉及各种交易成本，如搜索成本、谈判成本和合同执行成本等。在某些情况下，尽管市场的生产成本较低，但由于交易成本的增加，企业内部生产可能成为更佳选择。

## （三）企业的界限

企业不是固定的、均匀的实体。它们的界限和规模会随着外部环境、技术变革和市场变动而调整。例如，当外部供应商的交易成本显著增加时，企业可能会选择自行生产某些部分或服务。相反，当外部供应市场更为成熟和透明时，企业可能选择外包。

## （四）动态性与适应性

交易成本理论并不是静态的。随着时间的推移，企业可能会重新

---

① 彭红军. 林业碳汇运营、价格与融资机制［M］. 南京：东南大学出版社，2020：219.

评估其内外部交易的成本和效益，从而进行战略调整。例如，随着信息技术的发展，许多原本被认为是企业内部活动的功能现在已经被外包给专业供应商，因为现代技术大大降低了相关的信息和协调成本。

### （五）市场失败与企业的兴起

当市场无法有效地通过价格机制分配资源时，企业有可能崛起。这些"市场失败"可能是由于信息不对称、公共品的问题或外部性造成的。在这些情况下，企业可以通过其内部机制来进行更高效的资源分配和协调。

总之，市场与企业之间的权衡是一个复杂的问题，涉及多种因素的综合考虑。交易成本理论为我们提供了一个框架，帮助我们更好地理解和分析这种权衡。

## 二、交易的属性与组织形式的选择

威廉姆森的贡献在于他明确指出交易的特定属性如何与组织结构的选择相互作用。不同的交易属性可能会使某种组织形式比其他形式更为合适。

### （一）资产特定性

资产特定性是指资产在某种特定交易中的价值远高于其在其他交易中的价值。高度特定的资产意味着一旦进行了投资，这些资产在其他用途上的价值就会大大降低。这增加了被"挟持"的风险，因为一方可能利用对方对这些特定资产的依赖来重新谈判合同条款。为了减少这种风险，双方可能会选择更紧密的合作关系，如长期合同或垂直整合。

## （二） 交易的不确定性

当交易的未来环境存在较大不确定性时，例如由于技术快速变化或市场需求的不稳定，合同可能难以详细描述所有可能的情况，导致合同的不完整性。在这种情况下，灵活的组织结构，如企业内部的交易或关系契约，可能比僵化的市场合同更为合适，因为它们可以更容易地适应变化。

## （三） 交易的频率

当交易非常频繁时，为每一次交易重新谈判合同可能会产生巨大的成本。而企业内部的交易通过常规的内部流程和规定可以更高效地处理这些频繁的交易。例如，大公司通常会内部处理日常办公用品的购买，而不是每次都与外部供应商进行谈判。

此外，威廉姆森还指出，这些交易属性与组织结构的选择是相互作用的，而不是孤立存在的。例如，高度的资产特定性和高不确定性可能共同导致企业选择垂直整合，而低资产特定性和低频率交易可能更适合市场交易。这种交织的关系使得组织形式的选择成为一个复杂的决策过程，需要综合考虑多种因素。

## 三、契约与机会主义

一个核心概念是契约的不完整性。[①] 由于各种原因，如信息不对称和不确定性，很难（如果不是不可能的话）为所有可能的情况制定契约。这为机会主义行为创造了空间，即经济行为者可能会寻求违反或操纵契约以谋求私利。因此，组织形式和治理结构的选择部分是为

---

① 彭红军. 林业碳汇运营、价格与融资机制 [M]. 南京：东南大学出版社，2020：219.

了避免这种行为。交易成本理论深入探讨了契约在经济交易中的重要性和其固有的局限性。以下是这一概念的具体探讨。

## （一）契约的不完整性

在理想的情况下，一个契约应该完全描述交易双方在所有可能情况下的权利和义务，确保任何情况都有明确的解决方案。但在实际操作中，由于信息的不对称、未来的不确定性以及为描述所有可能的情况而产生的高成本，很难达到这种理想状态。这种不完整性意味着在某些情况下，契约可能没有明确的指导或解决方案，导致可能的纠纷和冲突。

## （二）机会主义行为的出现

当契约不完整或存在模糊性时，某些经济行为者可能会试图利用这些缺陷来为自己谋取利益。这种行为被称为机会主义行为，它包括隐瞒信息、误导对方或者在技术上不违反契约的情况下违背合同精神。例如，只要在合同中没有明确禁止，一个供应商就可能会提供低质量的原料。

## （三）治理结构的重要性

鉴于契约的不完整性和机会主义行为的潜在风险，使组织和治理结构的选择变得至关重要。通过设计有效的治理结构，例如详细的合同条款、第三方仲裁机制或内部监督机制，可以最小化机会主义行为的风险。此外，当预期机会主义的成本较高时，垂直整合或更紧密的合作关系可能成为更为合适的选择。

总的来说，契约的不完整性和机会主义行为是交易成本理论中的关键概念，深入理解这两个概念对于制定有效的商业策略和组织结构选择至关重要。

## （四） 整合与治理结构

交易成本理论也关注整合的界限，即企业应该自己生产什么，什么应该外包。高交易成本可能导致企业更倾向于整合，而低交易成本可能促使企业外包。此外，这一理论还考虑了不同的治理结构，如市场、契约和层级，并提出了选择最佳结构的原则。

这些内容提供了对企业决策和市场结构的深入理解，帮助我们认识到不仅是生产成本，还有交易成本在塑造经济现实中起着关键作用。

### 》》复习思考题

1. 什么是交易成本？交易成本有哪些？
2. 影响市场交易和企业内部交易的因素有哪些？
3. 交易成本理论的主要内容是什么？

 案例分析

### 波音公司的交易成本*

波音787梦想飞机（Dreamliner）是一种革命性的大型商用飞机，采用了许多创新技术，特别是在材料和设计上。为了降低成本并加速生产，波音公司决定采用一个全球供应链，与多家供应商合作制造飞机的各个部分。初衷是利用全球供应商的专业技能和成本优势，以及分散生产风险。然而，这一决策带来了一系列的挑战。波音公司面临了意想不到的交易成本，导致787项目在初期遭遇了多次延迟，且超出预算。

由于波音公司与其供应商共同开发了许多特定的部件，这些部件仅适用于787飞机，从而形成了紧密的关系。而这种紧密的关系，

---

* 资料来源：李知远. 波音787梦想客机项目供应链评估［J］. 中国市场，2023（33）：110–113.

在某种程度上，增加了与供应商之间的交易成本。例如，由于787使用了许多新技术，生产过程中出现了许多不可预见的问题，供应商频繁地调整其生产流程以满足波音公司的需求。同时，某些供应商可能无法按时交付，或提供的部件可能不符合波音公司的质量标准。波音公司为787项目选择的供应商都在特定的技术和部件上具有专长，这导致了高度的资产特定性。当某个供应商研发和生产的部件特定于波音公司787飞机时，他们的投资便有了高度的锁定效应。结果是双方在合同关系中产生了相互依赖性，这使得任何一方的失败（如延迟、质量问题等）都会对整个生产链产生巨大影响。

由于波音公司787项目的复杂性和创新性，很难预见所有可能的生产和供应问题，这导致了合同的不完整性。由此产生的空白部分为供应商提供了机会主义行为的机会。例如，他们可能会在质量、交付时间或其他重要方面做出妥协以最大化自己的利益。波音公司为应对这些问题不得不花费大量的时间和资源来管理其供应链，以确保所有部件的质量和及时交付，这就增加了额外的监督和管理成本。

波音公司面临的交易成本不仅是财务成本。项目的延迟和部件的质量问题损害了其声誉，可能导致客户的流失和未来订单的减少。高交易成本也意味着波音公司必须投入更多的资源来管理供应链，从而可能导致其他业务领域的资源匮乏。

从这个案例中我们可以看到即使是全球领先的公司，如波音公司，在决策时也可能低估交易成本的影响。选择全球供应链的策略有其明显的优势，如成本节约和风险分散，但它也带来了意想不到的挑战。这强调了在制定战略决策时，充分了解和权衡所有潜在成本的重要性。

授课PPT

**▶ 问题：**

1. 波音公司787项目有哪些交易成本？这些交易成本是如何产生的？
2. 波音公司应如何降低交易成本？

本章知识点

# 第四章

## 现代公司产生的理论解释

## 第一节　企业的性质

现代企业的存在和它们所采取的多种形式可以通过多种经济理论来解释。但在核心上，企业是一种解决交易问题的机制。为了更好地理解这一点，我们可以从石油工业的历史案例入手，深入探索企业的性质。在经济学的大背景下，现代企业不仅是生产和销售商品和服务的实体，而且还是复杂的组织结构，涉及各种交易和决策过程。这些交易和决策经常涉及高昂的成本，这些成本可能会影响企业的竞争力和效率。因此，理解企业的性质和它们如何应对这些交易成本至关重要。

### 一、企业作为交易成本的解决方案

交易成本，简单说，是指企业在进行经济活动时产生的非生产性支出，例如谈判合同、监督执行和应对合同违约等方面的成本。[①] 从历史的角度看，企业的形成和发展在很大程度上基于降低这些交易成

———————————

① 李超. 制度性交易成本视域下我国数据流通治理体系研究 [J]. 中国政法大学学报，2024（5）：89－101.

本的需求，从而提高经济活动的效率。标准石油公司是一个典型的例子，它展示了如何通过垂直整合策略来降低交易成本。

## （一）交易成本的定义与重要性

交易成本是企业在进行经济活动时产生的非生产性支出。它们包括了与市场交易有关的所有成本，除了商品或服务本身的价格。这可能包括为了达成和执行合同而进行的谈判、为了确保合同得到遵守而进行的监督，以及因合同违约或不确定性而产生的各种风险管理成本。

## （二）企业的起源

历史上，当个体商人或生产者面临的交易成本变得太高时，他们会寻求更有效的方式来组织生产和交易。这通常涉及合作或集合资源，形成了最早的企业或合作社。这样，他们可以通过内部协调而不是市场交易来管理某些活动，从而降低成本。

## （三）企业的形式和交易成本

企业的大小、结构和功能方式，很大程度上取决于它们面临的交易成本。例如，当某些生产活动的外部交易成本高于内部管理的成本时，企业可能会选择自己生产这些商品或服务，而不是从外部供应商处购买。这就是一些公司选择垂直整合的原因。

## （四）提高效率的动力

对于企业来说，降低交易成本并不仅是为了节省支出。更高的交易成本可能会阻碍创新、降低生产效率和限制市场进入。因此，为了在竞争激烈的市场中取得成功，企业必须持续寻找降低这些成本的方法。这可能涉及技术创新、更有效的合同制定、更紧密的供应链关系或更精细的组织结构调整。

总的来说，现代企业是一个复杂的组织，它的存在和形式是为了解决与市场交易相关的问题。而交易成本作为这些问题的核心，对于理解企业的结构、战略和行为都至关重要。

## 二、企业作为生产的协调机制

企业作为经济活动的核心载体，不仅在交易层面起到至关重要的作用，而且在生产流程中充当协调者的角色。它们对生产资源进行有效地组织、配置并确保生产流程顺畅进行，从而达到优化输出、提高生产效率的目的。

### （一）资源的集中管理

企业提供了一个集中的框架，允许资源得到更有序和集中的管理。从人力、原材料、设备到技术，企业都确保了这些资源得到最佳的利用和配置。这种集中管理不仅简化了资源的分配，而且降低了因为资源错配带来的浪费。

### （二）内部沟通与决策

在企业内部，沟通和决策流程往往比在开放市场上更为高效和迅速。员工之间、部门之间或者不同层级的管理者之间的沟通机制得以建立，如为了确保生产的连贯性和效率，建立了会议、报告和内部信息系统。这种沟通机制确保了问题迅速解决，避免了因为信息不对称或误传带来的失误。

### （三）生产流程的标准化与优化

企业通过持续的研究和改进，对生产流程进行标准化和优化。这种标准化流程可以确保每一位员工都了解其职责，并确保每一步骤都按照既定的最佳实践进行。此外，企业还可以通过技术和创新来进一步优化这些流程，使生产更为高效。

### （四）风险管理与应对

在生产过程中，企业可能会面临各种风险，如供应中断、机器故障或市场需求的突然变化。企业作为一个协调机制，能够提前识别这些风险，并采取措施进行应对，确保生产的连续性和稳定性。

### （五）员工培训与发展

企业认识到员工是生产过程中最重要的资产之一。为了确保员工的高效率和生产的高质量，企业经常为员工提供培训和发展机会，使他们能够随着技术和市场的变化而不断更新其技能和知识。

综上所述，企业不仅是一个交易的单位，还是一个高度协调的生产机制，其目的是确保生产资源得到最佳的利用，并确保生产流程高效、稳定和持续。

## 三、企业的界限：何时整合，何时外包

企业的运营决策并不仅限于如何生产，还涉及决定何时采取内部生产和何时将某些活动或功能外包。这种决策的核心归结为一种权衡：企业内部的协调和控制相对于市场交易的成本和效益。

### （一）整合的优势与条件

（1）控制。整合允许企业对生产或服务过程进行更严格的控制，确保产品或服务的质量符合公司标准。

（2）协调。当多个生产或服务环节需要紧密配合时，整合可以使这些环节在一个统一的指导和管理下运作，降低协调成本。

（3）保密与知识产权。对于一些涉及核心技术或商业秘密的活动，内部整合可以更好地保护知识产权，减少技术泄露的风险。

（4）减少交易成本。通过整合，企业可以避免频繁与外部供应商谈判和签订合同，从而降低交易成本。

## （二）外包的优势与条件

（1）成本效益。在某些情况下，外部供应商由于规模经济或专业化，可以以更低的成本提供产品或服务。

（2）灵活性。外包允许企业根据需求的变化快速调整资源，特别是在需求不确定或季节性变动的情况下。

（3）访问专业知识。外部供应商可能拥有企业内部缺乏的专门技能或知识，外包可以帮助企业快速获得这些专业资源。

（4）分散风险。将某些生产或服务活动外包可以帮助企业分散业务风险，尤其在面临技术快速变化或市场不确定性的情况下。

## （三）决策因素与考量

（1）核心与非核心活动。通常，企业倾向于将核心活动内部整合，如研发和策略决策，而将非核心活动外包，如后勤和客户支持。

（2）交易频率。频繁发生的交易可能更适合整合，而偶尔或不定期发生的交易可能更适合外包。

（3）资产特定性。与特定交易紧密关联的高度专门化的资产可能导致企业选择整合以减少锁定效应和依赖风险。

通过综合权衡这些因素，企业可以确定哪些活动应该整合，哪些应该外包，从而使企业在竞争中获得最大的优势。

## 四、企业的进化

19世纪末，美国的石油工业正在经历剧烈的变革。小型炼油企业正在与一个庞大的商业巨头——标准石油公司竞争。约翰·D. 洛克菲勒建立的标准石油，通过其集成的垂直供应链，能够实现经济规模并控制石油从钻探到销售整个生产过程。与此同时，那些无法自给自足的小企业，经常面临高昂的交易成本和供应中断的风险。

正如石油工业历史所展现的那样，企业并非静态的实体。它们根据外部环境和内部能力进行进化。标准石油的成功模式启示了其他企业，但随着市场、技术和法规的变化，企业需要适应并重新定义其界限和战略。

通过深入研究企业的性质和功能，我们可以更好地理解企业的形成、成长和进化，以及它们如何为社会创造价值。这种理解为我们提供了一个框架，用于分析企业如何应对市场的挑战和机遇。

## （一）外部环境的驱动力

（1）市场动态。随着消费者需求的变化、新市场的出现和旧市场的萎缩，企业必须调整其产品和服务来满足市场的新需求。[①]

（2）技术革新。新技术的出现常常颠覆现有的商业模式，迫使企业进行技术升级或完全转型。

（3）法规和政策。政府的法规和政策调整可能对企业经营造成限制或提供机会，如环保法规或新的税收政策。

## （二）内部驱动力与策略调整

（1）组织文化和领导力。企业的核心价值观和领导团队的决策方式可能会推动其朝着某个特定方向发展。

（2）资源和能力。企业的内部资源，如人才、技术和资金，决定了其在市场中的竞争位置和扩张策略。

---

① 郝冀. 中日韩循环经济比较研究［D］. 天津：南开大学，2007.

（3）创新能力。企业的研发和创新能力使其能够不断地为市场带来新的产品和服务，从而保持竞争力。

### （三）企业进化的典型模式

（1）从小到大。许多企业从一个小规模的创业公司逐渐发展成为大型综合企业。

（2）多元化与核心化。企业可能会扩张到与其主业相关或不相关的多个领域，但在某些情况下，为了专注于核心业务，它们可能会撤出某些领域。

（3）整合与外包。如前所述，企业可能会选择整合某些功能，而在其他时期则选择外包。

标准石油的案例凸显了企业如何通过策略调整、技术应用和对市场变化的敏感反应来确保其持续的成功和成长。不过，正如案例所展现的，企业的进化路径是复杂的，需要在多种外部和内部因素之间进行权衡。对企业进化的深入了解不仅可以帮助我们更好地理解过去和现在的商业景观，还可以为未来的企业家和管理者提供宝贵的经验。

# 第二节　企业与交易成本

交易成本理论为我们提供了一个框架来理解企业为何存在，以及为什么它们在某些情况下选择整合资源，而在其他情况下选择与市场进行交易。本节将重点介绍企业与交易成本之间的紧密联系，探索其如何影响企业的界限和决策。交易成本理论深刻地解释了企业的存在背后的经济原因。在某些情况下，交易成本的存在可能导致市场不再是资源配置的最佳方式，从而使企业内部交易更具吸引力。此外，交易成本还可以帮助解释企业的规模、范围和垂直整合程度等问题。

　　交易成本是一个多维度的经济学概念，其核心思想是突破简单的价格交换，深入交易的各个环节，来评估和衡量与交易行为相关的所有成本。这不仅包括货物或服务的价格，还包括完成交易所需要的其他资源和时间成本。

　　理解交易成本的重要性能够帮助企业更加明智的决策，如配置资源、选择合作伙伴，以及决定哪些业务应该内部化，哪些可以外部化。这在进行战略管理、供应链设计和企业竞争力提高过程中都发挥着关键作用。

## 一、企业存在的理由

　　如前所述，科斯认为企业存在的主要原因是为了降低交易成本。当市场交易的成本超过了企业内部协调生产活动的成本时，企业就会产生。企业存在的理由主要有以下几点：

　　（1）降低交易成本。科斯强调，如果没有交易成本，所有的生产活动都可以通过市场机制进行，那么企业将无法存在。但实际上，交易成本无处不在。例如，为了购买原材料，企业可能需要花费时间和金钱寻找供应商、谈判合同条款、监督合同的执行等。当这些市场交易成本超过了企业自己生产或提供这些服务的成本时，企业就有了存在的经济基础。

　　（2）企业的边界。企业并不会无休止地扩张，因为随着其规模的增加，管理成本也会上升。所以，每家企业都会有一个最优规模，这就是科斯所说的"企业的边界"。这个边界是由内部协调成本和市场交易成本之间的平衡决定的。

　　（3）适应变化的环境。企业的存在也与其能够更好地适应外部环境变化有关。相比市场机制，企业内部的决策过程更为迅速和灵活，这使得企业能够更快地应对外部环境的变化。

（4）其他因素。除了交易成本外，企业存在还受到许多其他因素的影响，如市场失败、信息不对称、财产权的不完整性等。这些因素都决定了企业作为一种组织形式相对市场在某些情况下的优势。

综上所述，企业的存在不仅是为了降低交易成本，还与其在应对复杂、变化的外部环境中的效率和灵活性有关。

## 二、企业界限的决定因素

交易的特性，如频率、不确定性和资产的专用性[①]，都会影响交易成本，并进一步影响企业的界限决策。例如，高度专用的资产可能增加市场交易的风险和成本，因为这些资产在其他用途中的价值较低。这可能会鼓励企业选择垂直整合策略，以避免这种风险。相反，标准化的交易，如购买办公用品，可能不需要整合，因为市场交易的成本较低。

### （一）资产专用性

资产专用性是影响交易成本的一个重要因素。当一个资产是高度专门化的，它在其他交易或用途中的价值就会大大降低。这种专用资产可能导致"锁定"效应，因为在一个特定的交易中投资后，重新配置这些资产的成本可能会非常高。因此，为了避免未来的交易风险，企业可能会选择垂直整合，将这种特定交易纳入企业内部。

### （二）交易频率

交易频率也是决定企业界限的一个关键因素。如果一个特定的交易经常发生，那么企业可能会发现，建立内部生产或提供这项服务的

---

① 王建军. 分工和产业组织演进与优化的经济学分析 [D]. 上海：复旦大学，2006.

能力，从长远来看会更为经济高效。

### （三）不确定性

交易中的不确定性可能增加合同制定和执行的成本。当未来的市场条件、价格或其他关键变量存在很大的不确定性时，编写一个全面且无遗漏的合同会变得非常困难。因此，企业可能会选择内部化这种交易，以便更灵活地应对未来的不确定性。

### （四）信息不对称

当交易双方中的一方拥有关于产品或服务质量的更多信息时，这可能增加市场交易的风险。为了缓解这种风险，企业可能选择整合，以确保质量控制和信息的透明性。

### （五）衡量难度

有些交易的性质决定了其绩效很难衡量。在这种情况下，市场交易可能带来高昂的监督和合同执行成本。此时，企业可能选择将这些活动整合到内部，以简化管理和控制流程。

企业的界限是一个动态的概念，受到多种因素的影响。管理者在做出是否整合某一活动的决策时，需要仔细权衡所有因素，以确保企业能够最大化其价值。

## 三、动态视角：交易成本与企业策略

随着市场、技术和法规的变化，交易成本也会发生变化。企业需要持续评估这些变化如何影响其界限和策略。例如，数字化技术可能降低某些市场交易的成本，从而使外包成为更有吸引力的选择。企业需要灵活适应这些变化，确保其结构和策略与交易环境保持一致。

在动态和不断变化的经济环境中，企业不能仅依赖过去的策略和模式。随着各种因素的演变，特别是技术进步、市场需求的变化以及法律法规的调整，交易成本的结构和特点也在不断变化。这些变化直接或间接地影响企业如何决策，从而调整其运营模式和战略布局。

## （一）技术的影响

新兴的数字化技术，例如云计算、区块链和人工智能，已经开始改变传统的交易模式。云计算使得数据存储和处理的成本大大降低，区块链技术可以增加交易的透明度和安全性，而人工智能则可以自动化许多复杂的决策过程。这些技术的应用往往会降低市场交易的成本，使外包和市场交易成为更具吸引力的选择。

## （二）市场需求的变化

随着消费者需求的不断演变，企业可能需要调整其供应链结构、生产方式或服务模式。例如，对于可持续性和社会责任感的日益增长的关注可能导致企业重新考虑其供应链伙伴，以确保符合新的价值观和要求。

## （三）法律法规的调整

随着政府政策和法规的变化，企业可能面临不同的交易环境。例如，更严格的隐私法规可能增加数据交易的成本，而更宽松的跨境贸易政策可能促使企业重新考虑其生产和供应链布局。

## （四）企业的适应性

对于企业来说，关键在于其能够灵活和迅速地调整其结构和策略来适应这些变化。只有那些能够持续学习、评估外部环境变化并据此调整策略的企业，才能在竞争中保持领先地位。

企业在决策时不仅要考虑当前的交易成本，还要预测未来的趋势和变化，确保其策略和操作是最优的。理解交易成本如何与企业策略相互作用，并随着环境变化而进行调整，对于实现长期成功和为股东创造价值至关重要。

# 第三节　交易成本理论的运用：一体化行为与外包行为

交易成本理论不仅让我们对企业存在和界限有了更深入的理解，还为企业决策提供了重要的工具，特别是在决定何时应该内部一体化生产，何时应该将生产活动外包给其他公司时。[①] 本节将专注于这两种策略：一体化行为和外包行为，深入探讨它们的优势、风险和如何使用交易成本理论来指导这些决策。

## 一、一体化行为：定义与优势

### （一）定义

一体化行为，又称为垂直整合或内部化，是指企业为了达到更好的效率、效果或控制，选择内部完成某项任务或活动，而不是通过市场交易与外部供应商合作。这种决策涉及长期的资本投资、员工培训、资源的承诺以及对业务流程的深入了解。

---

① 戴德明，何广涛．新竞争环境下战略成本管理研究［M］．北京：中国人民大学出版社，2013：215．

## （二）优 势

### 1. 降低交易成本

当企业选择内部完成某些任务时，它避免了频繁地与外部供应商进行谈判、监督他们的工作以及续签或重新谈判合同的需求。这不仅减少了与交易相关的直接费用，如律师费和谈判时间，还避免了不良供应商所造成的潜在损失。

### 2. 保护专有信息

当企业拥有核心技术、知识产权或特殊的业务流程时，外包这些任务可能增加机密信息泄露的风险。通过一体化，企业可以确保这些宝贵的信息不被外泄或滥用，从而维护其竞争优势。

### 3. 增强协调和控制

通过将关键活动纳入企业内部，管理层可以更好地协调各部门之间的工作，确保流程顺畅，快速地做出决策并对整个生产过程进行监控。这种紧密的协调和控制有助于提高生产质量，减少浪费，并确保效率达到最优。

### 4. 更快的响应时间

与外部供应商打交道可能需要额外的时间来沟通、调解和解决问题。而一体化可以缩短决策链，使企业更快速地响应市场变化和客户需求。

### 5. 质量保证

企业可以直接控制内部生产的标准和流程，确保产品或服务的质量始终符合公司的要求和客户的期望。

一体化行为为企业带来了许多明显的优势，特别是在那些需要高度协调、专业知识和快速响应的行业中。然而，企业在决策时也需要考虑与之相关的成本和潜在风险，确保这种策略与其长期目标相符合。

## 二、外包行为：定义与优势

### （一）定义

外包行为，又称为外部化或承包，是指企业为达到某些特定的目的或优势，将某一项或多项任务、服务或功能委托给外部供应商来完成。这种决策建立在明确的合同关系之上，其中详细规定了双方的权利、责任和期望的结果。

### （二）优势

#### 1. 灵活性

外包可以为企业提供更大的运营灵活性。当市场需求发生变化或企业策略调整时，企业可以更快速地调整或更改与供应商的合作内容，而不需要对固定的内部资源进行重大调整。

#### 2. 专业化

外包使企业能够利用供应商的专业知识、技能和经验。例如，IT外包可以让企业受益于供应商在某个特定技术领域的专长，其自身可能没有这种专长。

#### 3. 降低固定成本

通过将某些非核心活动外包，企业可以避免长期的资本投资，如购买设备或建筑物，或长期聘用员工。这样，固定成本转为变动成本，使企业在经济下行时更具适应性。

#### 4. 风险分散

外包允许企业将某些商业风险转移给供应商，如技术过时或市场需求发生变化时。这为企业提供了一种风险管理工具。

### 5. 资源优化

外包可以使企业集中资源和注意力于其核心竞争力，如研发或市场营销，而将其他非核心任务交给外部供应商。

### 6. 经济效益

在某些情况下，外包可以为企业节省成本，尤其是当外部供应商由于规模经济、专业化或其他因素而能够以更低的成本提供服务时。

结论：外包为企业提供了一种灵活、高效的资源和能力配置方式。然而，与此同时，企业也需要对供应商进行有效的管理和监督，确保其活动与企业的长期目标和策略相符合。

## 三、如何使用交易成本理论指导决策

交易成本理论为企业决策提供了一个重要的参考框架。它可以帮助企业更加明智地选择何时自行生产和何时外包，从而实现成本效益最大化。以下是使用交易成本理论来指导决策的详细方法。

### （一）评估交易特性

#### 1. 交易频率

若一个特定的交易是经常发生的，那么内部化这种交易可能更有经济效益。频繁的交易意味着企业与供应商之间需要持续、反复的沟通和协调，这可能增加交易成本。

#### 2. 不确定性

交易中存在的不确定性可以来自多方面，如市场需求的波动、原材料的价格变动等。高度的不确定性可能增加谈判和重新谈判的需求，从而提高交易成本。

3. 资产专用性

当交易涉及专用资产，例如特定于某一供应商的设备或技术，其在其他场景的重新配置成本可能很高。在这种情况下，长期的合同或者选择内部生产可能更为合适。

## （二）量化交易成本

### 1. 市场交易成本

这包括与外部供应商沟通、谈判、签订合同以及监控合同履行的所有费用。

### 2. 内部交易成本

这是指企业自行生产或提供某项服务时所产生的直接和间接成本。这些成本可能包括员工薪酬、生产设备的折旧、原材料购买等。

### 3. 成本差异定价

对比上述两种成本，考虑其中的差异，以决定是进行内部生产还是选择外包。

## （三）考虑长期因素

### 1. 技术进步

新技术的引入可能改变生产或交易的成本结构。例如，自动化或数字化可能使某些生产过程的成本降低，从而影响对交易成本的评估。

### 2. 市场变化

供应商的数量、能力，以及原材料的供应情况都可能随时间而变化，这些变化可能影响外包和内部生产的相对成本。

### 3. 策略演变

随着企业策略的调整或演变，例如扩张、收缩或转型，可能需要重新评估交易成本，以适应新的策略方向。

综上所述，使用交易成本理论指导决策意味着企业需要进行全面、深入的成本分析，并结合长期的战略和市场变化来作出最佳的决策。

## 四、现代挑战与考虑

在数字化、全球化和快速变化的现代商业环境中，一体化和外包决策变得更为复杂。例如，远程劳动力、云计算和即时通信技术可能已经改变了传统的交易成本结构。随着技术的迅速发展和全球市场的日益整合，企业在做出一体化与外包决策时面临着前所未有的挑战和机遇。以下是在现代商业环境中需要考虑的一些关键因素和挑战。

### （一）数字化革命

#### 1. 远程劳动力

远程工作技术使企业能够利用全球人才池，这不仅可以降低劳动成本，还可以获得特定领域的专家知识。但同时，管理远程团队也带来了沟通和文化差异的挑战。

#### 2. 云计算

企业可以通过云服务获得先进的 IT 基础设施，无须进行大量的前期投资。但这也可能增加对外部供应商的依赖性，从而增加潜在的供应链风险。

#### 3. 大数据与人工智能

这些技术可以帮助企业更有效地分析和预测市场趋势，但也需要相应的技能和资源来实施和管理。

## （二）全球化因素

### 1. 供应链复杂性

全球供应链使企业能够获得成本效益和市场机会，但同时也增加了管理复杂性和潜在的供应中断风险。

### 2. 文化差异与合规性

与多个国家具有不同文化背景的供应商合作可能带来合规、沟通和质量控制方面的挑战。

## （三）快速变化的环境

### 1. 技术变革速度

随着新技术的快速发展，企业必须持续更新其技能和能力，以保持竞争力。

### 2. 市场动态

消费者需求、竞争对手策略和监管环境都可能迅速发生变化，这要求企业具有高度的适应性。

## （四）可持续性与社会责任

企业不仅需要考虑成本和效益，还需要考虑其在社会和环境中的角色和责任。选择供应商时，企业可能需要考虑其对环境和社会的影响。

企业在决策时需要非常细致和全面。一体化和外包的选择不再仅基于成本，还需要考虑战略、风险、技术和社会责任等多个维度。交易成本理论提供了一个强大的框架，帮助企业在一体化和外包之间做出明智的决策。正确的决策可以为企业节省成本、提高效率并赋予其竞争优势。

 **复习思考题**

1. 企业选择一体化或外包行为的依据是什么？

2. 云计算和即时通信技术是如何改变传统的交易成本结构的？

3. 当公司面临技术进步、市场变化和策略演变等外部变革时，如何使用交易成本理论来重新评估和调整其业务模式和策略？

**案例分析**

## 特斯拉的垂直整合*

特斯拉作为电动汽车和可再生能源领域的领导者，提供了一个关于如何在现代商业环境中应用"一体化行为"与"外包行为"决策的有趣案例。当特斯拉首次进入汽车行业时，其面临的挑战是如何快速、有效地生产和交付高品质的电动汽车，同时确保在一个由传统汽车制造商主导的市场中保持竞争力。

为了实现这一目标，特斯拉采用了不同于其他汽车制造商的战略。首先，公司决定自行生产关键组件，如电池和动力系统，而不是依赖传统的汽车供应商。这种策略允许特斯拉控制其产品的核心技术，并确保产品质量和创新能力。

此外，特斯拉还决定建立自己的销售和服务网络，而不是通过传统的经销商渠道。这意味着消费者可以直接从特斯拉购买汽车，避免了与经销商之间产生的中间成本。同时，特斯拉也能更好地控

---

* 资料来源：鲁乙. 经济全球化视域下特斯拉在华产业链的战略布局与启示［J］. 时代汽车，2024（17）：151－153.

制客户体验和品牌形象。但特斯拉并不是完全拒绝外包。对于非核心组件和服务，如汽车的内饰、音响系统等，特斯拉选择与外部供应商合作。通过外包非核心组件，特斯拉能够利用供应商的专业知识和经验，确保产品的完整性而无须在每个领域都进行大量投资，特斯拉在保持核心竞争力的同时，又大大拓展了资源优势。

随着时间的推移，特斯拉继续扩大其垂直整合的范围。例如，公司在内华达州建立了一个大型电池工厂——"超级工厂"，以确保其电动汽车和能源存储产品的电池供应。这一决策进一步降低了特斯拉的生产成本，提高了其对关键供应链的控制。

特斯拉通过其垂直整合策略成功地在高度竞争的市场中确定了自己的定位。这不仅降低了交易成本，提高了效率，还使其能够快速适应市场变化，从而确保持续的竞争优势。企业应从特斯拉的策略中吸取教训，结合自己的实际情况，制定合适的一体化或外包策略。

特斯拉的例子显示了一个现代公司如何通过一体化和外包策略在高度竞争的市场中取得成功。其决策反映了对交易成本、技术控制、品牌管理和市场动态的深入理解。

▶ **问题**：特斯拉在电动汽车和可再生能源领域的一体化和外包策略选择的依据是什么？

授课PPT

本章知识点

# 第三篇　契约理论
与公司治理

————| 第五章 |————

# 契约理论

## 第一节　契约的含义及分类

### 一、契约的含义

契约最早是一个法学概念，但现如今其概念被广泛拓展到经济学、政治学、社会学等多个领域。契约（contract），一般指合同、合约、协约，该词起源于拉丁文"contractus"，本意为共同交易。

对于契约的概念，历史上多从法学的角度进行表述。罗马法首先对契约的概念进行了法律意义上的界定，指双方意愿一致而产生的相互间法律关系的一种约定，显示了契约中共同意愿的重要性。1803～1804年，《法国民法典》进一步将契约界定为一种合意，对契约的定义有如下表述："契约是一种合意，依次合意，一人或数人对于其他一人或数人负担给付、作为或不作为的债务。"① 其认为契约本质上是双方当事人的一种合意。由此可见，订立契约的一个前提是当事人的共同意愿，即签订契约的各方是自主自愿的，不能违背当事人的意愿

———————————

① 法国民法典 ［M］. 罗结珍，译. 北京：北京大学出版社，2010：295－303.

或者欺瞒当事人。契约的目的是满足各方的利益需要，出于功利目的的需要，契约对于当事人在一定程度上具有激励作用，同时法律也对契约履行行为的义务性进行了保护。

经济学对契约的定义更多是从其制度特性以及经济功能方面进行界定的。张五常将契约定义为："当事人在自愿的情况下的某些承诺，它是交易过程中产权流转的形式。"① 他认为契约是人们进行交易的必经途径，交易内容的多样性，交易方式、交易时间和频率等交易条件的不确定性，导致了交易的契约安排具有很大差异。各种类型的契约规定了人们相应的权利和义务，明确了权责范围，同时又指明了资源配置的方向，因此在张五常看来，契约的本质就是一系列产权明确的约束条件，不仅在交易过程中约束当事人的行为，还界定了人们之间的制约关系和权责内容。佩杰·威齐（S. Pejovich）在其著作《产权经济学》中认为，契约是人们用以寻找、辨别和商讨交易机会的工具，在所有权激励人们去寻找对其资产最具生产力的使用方法的同时，缔约自由降低了辨别成本。② 经济学家本杰明·克莱因则认为，契约通常被解释为通过允许合作双方从事可信赖的联合生产的努力，以减少在一个长期的商业关系中出现的行为风险或"敲竹杠"风险的设计装置。③

分析以上对法学和经济学中契约的含义，我们可以总结出，广义上的契约是指几个人（至少两人）或几个方面（至少两方面）之间达成的协议或约定，意在做什么，比如一名消费者购买一件商品，消费者和生产产品的企业之间就形成了一种契约，即企业为消费者提供合格的产品；狭义上的契约是指两个或两个以上的个人或企业之间为达成

---

① 张五常. 再论中国［M］. 香港：香港信报出版有限公司，1987：99.
② 佩杰·威齐. 产权经济学［M］. 蒋琳绮，译. 北京：经济科学出版社，1999：32.
③ 本杰明. 克莱因. 契约与激励：契约条款在确保履约中的作用［M］//科斯，哈特等. 契约经济学. 北京：经济科学出版社，2000（1）：192–193.

知识拓展

购买或出售某种产品或服务的交易而签订的具有法律效力的协议，比如一家供应商和采购商之间签订的采购合同。虽然我们认为法律、制度本质上也是一种广义的契约关系，但其中所包含的公共性、强制性，与契约中包含的私人性、自由性是有所不同的，契约是一个动态发展的过程，允许再谈判，而制度则是公共意志的体现，不允许私人进行再谈判，因此，我们认为，契约是带有制度性质的，但契约和制度二者之间并不能完全画上等号。

## 二、契约的分类

契约作为人类社会交易不断丰富的产物，虽然具有一定的共性，但在现实社会市场交易的环境中，参与契约签订的主体是多种多样的，契约的条款内容、契约签订的具体条件也具有差异性并在不断变化，这也导致了契约在形式上是多样的，虽然从不同的角度，对契约的分类不同且难以穷尽，但针对契约自身的内涵和属性，可以将其分为以下几种类型。

### （一）根据契约的约束能力分为正式契约与非正式契约

正式契约是由成文契约规定缔约双方行为方式和违约惩罚机制，并可由政府等第三方机构强制执行的完备契约。[①] 而一般把约束缔约双方交易行为的惯例、规范、声誉等称为非正式契约。由于正式契约的条款不论在事前还是事后，都是可被第三方机构例如法庭等观察并证实的，因此契约的风险被大大降低，简化了契约签订程序，有助于交易的稳定进行。而因为交易费用或交易成本的存在，契约主体认知

---

① Klein B, Alchian C A A. Vertical Integration, Appropriable Rents, and the Competitive Contracting Process [J]. The Journal of Law and Economics, 1978, 21 (2): 297 - 326.

的有限性以及道德风险、机会主义行为，正式契约的签订有时会十分困难，虽然受到第三方中介的保护，但囿于交易成本，在日常交易中人们往往避免通过法律手段来处理签订契约过程中产生的冲突，而是选择签订非正式契约，即依靠风俗、惯例、声誉来规范契约。非正式契约在重复交易中，通过自我实施、自我执行形成，一方面，随着交易频率的提高，非正式契约的优势慢慢凸显，并逐渐产生替代效应。另一方面，非正式契约的不断取代也会倒逼当事人不断更新和完善正式契约。在现实生活中，正式契约和非正式契约互不冲突，并且以互补的方式共同存在。总的来说，能否节约交易成本，是影响当事人选择正式契约或非正式契约的关键所在。

## （二）根据契约的存在形式分为显性契约与隐性契约

显性契约又称明确契约或明示契约，是指可以明确表示，并可由第三方验证，具有法律效力的正式契约。① 书面契约的签订建立在交易双方相互信任的基础之上，这种书面契约，例如合同、协议等，多是一种显性契约，具有普遍存在性，主要是为了利益主体当下的现实利益能够得到最大限度的满足；而相对于显性契约，隐性契约更具有特殊性，是显性契约在形成过程中衍生出来的一种模糊、潜在的契约，侧重于满足利益主体当下或未来潜在的利益。隐性契约往往难以在书面上详细系统地呈现，而是在双方之间形成一种默契，同时对双方的约束也是不明显的，更多的是一种非强制性的约束。由此我们可以总结出以下几点：

（1）显性契约具有静态性、离散性，隐性契约具有动态性、连续性。一方面，这是由缔约主体的缔约能力变化决定的。市场环境是动

---

① 韩洪云，李寒凝. 契约经济学：起源、演进及其本土化发展 [J]. 浙江大学学报（人文社会科学版），2018，48（2）：55－71.

态的，缔约主体的生产要素随着要素市场的变化而变化，这也导致了缔约方的谈判地位、谈判能力是动态的、不均衡的，因此显性契约的形成很难一蹴而就。另一方面，显性契约的签约成本高，时效性弱，因此显性契约是静态且离散的；隐性契约的签约成本低，时效性强，因此隐性契约是动态且连续的。

（2）违反显性契约的惩罚通常来自契约的规定或法律的制裁，违反隐性契约的惩罚则可能导致未来交易机会的丧失。显性契约受到第三方的约束，受到法律的直接作用影响，隐性契约的形成，往往顾忌到法律和道德的约束，或者说约定的公开会导致缔约方的利益受到损害，因此法律对隐性契约的影响是间接的，而声誉和信任对隐性契约的约束是直接的，隐性契约中如果一方违约，这种信号会通过声誉传递到市场当中，未来潜在合作方一旦接收到这种信号，就会导致与违约方未来的合作机会大大降低甚至丧失。

（3）隐性契约和显性契约在一定条件下可以相互转化。随着签约成本的提高，显性契约会逐渐向隐性契约转化；而随着市场外部条件，法律法规、政策的变化，当隐性契约含有的声誉、信任不足以约束缔约主体时，或者外部制度环境的变化要求明确某些规则、秩序时，隐性契约会向显性契约逐渐转化，通常来讲，这种变化意味着更少的"潜规则"以及更加透明的交易过程，因此隐性契约转化为显性契约更加具有实际意义。

## （三）根据契约的完备程度分为完全契约与不完全契约

完全契约是指缔约双方都能完全预见契约期内可能发生的重要事件，愿意遵守双方所签订的契约条款，当缔约双方对契约条款产生争议时，第三方能够强制其执行。完全契约下的契约条款详细表明了每一个契约当事人的权利、义务，契约履行的方式以及契约所要达到的最终效果，契约是合理的、全面的。达到完全契约需要满足以下几个条件：

（1）当事人能够完全预见契约需要的重要条件的变化，并且能够根据这些变化对契约进行修改，这就要求当事人必须在契约上准确地描述出这些可能发生的变化。

（2）契约当事人对每一可能事件必须有愿意和能够做出决定，并采取有效的行动，同时为行动承担成本。

（3）契约当事人必须遵循自愿的原则遵守契约的条款，每一个当事人都必须自由地决定契约条款是否满足，如若违约，必须履行双方都同意的违约惩罚。

案例

不完全契约是指缔约双方不能完全预见契约履行期内可能出现的各种情况，从而无法达成内容完备、设计周详的契约条款。在现实生活中，个人的理性是有限的，未来是充满不确定性的，想要完全预见所有可能出现的变化几乎是不可能的；即使预测到了，也很难将每种情况准确地描述出来，或者描述出来的成本太高；即使描述出来了，第三方如法庭又很难对每一种情况进行证实，这三种情况就是导致契约不完全的原因。

完全契约和不完全契约的根本区别在于，完全契约提前规定了当事人的权利和责任，所以主要考虑事后的监督问题；不完全契约无法规定全部的权利和责任，进而通过再谈判来解决，所以主要考虑事前的什么样机制设计和制度安排更为合理。

# 第二节 不完全契约理论与公司治理

## 一、公司的契约性质

从法律意义上讲，公司的本质是有法人资格的企业，从经济学角度看，不论叫企业还是公司，都是一种统称。企业作为一种组织形式，是组成当前经济社会系统的重要器官。企业究竟是什么？或者说企业在市场中到底扮演怎样的角色？企业的本质是什么？这些最基本的问题支撑起了许多学科领域的研究，建立起许多学者研究的底层逻辑。

传统的新古典经济学将企业看作一个将要素投入转化为产出的生产函数，简单地认为企业是一台生产机器，需要研究的是在市场的影响下投入和产出的关系，市场的价格机制是其核心。对企业契约性质的认识源自著名经济学家罗纳德·哈里·科斯（Ronald H. Coase），科斯在 1937 年发表的《企业的性质》一文中率先提出，企业是一系列契约的集合，企业的性质就是对价格机制的替代。他认为，企业存在的目的在于节约交易成本，交易成本来自三个方面：一是发现相关价格的成本；二是谈判和签约的成本；三是利用价格机制的其他不利成本，如采用短期契约而损失长期契约的机会成本。[①] 在企业内部，企业家通过行政命令的方式对生产要素进行统一协调和调配，借助权威形成雇主与雇员的契约，用长期契约代替一系列的短期契约，并且这种长期契约是不完全的，用以应对环境的变化。而企业家则可以根据契约及时对生产要素进行配置，从而节省了交易费用。

许多学者对企业契约性质的研究都是基于科斯的观点形成的，张五常延续科斯的研究思路，并发展了科斯的思想，认为所谓企业的实质是用一种契约方式替代另一种契约方式，即由要素市场代替产品市场或商品市场，企业是由一系列的要素市场契约构成的。[②] 相比于科斯对交易成本的分析，张五常发现了解一种产品也需要成本，被称为信息成本，比如消费者可能清楚一件产品的用途，但不清楚构成产品的每一个零件的用途，自然就无法在价格上与生产者达成协议。

---

① Coase R H . The Nature of the Firm ［J］. Economica, 1937, 4.

② 张五常. 经济解释［M］. 北京：商务印书馆, 2000：363.

阿曼·阿尔钦（Armen Albert Alchian）和哈罗德·德姆塞茨（Harnold Demsetz）在 1972 年发表的《生产、信息费用和经济组织》一文中认同科斯的企业是一系列契约的合集，具有契约性质的观点，但对科斯的企业是雇主与雇员之间的长期契约的观点并不认同。他们认为，企业实质上由合约构成，而合约则是团队生产过程中各种要素之间签订的。所谓的团队生产是指由多种要素所有者联合进行的生产，这种联合生产的总产出高于各参与生产的要素的分产出之和。[①]由于团队生产的资源要素种类丰富，企业的相关契约自然就不止一个，所说的合约结构，也并不仅包括劳动力要素的雇佣契约，还包括土地、资本、技术之类的要素，而拥有这些不同要素的不同所有者，通过签订相关的交易契约形成企业。那么谁来协调这一团队？或者说谁来协调这些契约？他们认为，在企业的各种契约中，存在一个能对其他要素所有者进行监督并享有剩余收入的人，他负责与其他要素所有者签订契约，并合理使用这些要素，被称为"中心签约人"[②]，与科斯对企业家具有强制的行政命令和权威的认识不同，中心签约人通过行使解约的权利来监督要素所有者，并且企业的契约结构也由中心签约人根据与各要素所有者的谈判情况进行安排，各要素所有者相互之间并没有绝对命令和服从的关系。

虽然学术界对于企业契约性质的形成机制和边界条件看法不一，但企业的本质是契约，或者说企业具有契约性质的观点是被广泛认同的。企业的性质一方面表现在其生产性上，另一方面表现在其交易性和契约性上，生产和交易并非两个毫无关联的独立环节，而是相互影响、相互统一的，契约和产权的安排会影响企业的生产效率，契约的

---

① Arman Alchian, Harold Demsetz. Production, Information Costs, and Economic Organization [J]. The American Economic Review, 1972, 62: 777–795.

② Demsetz H. The theory of the firm revisited [J]. Journal of Law Economics and Organization, 1988, 4: 141–161.

选择也要考虑到企业的生产能力和要素资源，甚至生产性质的不同也会导致契约的不同。因此，我们在法律层面可能看到的公司只是"一纸合同"，然而从经济层面看，"一纸合同"的背后蕴含了如此复杂的机制和理论，从公司的建立到发展，企业需要不断追求生产性和契约性的动态统一。

## 二、不完全契约理论的内容

非对称信息是导致契约不完全的关键原因。所谓非对称信息，是指契约当事人一方所持有的，但另一方不知道，并且无法由第三方验证的信息。这种信息有些是交易对象自带的属性，当事人的行为无法改变，有些则是契约签订后，当事人的行为无法预测产生，并且无法被第三方观察并监督的。比如一台设备的属性购买方可能不清楚，这种情况下就需要设计一种能够让对方掌握有用信息的契约；一个工人的工作时间是可以被记录的，但其工作的努力程度却很难被度量，这种情况下契约的问题就在于如何保证当事人行为的合理性。这种不完全的契约很容易导致事后的机会主义行为，即"敲竹杠"行为。所谓"敲竹杠"问题是指缔约方在做出事前专用性投资后，担心事后的机会主义行为会使得自己被迫接受不利于自己的契约。而这也成为不完全契约理论需要重点解决的一个问题①。

由于意识到契约的不完全性，许多学者也进行了研究，因此不完全契约理论的研究也分成了不同学派。这里我们从广义上介绍不完全契约理论的两个分支：以奥利弗·威廉姆森（Oliver Williamson）为代表的交易费用经济学派和以 S. J. 格罗斯曼（Sanford Jay Grossman）、O. 哈特（Oliver Hart）、J. H. H. 莫尔（John Halstead Hardman Moore）

---

① 聂辉华. 契约理论的起源、发展和分歧［J］. 经济社会体制比较，2017（1）：1-13.

为代表的新产权学派。

## （一） 以威廉姆森为代表的交易费用经济学派

在威廉姆森的交易费用经济学中，有限理性是理解契约关系的重要概念，治理结构的选择是解决契约不完全性的重要途径，他认为，契约的不完全是有限理性、交易成本、机会主义行为导致的结果。首先，当事人不能掌握所有问题的解决办法，也无法计算每种解决办法可能带来的收益，自然就无法设计出最优的契约。其次，资产的专用性、交易次数和交易的不确定性决定了契约的交易费用，所谓资产的专用性是指基于特定目的的对资产的投资，导致该资产具有无法用于其他用途的性质。专用性资产投资的增加、交易次数的下降使得交易成本大于零。最后，由于交易费用的存在，交易的一方很可能凭借自身的优势条件利用机会主义行为对另一方的利益进行侵占。

在现实生活中，一份合同在履行过程中常常不可避免地出现争议，此时通常会诉诸法院或由第三方机构来解决，而这种做法产生的成本是高昂的，不仅包括金钱、人力、物力，还包括时间成本。威廉姆森认为，诉诸官僚结构（包括法庭）应当是不完全契约最后的履行手段。他的做法是，以资产专用性、交易频率和不确定性为依据，将契约划分为古典契约、新古典契约和关系型契约，根据契约的类型选择相应的治理结构，以达到事前、事后交易费用最小化。[①] 无须考虑交易频率和不确定性，只要契约是标准的且存在专用性投资，就划分为古典契约，适合交由市场来完成；资产专用性程度、交易频率和不确定性程度都较高的交易被划分为某种关系型契约，适合借助科层，即企业组织的权威来完成；处于两者之间的交易则属于新古典契约和另一种关系型契约，分别对应第三方治理和双方治理，适合通过混合

---

① 威廉姆森. 资本主义经济制度 [M]. 北京：商务印书馆，2004.

形式来完成，混合形式是除了市场和科层的另一种治理结构，包括质押、互惠、特许权和管制等。①

## （二）以 GHM（格罗斯曼 - 哈特 - 莫尔）理论为代表的新产权学派

新产权理论始于对交易费用经济学的批判，又对于交易费用经济学有一定的继承。新产权理论中，契约的不完备主要原因源自不可证实性，这点与交易费用经济学中的有限理性不同。比如，某人在饮品店购买了一杯饮品，服务员问他是要中甜还是微甜，他说微甜。而当饮品完成后，他在明知该饮品符合自己口味的情况下，仍坚称自己的要求没有得到满足而拒绝付款，此时若双方交由法庭解决，法官也无法证实微甜的甜度到底有多少。进一步讲，假设将上述的敲竹杠行为上升到两个企业之间，该如何解决呢？交易费用经济学认为，可以通过一体化即两个企业合并，用内部的统一命令来取代两者市场中的讨价还价，从而减少事后敲竹杠的行为。新产权理论认为，交易费用经济学并没有明确回答这种一体化产生的成本和收益，因此，针对这一问题，新产权理论提出了剩余权利（residual rights of control）的概念。剩余权利是指事前无法规定或不可证实的权利②，在面对不完全契约时，剩余权利的归属将大大影响事前对专用性资产的投资，拥有的剩余权利越大，在谈判中就越处于优势地位，得到的投资收益越多，因此来自专用性投资的激励就越强。也就是说，新产权理论主张通过对产权的配置实现对专用性投资的事前激励，而非事后适应性的治理结构调整，达到降低交易费用的效果。

---

① 聂辉华. 交易费用经济学：过去、现在和未来——兼评威廉姆森《资本主义经济制度》[J]. 管理世界，2004（12）：146 - 153.

② Grossman S J, Hart O D. The Costs and Benefits of Ownership：A Theory of Vertical and Lateral Integration [J]. Journal of Political Economy, 1986, 94（4）：691 - 719.

## 三、不完全契约理论在公司治理方面的应用

公司治理意在建立一种制度，即法律、制度规则、公司内部要求形成的框架，使公司可以良好地运转，这种机制一旦形成，权利和责任得到合理的分配，相关利益者就可以充分行使自己的权利，对企业进行监督以保证自身的利益，包括股东对经营者的监督和制约机制，也包括激励机制。不完全契约理论和公司治理是紧密相关的。在公司治理中，契约理论可以被应用于分析公司内部的契约关系，包括董事会和高管之间、股东和公司之间、员工和公司之间等方面的关系。

公司治理中存在的一些典型问题，例如代理问题、利益冲突等，都可以用不完全契约理论来解释和分析。公司治理的目标是保护股东利益，提高公司的价值。在此过程中，不完全契约理论在公司治理方面有很多应用，其中包括以下三个方面。

### （一）契约的完整性

公司治理需要建立完整的契约关系，即在契约中尽可能详细地规定各方之间的权利和义务，以减少不确定性和灰色地带。不完全契约理论可以帮助公司管理者理解契约的完整性对公司治理的重要性。在公司治理的过程中，股东的权益往往容易受到侵犯，不同的股东和利益相关者之间可能存在着合作和冲突，根据不完全契约理论，公司内部的契约、不同的利益相关者之间的契约并不完整，从而导致了信息不对称和道德风险等问题，因此需要不断完善契约，并逐渐建立相互信任的比较稳定的合作关系。

### （二）监管和惩罚机制

为了保证契约的执行，公司需要建立有效的监管和惩罚机制，例

如建立内部监察机构、实施股权激励计划等，以激励经理人员尽职尽责，提高公司的绩效。不完全契约理论可以帮助公司管理者理解监管和惩罚机制对公司治理的重要性，并提供一些指导，例如如何设计合适的激励机制，以及如何实施有效的内部监管。

## （三）管理者行为问题

公司治理中，经理人员可能会出现代理问题，即他们可能会将自己的利益放在公司利益之前，从而导致公司的效率下降。不完全契约理论可以解释代理问题的根源在于信息不对称，即经理人员拥有更多的信息和知识，而股东或投资者则没有足够的信息来评估他们的决策。解决代理问题需要建立有效的监管和激励机制，以鼓励经理人员尽职尽责。比如，确定清晰的目标和绩效指标，帮助股东更好地评估经理人员的决策；建立有效的激励机制，如奖金、股票期权等方式，来鼓励经理人员尽职尽责；建立有效的监管机制，如独立董事、监事会，来监督经理人员，帮助股东发现和纠正代理问题。

总之，不完全契约理论可以帮助解释和解决公司治理中的许多问题，通过建立完整的契约关系、加强监管和惩罚机制、增强合作和信任等方式，提高公司的效率和绩效，保护各方的利益。

## ▶▶ 复习思考题

1. 从法律上和经济学上对契约的认识有何区别和联系？
2. 有哪几种契约？各自有什么特点？
3. 完全契约和不完全契约有何区别？
4. 公司的契约性质体现在哪些方面？
5. 不完全契约理论包括哪些内容？

案例分析

　　1919 年，通用汽车和费雪车身公司签订了一个为期 10 年的合同。合同规定通用以成本加上 17.6% 的利润的价格，将全部封闭式金属车身业务交给费雪。但这一价格不能高于其他类似供应商的平均价格，一旦发生价格纠纷则诉诸仲裁。双方没有料到，几年后市场对通用汽车的需求大量增加。通用认为，由于采取成本加成制，费雪公司因此会采取一种相对没有效率的、偏向劳动密集型的技术，这明显提高了通用的购买成本。此外，费雪拒绝将其工厂建在通用的组装厂附近。由于费雪倾向于采取无效率的生产方式以及拒绝靠近通用建厂，通用难以忍受这种敲竹杠行为，遂在 1926 年将费雪完全收购。①

授课 PPT

本章知识点

　　**问题：** 如何用不完全契约理论分析这一经典案例？如果通用汽车公司未与费雪车身公司签订合同，费雪车身公司进行专用性的压铸设备投资后，通用汽车公司是否可能产生敲竹杠行为？

---

　　① 聂辉华，李金波. 资产专用性、敲竹杠和纵向一体化——对费雪—通用汽车案例的全面考察 [J]. 经济学家，2008（4）：44 – 49.

———————|第六章|———————

# 公司治理的内涵与基本框架

　　按照契约理论，公司是一系列不完全契约的组合，每一个契约的主体都是公司的利益相关者。随着公司的发展、外部环境的变化，公司各利益主体之间的关系变得越来越复杂，如何促进公司的发展并协调各主体之间的关系即公司治理问题逐渐突出，成为近年来理论界研究的重大、热点问题之一。公司治理就是公司各利益主体依据契约对公司行使权利的体现，是契约理论的实际运用。

　　本章介绍公司治理的研究主题及内涵，给出公司治理的主体、客体、体系、机制等所形成的基本框架。

## 第一节　公司治理的研究主题及内涵

### 一、公司治理问题的产生

　　公司治理（corporate governance）最早出现在经济学文献中是在20世纪80年代。当时，公司的发展出现了一些新趋势，关于"公司是谁的?""谁在控制公司?"等相关问题的讨论不断深化，在界定了诸如"利益相关者""说明责任"等概念的基础上，西方学者提出并掀起了公司治理研究的高潮。产生背景主要有以下几个方面。

## （一） 经理人员高薪引发的不满

20 世纪 60 年代以来，英美国家实行 CEO 体制，公司管理人员人力资本地位不断崛起，经理人员的薪金大幅度上升。50 年代，美国只有少数公司最高管理者的年薪达到 40 万美元，而到了 80 年代，公司 CEO 年薪超过百万美元的比比皆是。在美国最大的 500 家公司中，收入前两位的执行官一年的工资加奖金平均收入超过 200 万美元，在最大 200 家公司中的总裁不包括偶然性奖金的平均收入超过 300 万美元。锐步公司的总裁法尔曼（Fireman）的薪酬超过 1000 万美元。英国总裁的收入是本国基本工资的 35 倍，而美国总裁的收入是本国基本工资的 109 倍。[①] 虽然这些高薪建立在经理人员对公司做出了卓越贡献的基础之上，但人们对与日俱增的经理人员的报酬感到不满，认为经理已经处于失控之中。因此，需要在理论层面对股东与经理之间的关系进行重新界定，且需要有效的措施限制经理日益膨胀的权利。

## （二） 敌意收购的出现

20 世纪 80 年代，美国掀起第四次企业兼并浪潮，这次兼并以杠杆收购为主要特征，敌意收购、企业重组事件大量涌现。这一时期，美国企业的国际竞争力下降，许多公司在产品开发、设备更新方面落后于日本和德国，为对抗敌意收购、保护经济的发展，美国允许公司探讨特定情况下的反接管措施，如著名的"毒丸"策略就是在这一时期产生并迅速成为公司治理的主要工具。同时，当敌意收购发生时，

---

① 乔纳森·查卡姆. 公司长青：英美法日德公司治理的比较 [M]. 郑江淮，李鹏飞，译. 北京：中国人民大学出版社，2006：164.

被收购方的管理层基于信息优势可能会侵害股东利益,产生"代理人成本问题"。在这种情况下,阻止管理层为谋求私利而损害股东利益成为公司治理的关键之一。①

### (三) 股东诉讼案件增加

在英美国家,不仅经理人员和执行董事的报酬越来越高,非执行董事即外部董事的报酬也大幅度增加,一些外部董事若同时担任多家公司的董事,其收入就更为可观,如美国前总统福特(Ford)在 1980 年总统竞选失败后,进入 7 家公司任董事,每年的董事收入包括咨询费、公共形象费、津贴等能达到 80 万美元。② 更高的报酬要求承担更多的责任,由于董事、经理失职而给投资者带来损失,常会涉及股东诉讼。第一个股东诉讼案件发生在 1928 年的英国,此后很长一段时间股东诉讼案不多,但到了 20 世纪 80 年代迅速增加。据统计,幸福 1000 家大公司在 20 世纪初无一家涉及股东诉讼赔偿,到 1978 年,有十分之一的公司涉及,到 1979 年,有九分之一的公司涉及,到 1985 年,有六分之一的公司涉及,许多公司董事、经理,包括独立董事被起诉,要求赔偿因其投资失误而带来的损失,而且诉讼的标的越来越大。③

### (四) 机构投资者的兴起

英美国家股权结构的特点是分散化、小股东众多。小股东拥有公司股份的目的不是决策,而是在股票价格波动中获得资本利得的短期收益,即所谓"用脚投票"。但这种情况到 20 世纪 80 年代有了很大变

---

① 王姗. 浅析美国公司敌意收购的经济学问题及司法规制 [J]. 金融文坛,2022 (8): 6.
② 李维安,武立东. 公司治理教程 [M]. 上海:上海人民出版社,2005: 3.
③ 李维安,武立东. 公司治理教程 [M]. 上海:上海人民出版社,2002.

化，一些机构投资者如政府养老基金、私人养老基金、保险公司、银行信托机构、投资公司等进入公司，持有大额股份，机构投资者的资产在1970年时为6720亿美元；到了1980年，达到19000亿美元；在1998年，更是达到了150000亿美元，可见其发展迅猛。现在机构投资者在美国持股比例越来越大。1990年，机构投资者在美国最大的1000家公司中持股比例是50%，而1997年已达到60%。[①] 德鲁克称这种情况为"看不见的革命"。机构投资者无法再通过股票短期买卖获益，不得不关心公司的长期发展，重视决策，即"用手投票"。

基于以上原因，公司治理在20世纪80年代首先在英美等国家展开，并迅速扩展到其他国家和地区，成为近年来公司发展中的热点、重点问题。

自1994年《中华人民共和国公司法》实施以来，我国的现代企业制度即公司制正式确立，各类公司开始蓬勃发展，对公司治理问题的研究也随之展开。国内学者也于20世纪90年代关注转轨经济国家的一些特殊现象，如"内部人控制"、国有资产流失等问题，并掀起了公司治理研究的高潮，取得了许多突破性的成果。

## 二、公司治理的研究主题

公司治理是一种实践活动，其目的是解决公司运行中的问题。公司作为一种企业形式，其根本目的是营利，"把蛋糕做大"属于公司管理的范畴，而"如何分配蛋糕"就是公司治理问题，因此公司治理的核心在于"协调"。公司治理的研究主题也就是公司治理要解决的基本问题，主要有以下三个方面。

---

① 张维迎. 理解公司：产权、激励与治理 [M]. 上海：上海人民出版社，2013：308.

（一）在所有权与经营权分离的情况下，解决股东与经营者之间的委托—代理问题

早期的企业是所有权与经营权合一的，如业主制、合伙制，但随着公司制的确立，有限责任制度能够把社会上的闲散资金迅速集中起来，促使企业规模扩大，生产复杂性增加，需要具有专业管理知识和专业管理技能的人员来管理企业。1841 年 10 月 5 日，美国马赛诸塞到纽约的西部铁路上两列火车迎头相撞，造成近 20 人伤亡。舆论认为是因老板不懂得现代公司的运营所致，老板作为资本所有者可以只拿红利，而由专业人员担任公司的管理者。1933 年伯利和米恩斯在《现代公司与私有财产》一书中正式提出两权分离，"在公司制度中，产业财富的'所有者'仅剩下象征性的所有权，而权力、责任以及实物——这些东西过去一直是所有权不可或缺的部分——则正在让渡给一个手中握有控制权的独立的集团。"[1] 钱德勒（Chandler，1977）在《看得见的手：美国企业的管理革命》一书中使用"经理革命"一词，指承接经营权的经理阶层的形成及其在企业中所起的作用。"在这些工业中，一个新的经理阶层已承担起协调当前产品和服务的流量以及为未来生产和分配进行资源分派的任务。"[2] 至此，两权分离理论正式形成，但两权分离后所有者与经营者之间的关系如何界定又成为一个重要问题。古典管家理论最早解释了两权分离的理论，假定市场是完全竞争的，信息资本可以自由流动，企业所有者主导了企业的行为，经营者只是按所有者命令行事的管家，所有者与经营者之间的利

---

① （美）阿道夫・A. 伯利，加德纳・C. 米恩斯. 现代公司与私有财产 [M]. 北京：商务印书馆，2005：78.

② 小艾尔佛雷德・D. 钱德勒. 看得见的手——美国企业的管理革命 [M]. 重武，译. 北京：商务印书馆，2004：587.

益是统一的。但很快人们放弃了信息完全和无私性的假设，认为两权分离产生委托—代理问题。所谓委托—代理问题，是指由于代理人的目标与委托人的目标不一致，加上存在不确定性和信息不对称，代理人有可能偏离委托人目标而委托人难以观察和监督，从而出现代理人损害委托人利益的现象。

激励并约束经营者以维护股东的利益、减少股东与经理之间的代理成本，是公司治理的基本问题，这一领域的公司治理是代理型公司治理。[①]

### （二）在多元股权的情况下，协调所有者之间关系的问题

除一人公司外，公司是多元投资主体，股东人数众多，有法人，也有自然人。在股权分散的情况下，股东整体参与公司治理的积极性不高，公司的控制权落在经理阶层身上，即主要体现为上述代理型公司治理。在股权集中的情况下，机构投资者等大股东参与公司治理的积极性增加，能够依据较高的持股比例在股东会上行使表决权，影响公司决策；小股东持股比例低，表决权少，更愿意搭大股东的便车。但大股东作为经济人也不会甘愿免费"拉车"，基于最大化自己利益的目的，会把投资风险、监督花费等通过公司治理来弥补。在监督和制衡机制不健全时，可能利用控股权和对公司的控制力不择手段地追求自己的利益，损害小股东的利益。如在关联交易中，若供应商是大股东，则可能使公司高价购买原材料；若销售商是大股东，则可能使公司低价向其出售商品；若银行是大股东，则可能使公司以较高利率向其贷款。再如，大股东可能要求上市公司为其提供担保或挪用上市公司资金。据对 2001 年年报及相关公告的不完全统计，沪

---

① 蔡锐，孟越．公司治理学［M］．北京：北京大学出版社，2018：6.

深两市约有 115 家上市公司不同程度地存在将募集的资金转手给大股东或关联股东的情况，转手资金总共 426 亿元，占募集总资金的 38.8%。① 因此，保护中小股东的利益、防止大股东的剥夺、协调股东之间的关系，成为公司治理的基本问题，这一领域的公司治理是剥夺型公司治理。

### （三）在股东追求利益最大化的情况下，协调利益相关者之间关系的问题

传统观点认为，股东是公司的所有者，公司的一切事务都应以股东为中心，实现股东利益的最大化，经理要履行受托者责任为股东服务。这就是股东单边治理理论。但 20 世纪 60 年代开始，这种观念逐渐受到来自利益相关者的质疑和反对，新的观点认为，公司涉及股东、债权人、经理人员、员工、顾客、供应商等利益相关者的利益，公司经营不能仅考虑股东利益，要考虑广大利益相关者的利益。如在恶意收购发生时，收购方一般会高于市场价格出价。20 世纪 80 年代美国敌意收购中，收购者提供的价格一般都在原股票价格的 1.5 倍到 2 倍以上。② 股东基于短期利益接受要约，实现了股东利益的最大化，但公司的长期利益无法实现，其他利益相关者的利益得不到保障。基于此，许多地区修改公司法，要求经理要对更广泛的利益相关者服务，限制了股东的投票权，经理有了对抗恶意收购的法律依据。股东、债权人、经理人员、员工、顾客、供应商等利益相关者都是独立的、平等的公司利益主体，在公司治理中都应发挥重要作用。这就是利益相关者共同治理理论。但共同治理理论也存在着多重目标产生混乱、多方利益无法协调等问题，因此，又出现了对共同治理理论修正

---

① 席酉民，赵增耀. 公司治理［M］. 北京：高等教育出版社，2004：87.
② 崔之元. 美国二十九个州公司法变革的理论背景［J］. 经济研究，1996（4）：35.

的核心利益相关者治理理论。确定核心利益相关者为治理主体，降低了代理成本与监督成本，提高了公司治理效率。[①] 在股东追求利益最大化的情况下，如何协调利益相关者之间的关系是公司治理的又一基本问题，这一领域的公司治理是综合型公司治理。

## 三、公司治理的概念

1975年，威廉姆森首先提出"governance structure"的概念，后来发展为"corporate governance"，对于"corporate governance"，有学者翻译为"公司治理结构"，有的翻译为"公司治理"，因此，在相关文献中，"公司治理结构"与"公司治理"含义是相同的。对于公司治理的概念，学者们存在着不同的看法。国外学者对公司治理的看法主要有两个方面，第一个方面是基于监督经理人员以保护股东的利益，如股东、董事和经理关系论，控制经营管理者论，对经营者激励论；第二个方面是基于保护公司利益相关者利益，如控制所有者、董事和经理论，利益相关者控制经营管理者论，管理人员对利益相关者责任论，利益相关者相互制衡论等。

经济发展与合作组织（Organisation for Economic Co-operation and Development，OECD）给出的定义最具代表性。公司治理结构是一种据以对工商业公司进行管理和控制的体系。公司治理结构明确规定了公司的各个参与者的责任和权利分布，诸如董事会、经理层、股东和其他利益相关者，并且清楚地说明了决策公司事务所应遵循的规则和程序，同时它还提供了一种结构，使之用以设置公司目标，也提供了达到这些目标和监控运营的手段。

---

① 徐宁，徐向艺.公司治理理论的演进趋势研究——基于经济学与法学的整合视角 [J]. 经济与管理研究，2009（12）：64.

国内学者也有不同的观点。吴敬琏（1993）认为公司治理结构是指由所有者、董事会和高级执行人员即高级经理人员三者组成的一种组织结构。要完善公司治理结构，就要明确划分股东、董事会、经理人员各自权力、责任和利益，从而形成三者之间的关系。① 林毅夫（1997）在论述市场环境的重要性时论及这一问题。他认为，"所谓公司治理结构，是指所有者对一个企业的经营管理和绩效进行监督和控制的一整套制度安排"，并随后引用了米勒（1995）的定义作为佐证，他还指出，人们通常所关注或定义的公司治理结构，实际指的是公司的直接控制或内部治理结构。② 李维安（1998）认为狭义的公司治理，是指所有者（主要是股东）对经营者的一种监督与制衡机制。③ 其主要特点是通过股东会、董事会、监事会及管理层所构成的公司治理结构的内部治理；广义的公司治理则是通过一套包括正式或非正式的内部或外部的制度或机制来协调公司与所有利益相关者（股东、债权人、供应者、雇员、政府、社区）之间的利益关系。张维迎（1996）的观点是，狭义地讲，公司治理结构是指有关公司董事会的功能与结构、股东的权力等方面的制度安排；广义地讲，指有关公司控制权和剩余索取权分配的一整套法律、文化和制度性安排，这些安排决定公司的目标，谁在什么状态下实施控制，如何控制，风险和收益如何在不同企业成员之间分配这样一些问题，并认为广义的公司治理结构是企业所有权安排的具体化。④

综合以上观点，本书给出公司治理的概念。公司治理是指通过股东会、董事会、经理层所组成的内部治理结构及市场、政策、法律、

---

① 吴敬琏. 大中型企业改革——建立现代企业制度［M］. 天津：天津人民出版社，1993.

② 王晓艳，温翔宇公司治理问题文献综述［J］. 农村经济与科技，2020（1）：211－214.

③ 李维安，郝臣，崔光耀，郑敏娜，孟乾坤. 公司治理研究40年：脉络与展望［J］. 外国经济与管理，2019（12）：162－186.

④ 张维迎. 所有制、治理结构及委托—代理关系——兼评崔之元和周其仁的一些观点［J］. 经济研究，1996（9）：10.

文化等外部治理机制，协调股东及其他利益相关者利益的一整套正式或非正式的制度安排。

## 四、公司治理的复杂性

### （一）公司治理与公司管理

谬乐（Mueller, 1981）[①] 对治理与管理做了以下对照：

治理涉及公司战略方针的制定、控制和监督，以及公司与外部的社会、经济和文化联系；管理则是运用一定的方式来指导或监督某一活动，以达到特定的目标。

治理的焦点在外部，管理的焦点在内部；治理是一个开放系统，而管理是一个封闭系统；治理基于战略考虑，管理基于任务考虑；治理考虑公司往哪里去，管理则考虑怎样到那儿。

从程序和手段来看，治理讲的是董事会借以监督和激励经理的程序、方式和手段，重点强调利益关系的调整；管理讲的是为达到公司的目标，经理应做什么及怎样做，重点强调为达到特定目标应选择的手段、方法和管理技术。治理是董事会的工作，而管理是经理的事情。

但治理与管理的区别是相对的，二者难以完全分开。

### （二）公司治理的利益相关者

公司是多种参与者自愿结合的组织，各参与者通过与公司订立契约从公司获得不同的利益，成为公司的利益相关者。

股东通过《出资凭证》（股票）获得红利，债权人通过《借款合

---

① 席西民，赵增耀. 公司治理［M］. 北京：高等教育出版社，2004：34.

同》获得本金及利息，员工通过《劳动合同》获得工资及福利，顾客通过《买卖合同》或《服务合同》获得商品或服务，供应商通过《买卖合同》获得销货款，政府通过行政许可获得税收，经理层通过《劳动合同》获得薪酬，社区居民通过隐性契约实现与公司的互不侵犯。在公司价值一定时，对同一公司的各种形式的索取构成公司内部冲突的根源，对股东有利的决策可能损害债权人的利益，对员工有利的决策不一定对股东有利，而作为平衡这些利益关系的经理层本身也是利益相关者，也有追求利益最大化的动机，其也会和股东、员工、顾客，甚至政府和社区产生利益冲突。公司规模越大，利益冲突越激烈，仅从公司各利益相关者利益关系的协调来讲，公司治理远比公司管理要复杂。

## 五、公司治理中的公司法

公司治理要在法律的框架下进行，公司法、证券法、劳动法、劳动合同法、反不正当竞争法、企业破产法等相关法律法规为公司治理提供了基本依据，在这些法律中，公司法处于核心位置。

### （一）公司法是公司治理的通用契约，大大节约了交易费用

前面分析了公司治理机制是一系列契约关系，在这些契约中，有正式契约，如《劳动合同》《买卖合同》《借款合同》等，也有非正式契约，如社区与公司之间的隐性契约，实际上是一种默契。正式契约又可分为通用契约和特殊契约，通用契约是适用于所有企业和经济主体的契约，又称为关系型契约。特殊契约是仅适用于单个企业的契约，如公司章程、企业的内部管理规定、各种交易合同等。

公司法是国家立法机关制定的，规范公司行为的最重要的法律文件，适用于境内所有公司，是公司治理的通用契约。新公司设立时，

依据公司法规定的程序完成登记注册、募集资金等活动，同时根据公司法确定股东权利、董事会权利、经理权利与责任，避免了过多讨价还价及协商、监督成本，大大节约了交易费用。

## （二）公司法要最大化企业价值

公司的契约性质决定了公司法必须给当事人留下足够的讨价还价的自由，也就是说，公司法是帮助当事人签订、达成协议，而不是限制当事人选择最优契约，即具有法律上的授权性特征。授权性特征指的是当事人可以选择与法律不同的规则，如果当事人没有选择，或者没有说明，则法律给提供标准型条款。[①]因此，这就要求公司法要最大化企业价值，即实现在没有交易费用的情况下当事人自由谈判也能实现的效果。

知识拓展

我国《公司法》自 1993 年颁布以来，1999 年进行了第一次修正，2004 年进行了第二次修正，2013 年进行了第三次修正，2018 年进行了第四次修正，2005 年进行了一次修订，2023 年进行了第二次修订，每一次修正和修订都是对这一原则的坚持与努力。如 2005 年公司法的一个重大变化是确立了累积投票制，对应原来的直接投票制，累积投票制能够帮助小股东集中使用手中的投票权，防止大股东投票权的滥用，在一定程度上能减少大股东的侵害。2023 年公司法从完善公司资本制度、优化公司治理、加强股东权利保护、强化公司高管责任、完善公司设立退出制度、完善国家出资公司相关规定、完善公司债券相关规定等方面进行了修订，对完善中国特色现代企业制度、推动经济高质量发展具有重要意义。[②]

---

① 高程德. 现代公司理论［M］. 北京：北京大学出版社，2013：177.
② 蒲晓磊. 完善中国特色现代企业制度推动经济高质量发展［N］. 法治日报，2024 – 01 – 04：(1).

# 第二节　公司治理的主体、客体及说明责任

## 一、股份公司利益相关者模型

股份公司是一个由众多利益相关者组成的体系，基本模型如图6-1所示。股东以现金、实物、知识产权、土地使用权等形式出资，形成股份公司的法人资产，由经营者控制这些实物资本并进行经营管理，股东以股票的方式获得公司的股权资本。经营者运用实物资本进行生产经营活动，为获得更好的资金使用效率需要向债权人借款，形成债权资本，以支付利息为代价，当然也要偿还本金；需要向供应商购买原材料、能源等投入品，以市场价格支付货款；需要雇用员工进行劳动，按政策、法律规定及市场环境支付工资及福利；将商品或服务提供给顾客，按市场价格收取价款；向顾客收取的价款就是公司的销售收入，在扣除成本、缴纳税款、保留盈余后以红利的方式分配给股东。

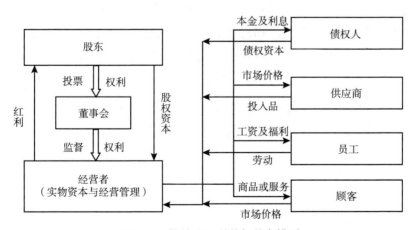

**图6-1　股份公司利益相关者模型**

获得红利是股东投资设立公司的基本目的，但这属于剩余索取权，如果公司经营的盈余多，股东会得到较多的红利。但如果经营的收入不足以支付债权人的利息、员工的工资、供应商的货款，公司就会处于亏损状态，股东将得不到任何收益，因此，股东的收益和经营者对公司法人资产的经营状况直接相关。为促使经营者尽职，保证公司法人资产尽可能多的产生盈余，股东投票选出董事会，由董事会对公司经营者进行监督。普遍认为，由于股东这种"剩余索取"的地位，其最有积极性对公司进行监督。

## 二、公司治理的主体

公司治理的主体由公司治理目标决定。按照股东权益至上论，公司治理的主体就是股东，公司一切行为都应该为实现股东利益最大化的目标而努力。按照利益相关者利益兼顾论，公司治理的主体是所有利益相关者，公司治理的目标是实现所有利益相关者利益的平衡和最大化。按照核心利益相关者价值最大化论，公司治理的主体是核心利益相关者，即那些在公司中进行了高专用性投资，直接参与企业经营活动并承担高风险的个体和群体，主要指股东、经营者和员工。[1] 公司治理的目标是实现核心利益相关者利益最大化。本书采用第二种观点，即利益相关者利益兼顾论，认为所有利益相关者都是公司治理的主体，可以分为三个层次，公司直接投资者、公司专用资产投资者、受公司行为影响者，如图 6-2 所示。

---

① 贺小刚. 现代企业理论［M］. 上海：上海财经大学出版社，2016：208.

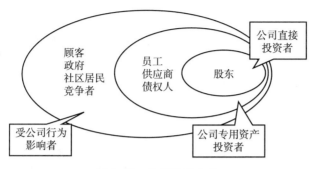

图6-2 公司治理主体

## （一）公司直接投资者

股东是公司直接投资者，有了股东投资才会有公司成立。自股东将资产投入公司时起，股东就不再拥有对公司实物资产的处置权，而仅以股票的方式拥有公司的虚拟产权即股权；由经营者控制公司的实物资本，拥有实体产权即法人产权。所有权与经营权实现了分离，公司产权也实现了股权与法人产权的分离。

许多国家都对股东在公司治理中的权利做了明确规定。在参与公司经营方面，股东最重要的权利就是对公司重大事项的表决权，如在公司收购、合并、转让及选举董事等方面，股东享有决定权，经理层甚至董事会都没有这种权利；在获取收益方面，股东享有股利分配请求权、剩余财产分配权、优先认股权、股份转让权等。此外，股东还拥有股东会议召集请求权、建议权和质询权、知情权、诉讼权等。我国《公司法》第五十七条、第六十五条、第八十四条、第一百一十五条、第一百八十九条明确规定了股东的权利。与这些股东权利相对应，法律要求董事和经理人员要对股东负责，尽忠诚和勤勉的义务。这些规定背后的经济原因就是股东的剩余索取地位，由于股东（主要是普通股股东）的收益是在完成了对员工、债权人、供应商的支付，缴纳了税款，完成了保留盈余后获得的，是剩余收益，具有高风险与不确定性。与其他利益相关者相比，股东的利益更容易被侵占，如果不在法律上对股东权利做出明确规定，就很难鼓励股东对公司投资。

## （二）公司专用资产投资者

### 1. 债权人

公司除了要进行股权融资，还需要进行债权融资，以保证资金使用效率的最大化。如同股东将其资本委托给经理经营会出现代理问题一样，债权人将其资本借给公司经营也会出现代理问题。由于股东和债权人对公司承担的风险及其索取收益方式的不同，引起他们对公司价值的看法出现差异，产生利益冲突。

如图6-3所示，公司经营分两种状态，正常经营状态和破产状态。在正常经营状态下，股东的收益随着公司价值的增加而增加，为获得更多剩余收益，股东更喜欢高风险、高收益的项目；而债权人的利益随着公司价值的增加不变，由于其借款利率已经在合同中约定，是固定收益，他们更喜欢那些稳妥的、能确保收回本金及利息的项目，因此，在正常经营状态下，股东与债权人存在利益冲突。

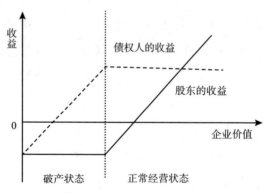

图6-3 债权人与股东对企业价值看法的差异

在破产状态下，公司资不抵债，股东的收益是负值，且随着公司价值的增加而不变，这就是股东的有限责任，在此情况下，股东更愿意选择高风险、高利润的项目，希望冒死一搏，使公司走出困境；但对债权人来说，其利益随着公司价值的增加而增加，公司价值越高，获得清偿的额度越大，更希望进行破产保护，尽可能多地收回资金。因此，在破产状态下，股东与债权人也存在利益冲突。

由于股东和债权人之间存在利益冲突，为了保护债权人的权益不受股东机会主义行为的损害，债权人也必须参与到公司治理中来。另外，由于股东的收益是剩余收益，对经理来说是软约束；而债权人的收益（利息）列在成本项目下，需提前支付，对经理来说是硬约束，要求公司有了收入后必须先还债，从而限制了经理低效率使用资金的行为，并对经理的努力和绩效画了一个底线，即公司获取的收入至少要能够偿还债务，否则就面临破产威胁。由此可见，债权人参与公司治理，不仅是解决债权人与公司之间代理问题的需要，也对解决股东与经理之间的代理问题有积极作用。

## 2. 供应商

供应商是公司生产经营所需生产资料的提供者，包括厂房、仓库、道路等基础设施，机器设备和工具，原材料、燃料、动力等。供应商的投资是由公司的产量或规模决定的，与公司利益相关。一般来说，交易规模越大，交易合同期限越长，供应商资产专用性程度越高，供应商与公司关联越紧密。公司运营良好，产量增加，规模扩大，对供应商产品的需求就会增加，供应商的利益会增加；反之，公司减产、停产或破产，对供应商会产生连锁反应，如生产线闲置、人员过剩、产品积压、货款收不回来等，直接损害其经济利益。特别是对那些做了专用性投资的，与公司签订了长期合同的大宗供应商来说尤其如此。

因此，供应商要参与公司治理。供应商对公司的治理主要是依据其与公司签订的长期合作协议及《买卖合同》，依法维护自己的利益。

### 3. 员工

员工为公司提供人力资本。人力资本除了强调健康和体力，更强调凝结在人身上的知识、技能、经验和智力因素，这些因素并非与生俱来，而是通过后天的人力投资形成。

人力资本与非人力资本的重要区别是人力资本与其所有者不能分离，人力资本无法像非人力资本那样进行转让、抵押或委托别人经营，必须依托人本身存在。由于人力资本与人的合一性，人力资本只能是公司的专用性投资。也正因如此，人力资本更需要激励，只有人的积极性和主动性调动起来，人力资本才能更好地发挥作用。员工将人力资本投入公司，其本人的时间、青春、健康、财富也与公司捆绑在一起。为保护与激励人力资本，员工也需参与公司治理。员工参与公司治理的途径主要有两种，一种是通过《劳动法》《劳动合同法》等相关法律法规及《劳动合同》维护员工的利益；另一种是通过员工持股计划、共同治理等方式调动员工的积极性。

## （三）受公司行为影响者

### 1. 顾客

顾客是公司商品或服务的消费者，公司的利润能否实现取决于顾客的选择，这在买方市场的情况下尤其如此，因此公司称顾客为"上帝"。顾客受公司行为的直接影响，如果公司产品质量上乘，服务出色，又符合顾客个性化需求，就能给顾客带来良好的消费体验，使顾客身心愉悦；但如果公司提供的商品或服务不合格，假冒伪劣，甚至有毒有害，不仅会使顾客蒙受财产损失，也会使顾客身体健康受到损害。因此，顾客要参与公司治理，可以通过《消费者权益保护法》

《产品质量法》及与公司签订的《买卖合同》《服务合同》行使安全权、知情权、自主选择权、求偿权，维护自己的利益。

2. 政府

政府是一个整体概念，包括市场监督、税务、环保、质监、卫生及行业主管部门在内的对公司进行监督管理的行政机关。其运用法律、行政手段，对公司进入市场的经营资格进行审核，通过行政许可的方式与公司建立契约关系；对公司在市场上的经营行为进行监督，查处垄断和不正当竞争行为，保护消费者权益，维护正常的市场秩序。若公司合法经营，绩效优良，不仅能为政府增加税收，还能解决就业问题，提升公共管理水平；若公司非法经营，出现严重事故，则不仅会使政府的税收减少，使市场秩序受到破坏，还要政府为其造成的社会问题"买单"。据统计，当年三鹿奶粉事件，政府花了20个亿为3000万儿童治病。因此，仅从政府自身的利益考虑，政府是公司的利益相关者，依据与公司建立的契约关系进行公司治理，但这种契约不是普通的平等主体之间签订的契约，而是行政主体与行政相对人之间确定的行政许可与监管关系，政府在进行公司治理过程中，也实现了以公权力来矫正市场失灵的公共治理目的，即政府规制。

3. 社区居民

公司的经营对所在社区居民有重大影响。一方面，公司能够为当地居民提供就业机会，增加居民收入，美化社区环境，帮助困难群体，履行社会责任。另一方面，公司的生产经营直接影响当地的环境，对居民的身心健康产生影响。如有的企业单纯追求盈利，忽视环境保护，大量排放废水、废气、废物，产生各种噪声；有的企业管理不严，跑、冒、滴、漏各种有害物质，对当地居民生命健康构成威胁；有的公司扩建需要动迁居民，大量招雇外地工人会加剧当地公共交通、教育、住房、用水、用电、饮食方面的矛盾，给居民生活带来不便。因此，社区居民是受公司行为影响者，需要参与公司治理。社区居民与公司之间没有显性契约，只是隐性契约，是互不侵犯的关系，社区居民不影响公司的正常经营，但如果公司侵犯了社区居民的利益，社区居民可以通过法律、舆论等方式维护自己的权益。

### 4. 竞争者

竞争者也是受公司行为影响者，其与公司之间也是通过隐性契约建立了互不侵犯的关系。竞争者不得侵害公司的利益，同样，若公司实施垄断和不正当竞争行为，竞争者可以依照相关法律维护自己的权益。

除此之外，公司治理的主体中还有一个力量，那就是公众。公众不是公司的利益相关者，但在公司治理中起着至关重要的作用，公众通过舆论的方式配合各利益相关者尤其是顾客和社区居民进行公司治理，往往能加强公司治理的效果。

公众的利益没有受到损害，为什么会有积极性为别人（弱势一方）发声，仅是因为热心吗？深入分析公众参与公司治理的动机，发现公众虽不是公司的利益相关者，但与公司利益相关者之间似乎有一种默契，"我现在不帮助你，日后我有困难的时候可能也没人帮助我"，这种默契就是一种精神契约。与具有明确权利、义务关系的法律契约相对应，精神契约具有模糊性和不确定性，因此，舆论的作用可能是正向的，也可能是负向的。

## 三、公司治理的客体

公司治理的客体就是公司治理行为所指向的对象，即公司本身。董事会和经理层是代表公司的组织机构，因此，公司治理的客体一个是董事会，另一个是经理层，如图6-4所示。

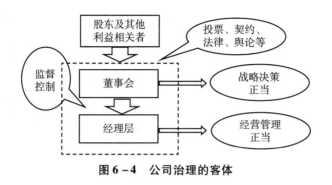

**图 6 - 4　公司治理的客体**

## （一）董事会

董事会是由董事组成的，对内掌管公司事务、对外代表公司的经营决策和业务执行机构。对董事会的治理来自股东及其他利益相关者：股东通过投票权，按照自己利益最大化的原则对公司重大事项进行表决；供应商、债权人、员工、顾客通过与公司签订的契约，行使相应的权利，保证其利益得以实现；政府、社区居民、竞争者通过法律限制公司的行为，维护自己的利益。对董事会治理的目的是保证公司战略决策正当。

## （二）经理层

经理层是指在公司中担任重要职务，负责公司经营管理，掌握公司重要信息的高级管理人员，主要包括经理、副经理、财务负责人、上市公司董事会秘书和公司章程规定的其他人员。经理层由董事会聘请或解聘并对董事会负责，听从董事会的指挥和监督，因此，对经理层的治理来自董事会，董事会直接对其进行监督和控制，目的是保证公司经营管理正当。

作为受托人，法律规定董事和经理必须尽忠实和勤勉的义务，使决策行为具有正当性。

　　董事、监事、高级管理人员应当遵守法律、行政法规和公司章程，对公司负有忠实义务和勤勉义务。董事、监事、高级管理人员不得利用职权收受贿赂或者其他非法收入，不得侵占公司财产。

　　这种正当性的判断标准包括四个方面：经济性（以最小的成本获得最大的利益）、收益性（取得了营业收益和资本收益）、合法性（具体做法符合国家法律、法规）、伦理性（符合经济伦理和社会公德）。董事会、经理层的行为有没有达到正当性标准，还需要其向委托人进行说明报告，就是尽说明责任。

## 四、公司治理的说明责任

　　说明责任是就所采取的措施与行为的结果而进行说明报告的义务。说明责任是负有责任的一方对各种活动的反馈机制，涉及双方即权利方和责任方。不仅要报告已经做了什么，还要说明原因和取得的结果。说明责任不是任意的，它包括权利和责任，而不是利益和选择权，其建立在组织合法化权力的基础之上。

　　依据产生的原因，可以把说明责任分为两类：垂直说明责任和水平说明责任，如图 6 - 5 所示。

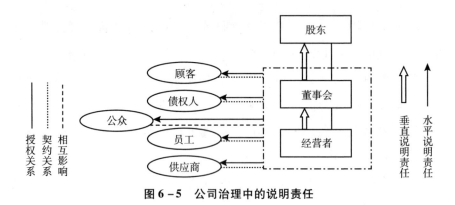

图 6 - 5　公司治理中的说明责任

## （一）垂直说明责任

垂直说明责任是由权利的委托而形成的，是由受托人向委托人所尽的说明报告义务。股东出资成立公司，由董事会和经理层组成公司的执行机构。股东授权董事会对公司进行监督管理，董事会又授权经营者进行日常经营管理。在这一过程中，经营者要向董事会尽说明责任，董事会要向股东尽说明责任，说明自己的行为、原因及结果，说明其符合正当性要求。我国《公司法》第六十七条规定，"董事会召集股东会会议，并向股东会报告工作"。

## （二）水平说明责任

水平说明责任由契约关系或行为的相互影响而形成。公司经营过程中，要与顾客、债权人、员工、供应商建立契约关系，同时受公众监督，这就形成了水平说明责任。由产品质量、价格、服务质量产生的权益问题，公司要向顾客尽说明责任；由借款、还款、担保等产生的权益问题，公司要向债权人尽说明责任；由工资、福利、保险等产生的权益问题，公司要向员工尽说明责任；由购货、付款等方面产生的权益问题，公司要向供应商尽说明责任；由公众关注的公司发展中的重点问题，公司要向公众尽说明责任。水平说明责任也是说明行为的正当性，其衡量标准主要是合法性和伦理性。

# 第三节 公司治理体系

公司治理体系由基于产权的内部治理和基于市场的外部治理两部分构成。由于不同国家在经济、法律、历史、文化等方面具有差异，内部治理和外部治理的作用方式和强度会出现较大差别，进而形成不同的治理模式。

## 一、内部治理

内部治理即通常所说的治理结构（governance structure），是股东及其他参与者利用公司内部的机构和程序参与公司治理的一系列法律、制度安排。它由股东会、董事会、经理层（双层董事会制度下还设置监事会）之间的权力、责任及制衡关系组成。我国公司的内部治理结构如图6-6所示，股东会是公司最高权力机构，由全体股东组成，决定公司的重大事宜；股东会选举董事组成董事会，由董事会进行公司的战略决策，聘任和解聘经理；经理层负责公司日常经营管理，组织实施董事会的决议；股东会选出监事组织监事会，对董事会进行监督，同时也对经理层进行监督。内部治理又叫作法人治理结构，是公司治理的基础。

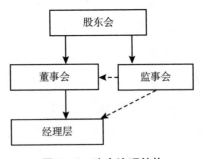

**图6-6　法人治理结构**

内部治理主要按照产权主线展开，董事会、监事会都由股东会选出，是股东会的受托机构，其发挥作用的程度和效果受股东会运作机制的影响。经理层由董事会任命，董事会对经理层可以直接进行监督、控制和激励，属于公司内部科层管理的范畴，一般来说，董事会如果能够正常发挥作用，经理层也能正常发挥作用。因此，内部治理的关键是股东会运作机制能否有效发挥作用。股东通过投资成为公司的所有者，但其不能参与公司的直接经营，仅拥有剩余索取权。股东最有积极性对公司进行监督管理，否则将没有"剩余"可取，把公司重大事项的决定权交给股东对保护股东权益有重要意义。由于股东人数众多，要集中众多股东的意志，就必须设计必要的投票制度和表决制度。公司法规定了一股一票原则，即原则上股东以其持有的公司股份数量而不是股东人数来行使表决权；又规定了资本多数决原则，股东按照其所持股份或者出资比例对公司重大事项行使表决权，经代表多数表决权的股东通过，方能形成决议。这对鼓励股东的投资积极性有重要作用，但这些制度也存在被滥用的危险。

尽管股东在追求利润最大化、股价上升及企业价值最大化上具有一致性的目标，但由于身份、持有数量以及与企业的利害关系紧密程度有差别，个体股东在怎样实现及以多大的代价实现这一目标上则存在分歧。在此情况下，股东的集体意志只能通过股东会的投票表决来进行，并对控股股东有可能损害小股东利益的行为加以限制。就股东内部的差别来看，小股东由于持有股份很少，利用内部治理程序积极参与公司治理可能得不偿失，其持有股份的表决权对公司决策的影响也十分有限，甚至忽略不计，因而他们参与公司内部治理的积极性普遍不高。大股东或控股股东持股比例高，与公司的利益关系密切，会有参与公司内部治理的积极性，但大股东也有利己的动机，为了实现自己更大的利益可能损害小股东的利益。

由此可见，公司内部治理机制为股东发表意见和参与决策提供了必要的组织机构、程序和制度保证，这一套鼓励和保证股东参与公司治理的内部机制也就是通常所说的"用手投票"机制。在理想状况下，这一套制度安排可以保证股东对公司经营的有效控制，使公司的运营符合所有者的利益。但在现实中，股东行使表决权对公司决策的影响非常间接和有限，就股东整体而言，在股权分散的情况下，股东持有的公司股份都很少，可能整体都怠于行使投票权，导致股东会的权力弱化，所有者权力被经营者侵占；在股权集中的情况下，大股东虽然能把握投票权，行使股东会应有的权力，但又可能侵占小股东利益；即使股东都从企业价值最大化目标出发，积极参与公司治理，他们所选举的董事会成员也可能由于其素质、能力、身份、独立性等因素，未能尽到应尽的义务和责任；经理层由董事会任免和监督、激励，但在董事会结构不健全和职能不能正常发挥的情况下，经理层也可能脱离董事会的有效监督。在以上情况下，公司内部治理可能不会正常发挥作用，这就要借助外部治理的力量。

## 二、外部治理

公司的外部治理主要来自市场，包括产品市场、劳动力市场、经理市场和资本市场，也包括政府规制和公众的舆论监督。下面主要介绍市场治理。

### （一）来自产品市场的治理

产品市场是公司产品或服务进行买卖与交换的场所，治理主体主要是消费者，也就是顾客。在产品市场上，消费者行使选择权，对不同公司生产的同类产品或提供的服务进行选择。产品质量过硬、价格低廉、服务出色、有较高的感知价值才能受消费者青睐，使公司获得更多销售收入，从而实现利润，完成马克思所称的"惊险的跳跃"；相反，如果公司产品质量不好、价格偏高、服务水平差、顾客感知价值低，消费者就不会购买该产品或服务，使公司产品积压，无法实现利润。经理人员如果想避免后一种情况发生，就必须努力经营，尽职尽责，实现公司决策的科学化。这就是消费者通过产品市场对公司的治理。除了消费者，还有生产同类产品的竞争者、新进入者、替代产品及供应商会对公司的治理施加压力。

## （二）来自劳动力市场的治理

劳动力是投入生产过程的体力和脑力的总和。劳动力市场的主体是劳动者（员工）和用人单位（公司）。按照新古典的劳动市场理论，劳动力市场是完全竞争的。在劳动力市场上，公司需要劳动力进行生产经营，通过由供求关系调节的工资水平和公司的实际需要选择和雇佣劳动者；劳动者根据自己的能力、特长、偏好以及用人单位提出的劳动要求、劳动条件、工资标准等选择雇主；通过双向选择机制，公司与劳动者签订劳动契约，明确双方的权利与责任，劳动者成为公司的员工；之后，员工要按公司的劳动要求尽职为公司劳动，公司也要按照劳动契约为员工提供工资、福利、保险等回报。若员工没有达到公司的用工要求或违反劳动契约的禁止性规定，公司可以解雇员工；若公司没有按劳动契约保障员工的权利，员工可以通过工会维权或辞职。因此，竞争性的劳动力市场给公司与员工都提供了足够的激励和约束。公司按照内部规定和市场条件雇佣和使用员工，实现利润最大化；员工通过自由选择、工会、辞职等方式，维护自己的利益。

无论是签约前的选择，还是签约中的谈判及签约后的履行，都需按照劳动力市场的内在机制来进行。公司要想获得并稳住紧俏员工，就需提供更高的工资标准、更好的福利水平，这就迫使经理人员努力经营，提高员工的满意度，提升公司的整体形象。

## （三）来自经理市场的治理

经理市场属于广义的劳动力市场，但与劳动力市场劳动者提供的普通劳动不同，经理市场上经理人员提供的是经营企业所需的特殊品质、悟性、胆识或洞察力，即企业家才能。当前，已经形成了以这种更稀缺的人力资本为客体的经理市场。经理市场的需求者是各种公司，供给者是拥有企业家才能的经理人员。经理市场直接对准在位经理，对其形成较大的压力，主要治理方式有两个方面：

第一，通过对经理人员的业绩考核，约束经理的自利行为。公司聘任经理，一般是借助公司的提名委员会、猎头公司、人力资源评估机构等进行选择，签订劳动契约，确定付给经理的年薪、福利、期权、保险等，同时制定对其的评估与考核标准。除了要求经理人员对公司尽忠诚和勤勉义务外，还要求经理人员创造优良的经营绩效，而经营绩效最主要的评价指标，就是公司股票增值的幅度。但若公司股票增值幅度低或者价格暴跌，则经理人员可能会被解雇，不仅本身的收益受损，其人力资本也会贬值，断送其职业生涯。

第二，通过潜在竞争者对经理职位争夺的威胁，迫使经理努力经营。经理属于公司的高层管理者，掌握着公司法人资产的控制权与使用权。经理职位不仅能给经理带来高额的物质回报，也能实现精神满足与成就感，还隐藏着在职消费的空间与机会，具有很强的吸引力，潜在竞争者会对经理职位产生争夺。经理的职业化和可替代性使在位经理时刻警醒，努力经营。

## （四）来自资本市场的治理

广义的资本市场是指各类资本进行流通、交易的场所或机制，是金融市场的重要组成部分，包括贷款类、证券类、权益类、产权类市场。狭义的资本市场（capital market）亦称"长期金融市场""长期资金市场"，指期限在一年以上的各种资金借贷和证券交易的场所。主要指借贷市场和股票市场。

### 1. 借贷市场的治理

在借贷市场上，银行、非银行金融机构、个人依据借款契约把货币交给企业、政府、个人使用，获得利息，收回本金。出借货币的一方是债权人，使用货币的一方是债务人。对于债权人来说，获得利息固然是好事，但能否收回本金却存在巨大风险，因此债权人的每一笔借款都要进行审慎的评估与选择。前面分析过债权人与股东关于企业价值的看法存在差异，无论是正常经营的状态还是破产状态，债权人都比股东更保守，为了限制股东的高风险行为，债权人要参与公司治理。如图 6 - 7 所示。

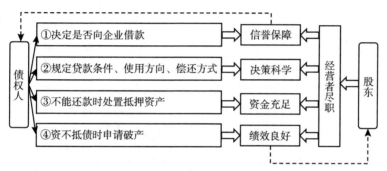

**图 6 - 7　借贷市场治理的运作机制**

债权人可以决定是否向企业借款，从而促使企业保障信誉；债权人可以规定贷款条件、使用期限、偿还方式，从而使企业决策科学；债权人可以在企业不能还款时处置抵押资产，促使企业有充足资金来还款；债权人还可以在企业资不抵债时申请破产，促使企业实现良好绩效。企业做到信誉保障、决策科学、资金充足、绩效良好才能从债权人处获得更多生产经营所需的融资，而企业要做到这些，经营者就必须尽职，这也是股东推动的结果。公司良好的运行状态会满足债权人的利益，按时收回本息；也会满足股东的利益，使股东获得分红。因此，借贷市场上债权人参与公司治理是出于二者的对抗，而治理的结果实现了二者的共赢。

**2. 股票市场的治理**

股票市场一般是指股票流通市场，即已经发行的股票转让、买卖和流通的场所，包括交易所市场和场外交易市场。相比于其他市场，股票市场对公司的治理更加直接和有效。按照新古典的资本市场理论，股价是公司价值的反映，若公司经营状况不佳，公司偏离利润最大化目标，公司股价就会下跌，受市场相关因素影响，股价有可能下降到实际价值以下，收购该公司就会有利可图；这时候，资本市场的收购者会向股东以高于市值的价格收购该公司，若自有资本不足，还可以通过借贷市场进行融资，实行杠杆收购；收购者达到控股额后，会重组董事会，从经理市场寻找并任命新的经营者，原来的经营者只能选择离开，其人力资本会大大贬值；新经营者会实施新的经营战略，使公司重新回到追求利润最大化的轨道，股价重新上升，收购者从中获得利益，这一过程就是接管。因此，股价变动以及由此可能引发的接管，对经营者的职业安全构成了直接威胁，迫使其努力经营。在股票市场上，股东通过"用脚投票机制"实现了对公司的治理。

综合以上分析，公司治理是一个由内部治理和外部治理共同作用的治理体系，如图6-8所示。

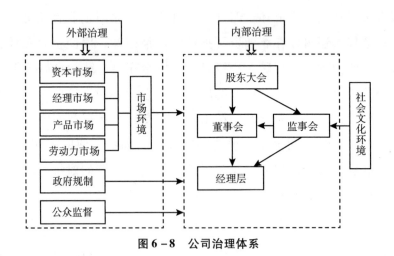

图6-8 公司治理体系

知识拓展

股东会、董事会、监事会、经理层按照产权主线组成了公司内部治理结构。内部治理作用的发挥受社会文化环境的影响。由产品市场、劳动力市场、经理市场、资本市场组成市场治理体系，市场治理作用的发挥受市场环境的影响。当发生市场失灵时，需要政府利用公权力介入，进行政府规制；当发生政府失灵时，需要公众的舆论监督。市场治理、政府规制、公众舆论监督共同组成外部治理，作用于内部治理结构，形成完整的公司治理体系。在数字化转型背景下，基于数字技术的公司治理结构正在兴起，有效降低了治理成本，提高了治理效率。①

## 第四节　公司治理的一般模式

公司治理体系受社会文化环境和市场环境的影响，内部治理与外部治理发挥作用的侧重点及方式不同，形成了不同的公司治理模式。尽管世界各国公司治理的内容是相同的，即协调股东与经理之间的关系、协同股东与股东之间的关系、协调利益相关者之间的关系，但不同国家和地区的经济、法律、历史、文化、惯例不同，在公司治理的具体做法上存在较大区别。对于公司治理模式，有几种划分方式，一是内外治理模式的划分，二是市场导向体制与网络导向体制的划分，三是用代表性的国家和地区来划分公司治理模式。理论界更多采用第三种划分方式。

按照代表性的国家和地区来划分，有三种典型的公司治理模式：英美治理模式、德日治理模式、亚洲家族式治理模式。

---

① 战可智，曹德芳．数字化转型背景下公司治理成本控制研究［J］．商业会计，2023（23）：110.

# 一、英美治理模式

## （一）英美治理模式的特点

### 1. 股权高度分散，股东"用脚投票"机制发达

英国和美国在公司的产生和发展、法律和文化背景方面具有相似性，其股权结构以分散化和高度流动性为特征。大公司一般采用股份有限公司的形式，股东人数众多，股权高度分散，[①] 个人股东占多数，总经理持股较少。[②] 1929 年，美国宾夕法尼亚铁路公司最大的股东仅持有公司发行在外股份的 0.34%，而该公司前 20 位最大股东持有的股票总数也只是公司全部股份的 2.7%，这 20 位公司最大股东没有一个人是公司的董事或高级职员。[③] 由于股权分散，股东一般很少有积极性通过股东会的投票权去监督经营者，而只是关注股票的价格变化及股票的收益率。如果股东对公司的经营状况不满意，就可能会采用"用脚投票"的方式卖出自己持有的公司股票，由此引发接管机制，限制经营者的自利行为，驱逐长期经营不佳的经营者，迫使经营者努力经营。

### 2. 单层董事会制，董事会在公司治理中起重要作用

英美国家的公司一般采用单层董事会制，不设监事会。董事会由股东会选出，直接与经理层相联结，在决策与监督方面都起重要作

---

① Kaplan, Steven N. Top executive rewards and firm performance: a comparison of Japan and the United States [J]. Journal of Political Economy, 1994.

② Warfield, Terry D. John J. Wild, Kenneth L. Wild. Managerial ownership, accounting choices, and informativeness of earnings [J]. Journal of Accounting and Economics, 1995.

③ （美）阿道夫·A. 伯利，加德纳·C. 米恩斯. 现代公司与私有财产 [M]. 甘华鸣，罗锐韧，蔡如海，译. 北京：商务印书馆，2005：95.

用。单层董事会制下是 CEO 体制，董事长作为公司的 CEO，既是公司的执行董事，又是公司的最高行政长官，将董事会的决策职能与经理层的执行职能有效结合到了一起，保证了决策的有效性和执行的效率性，有利于公司迅速把握市场机会，实现利润。董事会中除了董事长为执行董事外，其他董事基本上都是非执行董事即独立董事。由独立董事组成的各种委员会，如审计委员会、提名委员会、任免委员会、薪酬委员会等行使监督职能，进行公司治理。

3. **市场机制发达，外部治理的力量强大**

英美国家市场经济发展较早，市场机制发达，尤其资本市场相当发达和完善。商业银行、投资银行、保险公司、各种投资基金、证券资信评估机构等分工细致，竞争激烈。上市公司信息披露程度较高，证券市场有效性较强，公司价值基本上能通过股票价格反映出来。股权分散化导致内部治理弱化，但"用脚投票"引发的接管机制灵敏有效，加上健全的经理市场，经理人员的压力较大，外部治理在公司治理中起决定性作用。

因此，英美治理模式是外部治理模式，股东的意志能够通过市场的力量得到体现，是股东决定相对主导型模式。

## （二）英美治理模式的成因分析

英美治理模式的形成首先是受社会文化因素的影响。英国与美国在文化和历史方面具有较深的渊源，处理问题的方式上具有很大的相似性。英美国家崇尚个人主义，独立性较强，否定政府和其他社会组织的作用，实行董事会"一会制"和 CEO 体制，突出企业家的地位，对经营者的控制主要来自外部市场。英美国家强调公平，认为垄断会阻碍公平，反垄断措施较为健全且严格，为股权分散提供了直接的依据。此外，英美国家尊重财产权，强调股东利益至上。

其次是受法律制度因素的影响。英美国家的公司法颁布较早，在1962年英国公司法中就明确规定了与股份公司有关的法律制度，包括股东利益至上的原则，在相关的法律、判例中都明确贯彻这一原则。英美国家的金融管理法规规定了严格的金融分业经营模式，商业银行不能从事投资银行业务，直到20世纪90年代才有所改变。商业银行、投资银行、各种基金、保险公司等分工明确，竞争激烈。证券市场信息披露标准较高，透明度高，反垄断法和金融监管法规执行严格，证券市场强式有效。这些都为股权分散、流动、避免一股独大提供了法律上的依据。

英美治理模式强调股东利益至上，发挥市场的作用，能够促进资源的合理配置，有利于发挥经营者的积极性、主动性、创造性，且有利于扩大公司规模。但股权高度分散化也容易出现"搭便车"现象，从而产生"内部人控制"问题；股权高度流动性使公司没有稳定的资本结构，企业经营行为易短期化。在一段时间里，美国公司治理体制被认为是一种比较理想的体制，其股东价值理念和众多具体的制度安排都在许多国家得到推行，但随公司治理体制的不断演变，公司控制权已经从所有者手中转移到了内部的经营者和外部的监控者手中，美国公司并不是一种理想的体制。[①]

## 二、德日治理模式

### （一）德日治理模式的特点

#### 1. 股权比较集中，银行参与公司治理

德日国家公司的股权比较集中，多为产业法人股东，公共部门可

---

① 余菁. 美国公司治理：公司控制权转移的历史分析 [J]. 中国工业经济，2009（7）：98.

以持股，银行可以作为债权人向企业借款也可以持股成为股东。据统计，1991 年日本 5 个最大的股东持有 25 家最大公司的 20% 的股份，且公司与公司之间、公司与银行之间交叉持股组成财团（keiretsu）。一家核心银行拥有集团中公司 5% 左右的股份，而这些公司反过来拥有该核心银行的一些股份。核心银行和其他银行或保险公司（一般占有 4% ~ 5% 的股份）控制了大公司约 20% 的股份。[①] 虽然也有发达的股票市场，但从中筹集的资金有限，个人股东持股比例低。由企业、银行等主要股东组成内部人集团，形成了长期稳定的资本、贸易关系，可以对抗敌意收购。

2. 双层委员会制，股东会、董事会、监事会权责分明，互相制约

德日的董事会实行双层制，设立监事会，独立行使监督职能。德国是垂直式，监督委员会可以任命、监督和激励管理委员会成员，监督委员会中员工代表和股东代表各占一半，监督委员会成员与管理委员会成员不能兼任，以保证监督的独立性。日本是水平式，监督委员会与管理委员会有关联，但要设立法定审计人会，由股东会选举产生，监督公司的整体运作，重点是账务监督。

3. 员工参与治理

与英美模式相比，德日治理模式更注重利益相关者的利益，尤其是员工的利益。员工的地位和作用较高，参与公司治理的积极性较强。在德国，工会的地位和股东会地位相同，对公司的重大决策，工会拥有一票否决权。在日本，公司采用终身雇佣制保护员工的职业安全，采用年功序列工资制鼓励员工的长期贡献，员工能参与企业的剩

---

① 梁能. 公司治理结构：中国的实践与美国的经验 [M]. 北京：中国人民大学出版社，2000：59.

余分配和内部晋升。在管理上实行集体决策和广泛的员工参与制度，如合理化建议、全面质量管理、工作团队等。

因此，德日治理模式包括银行等主要股东、员工及其他利益相关者对公司进行的治理，主要依托公司内部治理结构，是内部治理模式。

## （二）德日治理模式的成因分析

德日治理模式首先是受社会文化因素的影响。德国和日本都是大陆法系国家，两国在发展历史、文化价值观方面具有相似性。两国都具有集体主义精神，具有强烈的群体观念和凝聚力，在公司治理中强调利益相关者的共同治理。企业集团、行业组织、政府、大金融机构在经济体系中具有重要作用。日本实行终生雇佣制、年功序列制，员工群体的稳定性高，忠诚度高，容易实现长期目标。德国的民主思想和工人运动活跃，工人觉悟较高，参与公司治理的积极性高。

其次是受法律制度因素的影响。德日的公司法明确公司要实行双层董事会制，规定了监事会的设立条件、程序、职责权限。金融法规对银行等金融机构的控制较宽松，鼓励其向公司投资并参与治理，但对证券市场控制较严格，不利于中小投资者向企业投资。

德日模式鼓励资本的集中，强调共同治理，能够有效阻止恶意并购行为，也有利于采取长期决策，获得更多的社会认同。但法人持股使利益各方协商需付出较高的交易成本，并使中小股东利益受到影响；资本市场和经理市场难以充分发挥效力，某些代理问题难以从根本上解决。

## 三、亚洲家族式治理模式

家族企业在世界各国的经济体系中都占据着重要位置，据统计，世界500强中有近1/3的公司曾经或依然是家族企业。家族企业在亚洲尤其是东亚地区更为集中，形成了与英美、德日完全不同的亚洲家族式治理模式。有数据显示，东亚与东南亚各国和地区最大的 15 家家族控股公司的市价总值占其国内生产总值的百分比分别为中国香港84.26%、马来西亚 76.2%、新加坡 48.3%、菲律宾 46.7%、泰国39.3%、印度尼西亚 21.5%、中国台湾 17%、韩国 12.9%、日本2.1%。[①] 家族企业是以血缘关系为基本纽带，以追求家族利益为首要目标，以实际控制权为基本手段，以亲情第一为首要原则，以企业为组织形式的经济组织。[②]

## （一）家族式治理模式的特点

### 1. 家族成员控股并掌握主要经营管理权

家族企业中，家族成员需要控制企业所有权和主要经营管理权。持股多少才能实现对企业的控制要看其他股东的持股情况，一般有10%召开临时股东会、20%界定同业竞争权、34%一票否决权、51%相对控制权、67%绝对控制权等控股标准。可以通过发行不同投票权的股票，如优先股与普通股、AB 股等方式实现家族控股权及决策权，还可以通过交叉持股的方式实现家族对企业集团的控股权及控制权。

### 2. 企业决策家长化

家族企业的家长是企业的创业者，也是所有者和经营者，企业的其他关键管理者一般也是家族成员，因此在管理上实行家长制决策。家长有来自家族和企业的双重权威，容易陷入经验主义的独裁和专制。家族企业对员工采用家庭化的管理方式，营造亲情与和谐的氛

---

① 芮明杰，袁安照. 现代公司理论与运行 [M]. 上海：上海财经大学出版社，2005：115.

② 席酉民，赵增耀. 公司治理 [M]. 北京：高等教育出版社，2004：299.

围，注重培养员工的忠诚和集体观念，增强企业的凝聚力和稳定性。

### 3. 经营者激励约束双重化

家族企业的经营者有来自股权与血缘关系的双重激励。从股权方面来说，经营者拥有企业的控股权，既是所有者又是经营者，两权合一，基本不存在代理问题。从血缘方面来说，经营者又是家族的成员，肩负着振兴家族及为后代开拓道路的责任，努力经营企业既是权利又是责任。因此，无论是股权方面还是血缘方面，家族企业的经营者激励约束都具有双重化特征。

### 4. 对外部投资者的依赖性较弱

东南亚地区的家族企业很多都涉及银行业，银行作为家族企业集团中的一个组成部分，是为家族利益服务的，对企业的约束较弱。家族企业在创立之初，往往由创业者和家族成员的积蓄投资建成，家族成员拥有控股权。当企业生产经营需要更多资金时，家族企业在万不得已的情况下才会稀释股权以获得融资，在控制权和外部融资的权衡上，家族企业当然选择前者，因此其对外部投资者的依赖性较弱。

亚洲家族式治理模式体现了所有者对公司的控制，是股东决定直接主导型模式。

## （二）家族式治理模式的成因分析

家族式治理模式首先是受儒家文化的影响。东南亚地区受儒家文化的影响较深，尤其是朝鲜、韩国、新加坡等国。儒家思想包括"以德治国""仁政""以民为本""举贤育才"等，形成了家族企业崇尚权威、孝道与忠诚并举、注重亲情、重视教育与人力资本开发等特征。

其次是政府的推动作用。东南亚地区市场经济体系还不健全，不成熟，经理市场、资本市场等发育程度较低，相应的法律制度还不完善，无法像发达市场经济国家那样采用完全两权分离的"经理式"企业制度。为促进经济的发展，这些地区的政府为企业提供扶持与保障，家族企业为了生存和发展，也必须与政府处好关系。

家族式治理模式下家族控股可以减少代理成本、降低交易成本、保证责权利高度一致，但在决策、选拔继承人与专业经营者、制度化管理方面都存在局限。

以上介绍了三种代表性的公司治理模式的主要特点，但这些特点并不是固化不变的。自20世纪90年代以来，随着全球经济、文化的互通与融合，公司治理模式也开始出现趋同化。在治理理念方面，英美国家由"股东至上"向"共同治理"转变，德日国家由"共同治理"向"股东至上"转变；在内控结构方面，英美国家董事会正在逐步摆脱经营者"内部控制"而走向独立自主，德日国家董事会却正在逐步摆脱大股东"外部控制"而走向更加的独立自主；在约束机制方面，英美国家正由"用脚投票"向"用手投票"转变，德日国家正在由"用手投票"向注重"用脚投票"转变；在银行对公司治理的作用方面，英美放松对银行的管制，德日企业与银行关系松动。亚洲家族式治理模式也在吸收英美、德日模式的优点而不断完善。理论上讲，各国的公司治理结构从形式到内容均应是一致的，在世界范围内成功的公司治理结构只能有一个共同的模式。①

## >> 复习思考题

1. 什么是公司治理？公司治理要解决的基本问题有哪些？

2. 公司治理的主体有哪些？其与公司形成了怎样的契约关系？

3. 公司治理的客体有哪些？

4. 什么是公司治理的说明责任？

---

① 蓝庆新，韩晶. 公司治理模式演进的国际比较分析——基于制度系统论的视角［J］. 经济社会体制比较，2010（5）：192.

5. 什么是公司治理结构？

6. 举例说明产品市场、劳动力市场、借贷市场、经理市场的治理机制。

 案例分析

## 美国 IBM 公司的兴衰*

1984 年左右，美国 IBM 公司开始由兴到衰，衰落的原因主要有以下方面：

IBM 公司原来的董事会中有 3/4 的成员基本上只起装饰作用，他们都是一些知名人士，如前政府官员、著名大学的校长等，他们很少真正关心公司的经营状况，习惯于"享受"董事长每年一次为他们精心安排的一周海外度假旅行会议。董事会会议既已沦为形式，那么，董事会只能依靠其常设的执行委员会来行使职责。在 1993 年 1 月前后的东京董事会上，最终还是来自 ABC 广播公司的墨菲出来主持局面，撤换了经营无方、改革屡不见成效的前公司董事长埃克斯，并将其手下的总裁库勒提升为董事会副主席，以便给予新任董事长以全面的公司高层经理班子组阁权。同时，鉴于公司当时的首席财务审计官梅茨对 1992 年下半年公司经营状况的预计和对股东红利分配的允诺出现重大偏差，他亦被责令辞职。在最后关键时刻，IBM 公司的执行董事促成了公司高层经理人员的更替。但功不抵罪。这些董事在位十年有余，他们对公司的重大经营问题决策负有主要的责任，因而在完成了撤换公司重要经营者的历史使命后，IBM 公司董事会也解散重组。

---

* 资料来源：李维安，武立东. 公司治理教程［M］. 上海：上海人民出版社，2005：50.

1960 年，IBM 公司股票价值为每股 20.6 美元，1972 年涨到 80.4 美元，紧接着出现大幅度滑落，仅两年时间就跌至 42 美元。进入 20 世纪 80 年代后，局面又有所扭转，股价在 1987 年上升到 175 美元，但好景不长，公司在 1991 年到 1993 年的 3 年时间，连续亏损后股价跌至 17 年来的最低点。在格斯特纳接手公司后的 1993 年底的股价仅为 47 美元。但很快新领导班子便赢得了股民的信任，所以股价很快上升，在随后 3 年里分别达到 73.5 美元、91.4 美元和 158.5 美元。曾一度以 30% 的速度跌落，从而使股民造成重大损失的 IBM 股票，现在仅隔 3 年时间就使股民的收益增加了约 10 倍。公司的股票投资者正是从切身利益出发，迫切地希望并坚决地监督着企业经营者，使他们很好地行使着全体股东所委托的经营管理权。

IBM 公司在 20 世纪 50 年代跨入计算机行业，首先就是顺应了市场从机械计算向电子计算发展的潮流。20 世纪 60 年代开发出近乎垄断整个市场的大型机也是因为符合了市场和顾客的要求，从而使公司得以迅速发展壮大。但进入 20 世纪 70 年代以后，IBM 的经营者开始变得以企业自身为中心，脱离顾客，没有看到计算机市场向低廉、日渐小型化的小型机、PC 机和便携机发展的势头，大型机业务逐渐衰败。在与苹果、康柏等竞争中，最终走到了濒临破产和大面积亏损的危机境地。

IBM 公司的前董事长埃克斯就是近年来继通用汽车公司和康柏计算机公司前董事长之后被解雇的美国商界主要经理人员。埃克斯最初结束飞行员生涯进入 IBM 公司时只是一名推销员，很快因为善于采取果断行动而被提升为管理人员，并迅速升到当时全世界最好的公司之一的高层管理职位。但他不曾料到自己竟成了历史上一直非常成功的"蓝巨人"衰败的主要责任者。埃克斯在得到 300 万美元的解职补偿后于 1994 年离开了 IBM 公司。深知经理市场对经理人员能力评价的"无情"以及自身"人力资本"价值的宝贵，许多被列为埃克斯继任者的候选人，担心"烂摊子搞不好会引火烧身"，纷纷放弃了尝试念头。而缺乏高技术企业经营经验的格斯特纳，在接管 IBM 公司不到 4 年时间里，就使这一巨型企业迅速地走出困境，他本人的"人力资本"也倍增。

对于新上任的董事长兼 CEO 格斯特纳，IBM 公司除了在聘用合同中答应补偿其因调离所任烟草公司董事长职务而造成的当年将得到的但现在不得不放弃的约 500 万美元股票期权收益损失，以及保证其已到手股票期权届满时将换得至少 800 万美元收益外，还明确其第一年在 IBM 的薪金为 810 万美元，外加 50 万股 IBM 股票期权。第二年，IBM 公司又赠给格斯特纳 22.5 万股期权股票。截至 1990 年底，格斯特纳的累计期权股票达 77 万股。若 IBM 股票能保持每股 158.5 美元的价格，那么，格斯特纳在不到 4 年的任期中所获得的股票期权将为他带来约 800 万美元的纯收益。另外，格斯特纳个人的声望和自我成就感也因此获得提高。

▶ **问题：** 请用所学知识描述 IBM 公司的治理体系。

授课 PPT

本章知识点

# 第七章

## 股东权益的保护

## 第一节　股权概述

股权代表股东在公司中的权利和利益，是股份公司运作和治理的基石之一。股东权利的保护和行使在法律框架下具有重要意义，以确保股东的利益得到尊重和维护。

### 一、股权的内涵

#### （一）股权的概念与特征

股权，也称股东权，分狭义和广义两种理解。狭义的股权，是指股东基于股东资格而享有的、从公司获得收益并参与公司经营管理的权利；广义的股权，则是对股东权利和义务的总称。股权具有下列特征。

1. 股权是具有股东资格的人所享有的权利

股东因向公司出资或其他合法原因而享有股东资格，股东资格是享有股权的前提，也就是说，享有股权的主体应当是股东。

## 2. 股权一般是以出资为基础的权利

一般而言，股权的大小与股东所持有的股份或股权的多少成正比的，按所持股或投资比例表决、分红是一般公司遵循的基本规则。

## 3. 股权体现了股东与公司的财产关系

股东投资行为的结果是在投资财产基础上形成了公司。股东对财产的所有权转化成对公司的股权，公司因此拥有对财产的法人财产权。

## 4. 股权反映出股东彼此间的关系

除一人公司外，公司是由股东共同投资组建的，因此股权在内容上具有某种一致性，但是由于股东类别或投资数量上的不同，股东在行使股权上也具有一定的差异。

## （二）股权的法律性质

尽管各国对股权内容的立法规定几近一致，然而对于股权性质的认识在理论界却存在颇多分歧。我国法学界对股权性质的研讨中较有影响的观点主要有以下 4 种。

### 1. 股权所有权说

股权所有权说认为股权的性质属于物权中的所有权，或者说出资者所有权，是股东对其投入公司的财产享有的支配权。持这一观点的人同时也指出，与民法中典型的所有权相比作为所有权性质的股权有自己的特点，可谓传统所有权的变态。还有人认为，在公司中并存着两个所有权，即股东享有所有权，公司法人也享有所有权，并称为"所有权的二重结构"。公司法人所有权并不是对股东所有权的否定，只是使股东所有权表现为收益权及处分权。[①]

---

① 梁开银. 论公司股权之共有权［J］. 法律科学（西北政法大学学报），2010，28（2）：140－148.

### 2. 股权债权说

股权债权说认为股权的实质是民法中的债权，股东与公司的关系是债权人与债务人之间的关系。这样，股东所有权实现了向债权的转化。特别是在 20 世纪后期以来，随着公司所有权与经营管理权的分离，股东的所有权逐渐被削弱，主要表现为处分权基本上丧失殆尽。股票已纯粹变成了反映债的关系，成为债的凭证。就发展趋势看，股票与公司债券的区别也在缩小，股东的收益权已成为一种债务请求权。[①]

### 3. 股权社员权说

股权社员权说主张股权为民事权利中社员权之一种。所谓社员权，又称成员权，是指社团法人的成员（即社员）对社团法人所享有的一种独特的民事权利。无论是营利社团法人还是公益社团法人，作为社员均享有社员权。自德国学者瑞纳（Renaud）1875 年首倡股权为一种独特的社员权以来，该说已逐渐成为德国、日本之通说。

### 4. 独立民事权利说

独立民事权利说在对股权的传统学说及本质特征进行深入分析的基础上，对股权进行了重新界定，认为股权是一种自成一体的独立权利类型。作为独立民事权利的股权具有目的权利和手段权利有机结合、团体权利和个体权利辩证统一的特征，兼有请求权和支配权的属性，具有资本性和流转性。股权是由特定的法律行为创设的，即分别由出资合同行为及转让行为等创设，创设行为是产生股权的法律事实。股权与公司财产所有权是相伴而生的孪生兄弟。只有股权独立化才有可能产生公司所有权，而公司所有权的产生必然要求股权同时独立化。

从上述学说看，所有权说、债权说、社员权说都有一定的合理因

---

[①] 江平，孔祥俊. 论股权 [J]. 中国法学，1994（1）：73 – 82.

素，但各自存在着理论缺陷。从股权的具体权能来看，股权以财产权为基本内容，但又不同于债权和所有权，它还包含有公司内部事务管理权等非财产权内容。一方面，股权作为股东向公司让渡出资财产所有权所换取的对价，体现了股东与公司之间的法律关系；另一方面，股权作为股东基于出资取得的公司成员资格的标志，体现了股东相互之间的法律关系。股权既包括身份权的内容，也包括财产权的内容。因此，独立民事权利说更为合理。

## 二、股权的分类

### （一）自益权与共益权

这是依股权行使的目的和内容标准所做的划分。所谓自益权是指股东以自己的利益为目的而行使的权利，主要包括交付出资证明或股票的请求权、分配股息红利的请求权以及分配公司剩余财产的请求权等；所谓共益权是指股东以自己的利益并兼以公司的利益为目的而行使的权利，主要包括出席股东会的表决权、要求法院宣告股东会决议无效的请求权以及对公司董事、监事提起诉讼权等。就自益权与共益权的性质而论，前者主要是财产权，后者则主要是公司事务的参与权。

### （二）固有权与非固有权

这是依股权性质标准所做的划分。所谓固有权，又称法定股东权，是指未经股东同意，不得以章程或股东会多数决予以剥夺或限制的权利；所谓非固有权，又称非法定股东权，是指可由章程或股东会多数决予以剥夺或限制的权利。共益权多属固有权，而自益权则多属非固有权。将股权分为固有权与非固有权的意义在于，让公司发起人和股东明确哪些权利是可依章程或决议予以限制的，哪些权利是不得以章程或决议予以限制的。

### （三）单独股东权与少数股东权

这是依权利行使方法标准所做的划分。所谓单独股东权，是指可以由股东一人单独行使的权利。包括股东在股东会上的表决权、查阅公司相关文件的请求权、股利分配请求权等。此种权利哪怕普通股股东仅持有一股，也可享有。所谓少数股东权，是指持有股份占公司已发行股份总数一定比例以上的股东才能行使的权利。如我国《公司法》规定，股份有限公司中单独或合计持有公司股份10%以上的股东有召集临时股东会的请求权，即为少数股东权。享有少数股东权的少数股东既可能是一人，也可能是数人。

### （四）普通股东权与优先股东权

为了满足不同投资者的风险偏好和回报期望，同时达到公司的资金筹集和管理目的，公司的股权分为优先股和普通股。优先股通常吸引那些追求稳定收益和优先权益的投资者，而普通股则吸引那些希望分享公司潜在增长和参与决策的投资者。

## 三、股权的内容

### （一）表决权

股东表决权是指股东就股东会议的决议权。股东表决权是股东的一项重要权利，它体现的是股东参与公司重大决策的权利和选择管理者的权利。股东表决权是股东的固有权利，原则上不受剥夺或限制，但在特定情形下也有例外。如优先股的股东没有表决权，我国《公司法》规定，公司为公司股东或者实际控制人提供担保的，与此决议有关的股东或实际控制人不得参加该事项的表决。股东的表决权可以亲自行使，也可以委托他人代为行使。

## （二） 转让权

股东有按照公司法及公司章程的规定转让股权或股份的权利。按照公司资本维持原则，法律禁止股东在向公司出资获得股权后抽逃出资。但是，股东为了转移投资的风险或者收回本金，可以转让其股权或股份。一般而言，有限责任公司的股东向股东以外的人转让股权的限制较多，而股份有限公司的股东转让股份的限制较少。

## （三） 知情权

股东的知情权简单地说是指公司股东了解公司信息的权利。股东通过知情权的行使可以了解公司的经营状况、财务状况以及其他与股东利益存在密切关系的公司情况。[①] 我国《公司法》第五十七条规定，有限责任公司股东有权查阅、复制公司章程、股东名册、股东会会议记录、董事会会议决议、监事会会议决议和财务会计报告。股东可以要求查阅公司会计账簿、会计凭证。《公司法》第一百一十条规定，股份有限公司股东有权查阅、复制公司章程、股东名册、股东会会议记录、董事会会议决议、监事会会议决议、财务会计报告，对公司的经营提出建议或者质询。连续一百八十日以上单独或者合计持有公司百分之三以上股份的股东有权要求查阅公司的会计账簿、会计凭证，有权要求查阅、复制公司全资子公司相关材料。

---

① 马艺玲. 实施双重股权结构的动因及经济后果研究综述 ［J］. 中国商论，2022，868（21）：137 –139.

# 第二节　股东会及其运行机制

## 一、股东会的概念及职权

### （一）股东会的概念和特征

股东会的概念有广义和狭义之分。从广义上说，股东会泛指在各类公司中由全体股东组成的公司权力机构，是股东在公司内部行使股东权的法定组织。它不仅包括有限责任公司的权力机构，也包括股份有限公司的权力机构。我国 1993 年《公司法》为了区别股份有限责任公司与有限责任公司的权力机构，将股份有限公司的权力机构称为股东大会，而将有限责任公司的权力机构为股东会，因此如果将股东会仅指有限责任公司的权力机构，则是狭义上的理解。2023 年《公司法》第二次修订，将股东会与股东大会统一，不再区分。股东会具有以下特征。

1. 股东会由全体股东组成

我国《公司法》规定，股东会由全体股东组成。因此，持有任何数额与性质股份的股东均为公司股东会的当然成员，都有权依法出席股东会会议。当然，有的股东可能因为种种原因不愿意出席股东会会议，但这并不影响其为股东会成员的事实，法律与公司章程都不得强行剥夺股东出席股东会会议的权利。

2. 股东会是公司的最高权力机构和意志形成机构

股东不但是公司经营活动物质条件的提供者，也是公司经营活动的受益者或利害关系人，不但享有获取红利、分配剩余财产的自益权，还享有参加公司管理的共益权。因此，股东会作为由全体股东组成的行使其权利的机构，决定了股东会作为公司最高权力机构的性质和法律地位。尽管在现代社会股东会中心主义被董事会中心主义取代，股东会的职权也受到了一定的限制，但在公司的各组织机构中，股东会仍居于最高层，董事会、监事会等组织机构都隶属或服务于股东会。

3. 股东会是公司的法定必设机构

各国公司立法普遍规定，股东会是公司的必设机构。我国《公司法》明确规定，股东会是有限责任公司和股份有限公司的必设机构。不过《公司法》也规定了例外情况，只有一个股东的有限责任公司和只有一个股东的股份有限公司不设股东会。关于股东会是否属于常设机关，学者们意见不一。有的学者认为，由于股东会权力之行使必须以召集会议方式方可进行，因而其并非常设机构。有的学者认为股东会有两种理解：一种是作为抽象的权力机关的概念来理解，另一种是作为具体的会议体形式的理解。在谈到作为公司组织机构时的"股东会"时，应按照第一种来理解，因此股东会是一个常设机构。笔者同意后一种学者的观点。

## （二）股东会的职权

从理论上讲，股东会对公司的一切重要事务均有决定权。但股东会决议程序复杂，加上绝大多数股东都基于"搭便车"与投机的心理，对于公司事务并无兴趣，因此现在各国的通行做法是，仅在公司法中明确列举必须由股东会行使和可以由公司章程规定须经股东会决议的事项，其他均由董事会行使。在我国，股东会的法定权利较西方国家依然比较广泛。我国《公司法》第五十九条规定，股东会的职权包括以下内容：①选举和更换董事、监事，决定有关董事、监事的报酬事项；②审议批准董事会的报告；③审议批准监事会的报告；④审议批准公司的利润分配方案和弥补亏损方案；⑤对公司增加或者减少注册资本作出决议；⑥对发行公司债券作出决议；⑦对公司合并、分立、解散、清算或者变更公司形式作出决议；⑧修改公司章程；⑨公司章程规定的其他职权。股东会可以授权董事会对发行公司债券作出决议。

## 二、股东会会议

### （一）股东会会议的种类

#### 1. 首次会议

有限责任公司的首次股东会会议由出资最多的股东召集和主持，而股份有限公司的首次股东会会议，则由发起人主持。我国《公司法》中对于以募集方式设立的股份有限公司的首次股东会会议用创立大会表述。我国《公司法》规定，以募集方式设立的股份有限公司，发起人应当自股款缴足之日起30日内主持召开公司创立大会。创立大会由发起人、认股人组成。发起人应当在创立大会召开15日前将会议日期通知各认股人或者予以公告。创立大会应有代表股份总数过半数的发起人、认股人出席，方可举行。创立大会做出的决议，必须经出席会议的认股人所持表决权的过半数通过。创立大会行使的职权包括：审议发起人关于公司筹办情况的报告；通过公司章程；选举董事会成员；选举监事会成员；对公司的设立费用进行审核；对发起人用于抵作股款的财产的作价进行审核；发生不可抗力或者经营条件发生重大变化直接影响公司设立的，可以作出不设立公司的决议。

## 2. 定期会议

定期会议，又称股东常会、股东年会，性质上属于例会，是指公司按照法律或章程规定必须定期召集的全体股东会议。定期股东会议主要决定股东会职权范围内的例行重大事项。定期股东会议通常是1年1次，有些公司也以章程规定1年召开2次。我国《公司法》第三十九条规定，有限责任公司的定期会议应当依照公司章程的规定按时召开。《公司法》第一百条规定，股份有限公司股东会应当每年召开1次年会。

## 3. 临时会议

临时股东会议，又称特别股东会议，是指遇有特定情形，在2次定期股东会议之间不定期召开的全体股东会议。临时股东会议一般为处置公司的突发重大变故而召开。我国《公司法》规定，有限责任公司代表1/10以上表决权的股东、1/3以上的董事、监事会或者不设监事会的公司的监事提议召开临时会议的，应当召开临时会议。股份有限公司当出现下列情形时应在2个月内召开临时股东会：董事人数不足法定的人数或公司章程所定人数的2/3时；公司未弥补的亏损达实收股本总额1/3时；单独或者合计持公司股份10%以上的股东请求时；董事会认为必要时；监事会提议召开时；公司章程规定的其他情形时。

## （二）股东会会议的召集

### 1. 股东会会议的召集人

各国公司法一般规定，股东会会议的召集人原则上都是董事会。但是如果召集权为董事会所专有，则董事会若不履行义务，股东会会议就无法合法召集。在此种情形下，许多国家和地区的公司法赋予监事会或少数股东直接召集股东会会议的权利，以制衡董事会之专权。

我国《公司法》第六十三条、第一百一十四条规定，股东会会议由董事会召集，董事长主持；董事长不能履行职务或者不履行职务的，由副董事长主持；副董事长不能履行职务或者不履行职务的，由过半数的董事共同推举一名董事主持。董事会不能履行或者不履行召集股东会会议职责的，由监事会召集和主持；监事会不召集和主持的，有限责任公司代表十分之一以上表决权的股东可以自行召集和主持；股份有限公司连续九十日以上单独或者合计持有公司百分之十以上股份的股东可以自行召集和主持。

2. 股东会会议的召集程序

按照我国《公司法》第六十四条、第一百一十五条的规定，有限责任公司召开股东会会议，应当于会议召开十五日前通知全体股东；但是，公司章程另有规定或者全体股东另有约定的除外。股份有限公司召开股东会会议，应当将会议召开的时间、地点和审议的事项于会议召开二十日前通知各股东；临时股东会会议应当于会议召开十五日前通知各股东。单独或者合计持有公司百分之一以上股份的股东，可以在股东会会议召开十日前提出临时提案并书面提交董事会。董事会应当在收到提案后二日内通知其他股东，并将该临时提案提交股东会审议；公开发行股份的公司，应当以公告方式作出通知。

（三）股东出席与法定人数

股东可以委托代理人出席股东会会议，代理人应当向公司提交股东授权委托书，并在授权范围内行使表决权。

关于股东会会议可有效举行的股东人数，各国各地区规定不同。例如，英国要求除了一人公司等特殊情况外，最低出席股东会议的人数为2人；日本则规定了出席的股份或表决权的最少数。大多数国家还允许公司章程另行约定法定人数。我国和德国、韩国等国家的公司法一样未规定公司可有效举行股东会会议的人数，一般认为，公司章程可根据公司情况做出规定。

## 三、股东会决议

知识拓展

股东会决议是股东会就提请股东会会议审议的事项依法律或章程规定的程序表决形成的决议，是股东会意思表示的唯一法定形式。股东会决议通常都是通过召开股东会会议的方式形成的，但是考虑到有限责任公司股东人数相对较少，对一些事项较容易达成一致，因此我国《公司法》第五十九条规定，选举和更换董事、监事，决定有关董事、监事的报酬事项，股东以书面形式一致表示同意的，可以不召开股东会会议，直接作出决定，并由全体股东在决定文件上签名或者盖章。这一规定节约了股东会的决策成本，充分体现了商事公司的效率原则。

### （一）股东表决权的行使

股东会决议形成，依赖股东表决权的行使。股东行使表决权的一般原则可以概括为"资本多数决"和"一股一票"。我国《公司法》第六十五条、第一百一十六条规定，有限责任公司的股东会会议由股东按照出资比例行使表决权；但是，公司章程另有规定的除外。股份有限公司股东出席股东会会议，所持每一股份有一表决权。但是公司持有的本公司股份没有表决权。

"一股一票"和"资本多数决"原则反映了多数股权的意见，也能反映多数股东的意志，在实现资本平等的同时，也实现了股东间的平等。但是如果资本持有不均衡，甚至在极度失衡的情况下，可能导致大股东操纵股东会压制小股东，从而使小股东的权利形同虚设。为保证股东会会议的代表性，一些国家和地区在坚持"一股一票"和

"资本多数决"原则的同时，也设立了股东表决权行使的特别规定。这些限制性规定主要包括对表决权量上的限制、对表决权代理的限制、对持有自己股份表决权的限制、相互投资公司行使表决权的限制、表决权行使的回避等。

## （二）股东会决议的种类

根据决议事项和多数标准不同，股东会决议可分为普通决议和特别决议。

### 1. 普通决议

普通决议是指股东会在议决公司的普通事项时，获得简单多数赞成即可通过的决议。根据我国《公司法》，有限责任公司对于普通决议的方式和表决程序没有特别规定，可以由公司章程规定。对于股份有限公司股东会的决议，必须经出席会议的股东所持表决权的过半数通过。

### 2. 特别决议

特别决议是指股东会在议决公司的特别事项时，获得绝对多数赞成方可通过的决议。我国《公司法》第六十六、第一百一十六条规定，公司修改公司章程，增加或减少注册资本，公司合并、分立、解散或者变更公司形式的决议属于特别决议的事项。对于这些特殊决议事项，有限责任公司要经代表 2/3 以上表决权的股东通过；股份有限公司要经出席股东会会议的股东所持表决权的 2/3 以上通过。

## （三）股东会决议的无效和撤销

股东会形成的决议可能在内容或程序等方面存在瑕疵。《公司法》依瑕疵的性质，将有瑕疵的股东会决议分为无效的决议和可撤销的决议，由此产生的法律后果即为股东会决议的无效和撤销。一般认为，决议瑕疵的撤销之诉属于形成之诉，而无效之诉属于确认之诉。

### 1. 股东会决议的无效

我国《公司法》第二十五条规定："公司股东会、董事会的决议内容违反法律、行政法规的无效。"可见，在我国，股东会内容违反公司章程并不在决议无效的范畴。无效决议自成立之时即为确定的无效，且不需要经过特定程序的确认，又称当然无效。

### 2. 股东会决议的撤销

我国《公司法》第二十六条规定："股东会、董事会的会议召集程序、表决方式违反法律、行政法规或者公司章程或者决议内容违反公司章程的，股东可以自决议做出之日起 60 日内，请求人民法院撤销。人民法院可以应公司的请求，要求股东提供相应担保。"这说明，在我国，决议内容违反公司章程的情况属于可撤销的范畴。同时对股东会决议撤销请求权的行使也设置了一定的限制，这种限制包括要求提供担保并设定一定期限。

## 第三节  股东诉讼与事后救济

党的二十大报告强调"加强和完善现代金融监管，强化金融稳定保障体系"，而推动股东司法救济实践对于防范金融风险和促进资本市场高质量发展具有重要意义。

### 一、股东诉讼概述

股东诉讼作为公司法保护股东权益的一项重要制度，历经近 300 年的发展与完善，迄今已为各国公司法普遍接受。

　　股东诉讼一般被分为直接诉讼（direct action，individual action）与派生诉讼（derivative action）。直接诉讼是指股东在作为公司成员所享有的个人性权利受到侵害时所提起的一种诉讼。这类诉讼包括但不限于以下几种情形：要求支付已合法宣布的股利；行使对公司账簿和记录的查阅权；保护股东在新股发行时的优先认购权，并防止其在公司中的比例利益受到欺诈性稀释。这些诉讼旨在维护股东的个人权益，确保其在公司治理中的合法权益不受侵害。派生诉讼又称传来诉讼、代位诉讼，是指当董事、经理等公司高级管理人员实施某种越权行为或不当行为时，由于公司董事会、监事会或股东会对此不提起诉讼，而由公司一个或多个股东代表公司对实施越权行为或不当行为者提起的诉讼。[①]

　　派生诉讼与直接诉讼主要的区别在于：其一，被侵害的权利性质不同，直接诉讼侵害的权利属于股东自身的个人性权利，而派生诉讼被侵害的权利则属于公司的团体性权利。其二，提起诉讼的权利主体不同，直接诉讼可由股东个人以自己的名义提起，是一种单独股东权；而派生诉讼本应由公司提起，只是由于存在法定的特殊原因，才由符合法定条件的股东代为行使。其三，诉讼的目的不同，直接诉讼的目的是股东个人的利益，胜诉所获得的利益归属于股东个人，而派生诉讼事实上是股东在为公司的利益进行诉讼，股东只是诉讼中名义上的原告，判决之利益仍由公司享有，作为原告的股东只能根据公司法的规定与其他股东分享公司由此而获得的利益。

　　在实践中，经常见到有人将股东诉讼与一般民事诉讼中的共同诉讼或代表诉讼混为一谈。一般民事诉讼中的所谓共同诉讼，是指当事人一方或双方为2人以上，其诉讼标的是共同的或者是同一种类的诉讼；一般民事诉讼中的所谓代表诉讼或代表人诉讼，是指当事人一方

---

　　① 石少侠. 论股东诉讼与股权保护 [J]. 法制与社会发展，2002（2）：60–63.

或双方人数众多，人数众多的一方当事人由其中一人或数人为代表人进行诉讼，并接受由此而产生的诉讼结果的诉讼形式。这些诉讼形式在《中华人民共和国民事诉讼法》中早有明确规定，且可径行适用于股东直接诉讼，就诉讼主体而言，并不存在任何法律障碍。然而，如果据此就将共同诉讼或代表诉讼等同于股东派生诉讼，则实在是差之毫厘而失之千里了。

## 二、控股股东或大股东的代理问题

控股股东或大股东在一家公司中扮演着重要的角色。控股股东是指持有该公司股份超过 50% 的股东，拥有对公司的决策和控制权。大股东则是持有相对较大比例股份的股东，虽然可能没有控股股东那么大的权力，但也能对公司产生重要影响。

### （一）研究意义

控股股东或大股东作为公司的主要股权持有者，他们对公司的治理和业务决策具有重要影响力。然而，由于代理关系的存在，控股股东或大股东的行为与公司利益之间可能存在冲突。这种冲突可能导致控股股东或大股东利用其权利和地位获取私利，而不是追求公司的整体利益。[①]

控股股东代理问题的核心问题之一是信息不对称。信息差距使得中小股东无法充分了解公司的情况，可能导致对公司决策的选择与中小股东的利益相悖。此外，由于控股股东或大股东的持股比例较大，他们有可能滥用表决权，损害中小股东的权益。比如，他们可能通过

---

① 胡泽民，刘杰，李刚. 控股股东代理问题、现金股利与企业绩效 [J]. 财会通讯，2018，791 (27)：60-66.

人事任免、公司交易等方式获取利益，而不顾及整体股东的权益。这种情况下，中小股东的利益可能受到损害，甚至整个市场的稳定性也可能受到威胁。

## （二）原因及特点

控股股东代理问题存在的原因有多个，主要包括信息不对称、利益冲突以及动机不一致等因素。

### 1. 信息不对称

首先，信息不对称是代理问题的核心原因之一。在一家公司中控股股东或大股东通常拥有更多的信息，而中小股东往往无法拥有同等的信息。这种信息差距使得控股股东可以更容易地追求自己的利益，而对中小股东不利。

### 2. 利益冲突

代理问题还与利益冲突有关。控股股东或大股东可能面临着自身利益与整体股东利益之间的冲突。他们有可能将自己的私利置于公司利益之上，通过控制权来获得个人利益，而不是追求公司长期发展和整体股东权益的最大化。

### 3. 动机不一致

此外，动机不一致也是代理问题的一个特点。控股股东或大股东可能有不同的动机和目标，从而影响他们对公司决策和业务运营的选择。有些控股股东可能更关注短期利益和股价表现，而忽视了公司的长期发展和持续价值创造。

控制权过度集中是控股股东代理问题的主要特点。当控股权过于集中时，中小股东的发言权和参与度就会相对较低。这可能导致控股股东滥用权利，损害中小股东的利益，并影响公司的整体治理效果。

相对于控股股东或大股东，中小股东往往在公司决策和利益分配中处于相对弱势地位。他们通常无法获得足够的信息，也可能无法有效行使自己的权利来保护自己的利益。这种不足的权益保护机制可能使中小股东遭受不公平待遇，进而影响市场的公平性和透明度。

## （三）解决措施

因此，在解决控股股东代理问题时，需要加强对控股股东的监管和责任追究，提高公司治理的公平性和透明度。同时，也需要加强对中小股东的权益保护，建立健全的法律法规和市场机制来平衡控股股东和中小股东之间的利益关系。

### 1. 完善公司治理制度

建立健全的公司治理结构和机制，明确各方的权责和职责，加强对控股股东行为的监督和制衡。其包括设立独立董事、监事会等，以实现决策的合理性和公平性。

### 2. 加强信息披露

加强公司信息披露制度，要求公司提供充分、准确和及时的信息，确保各类股东和投资者能够获得平等的信息权利，减少信息不对称问题。同时，要加强对信息披露的监管和追责，确保披露的信息真实可信。

### 3. 增强投资者保护

完善投资者保护制度，加强对中小股东权益的保护，确保他们能够行使自己的权利，参与到公司治理中来。可以通过建立投资者教育和培训机制，提高中小股东的投资意识和能力，从而更好地保护自身利益。

### 4. 强化监管机构的作用

监管机构在促进公平、透明和健康市场秩序方面发挥着重要作用。

要加强对上市公司、控股股东和中小股东的监管，严厉打击违规行为，对违法违规的人员和机构进行法律追责，维护市场的公正和公平。

5. 增强行业自律和监督机制

相关行业协会和组织可以制定行业准则和规范，加强对行业内代理问题的监督和管理。行业自律和监督机制可以弥补法律法规的不足，对违规行为进行公开曝光和批评，推动行业的健康发展。

总的来说，解决代理问题需要建立多层次的制度和机制，包括公司治理、信息披露、投资者保护和监管等方面的改革。只有通过系统性的改革和完善，才能有效减少代理问题的发生，确保市场的公平、透明和健康运行。

## 三、股东会决议瑕疵的诉讼提起制度

股东会决议瑕疵存在于程序和内容两个方面，瑕疵股东会决议的效力分为决议不存在、决议可撤销和决议无效三种情形。瑕疵决议可以寻求全体股东的一致同意、决议的撤回和追认等多种方式得到补救。但对瑕疵决议的效力，只能以诉的方式主张；对瑕疵决议的裁判方式和效力有特殊性，应防止撤销之诉的滥用。

### （一）瑕疵决议的效力："二分法"与"三分法"之争

#### 1. "二分法"：缺陷分析

股东会决议的瑕疵既存在于决议的成立过程，又存在于决议的内容，前者属于程序瑕疵，后者属于内容瑕疵。鉴于此，部分国家和地区的立法和学说主张，瑕疵决议的效力应当依照程序瑕疵和内容瑕疵的不同分别赋予两种不同的效力，即决议程序违反法令或章程，构成决议撤销的原因；决议内容违反法令或章程，构成决议无效的原因。

这就是所谓的"二分法"。德国《公司法》即采用"二分法"。如《德国股份法》第 7 部分规定了决议无效和撤销的法定事由。

"二分法"在适用法上的确简单明了，但其缺陷在于，决议的撤销或无效都是以决议成立为前提的，如果"根本无股东会或其决议之存在，即无检讨股东会决议有无瑕疵之必要"。例如，无召集权人召集的股东会所作的决议，或者根本未召开股东会作出决议的事实，或者伪造决议等，显然属于股东会决议不成立的情形。如果将这些情形归于股东会决议无效或撤销的范围，就不可避免地产生矛盾的现象。对于决议的撤销而言，在撤销前决议是有效的，这对于不存在的决议显然是荒唐的；对于决议的无效而言，是对存在的决议所作的法律价值上的判断，如果决议不存在，意味着无判断的对象，当然无所谓效力的问题；所以，"二分法"存在难以克服的缺陷。同时，"二分法"的基本逻辑是建立在对决议瑕疵程度的分析基础之上的。瑕疵程度严重者，为无效的事由；瑕疵程度相对轻微者，为撤销的事由。在一般情形下，将内容瑕疵视为无效原因，将程序瑕疵视为撤销原因。因此，"二分法"基本上是一种形式主义立法范式，缺乏深刻的法理基础。①

2. "三分法"：法律行为理论的引入

采用"二分法"的德国，学说和判例普遍主张有决议不成立的存在及必要性，使得与民法上法律行为不成立概念相结合，如未经出席会议而以书面决议的"非决议"，以及非股东身份作出的虚伪决议均属决议不成立情形。《日本商法》在 1981 年修正之前，也采用"二分法"，在学说和判例中，关于是否承认股东会决议不存在的诉讼，曾引发广泛的讨论。但在 1981 年修改时，将学说与判例的见解成文化，

---

① 刘思远. 全国首例特别股东代表诉讼案实务观察 [J]. 中国改革，2023（3）：76 - 78.

在第 252 条增列确认决议不存在的诉讼，从而承认股东会决议不存在为股东会决议瑕疵的独立类型。《日本商法》的这次修正，对韩国产生了影响，1984 年《韩国商法》修正时，在第 380 条明文规定确认股东会决议不存在之诉。

　　"三分法"从表象上是在"二分法"的基础上，增加"决议不成立"为决议瑕疵的新的类型，但将"决议不成立"从"二分法"中分离出来，实质上包含了对股东会决议新的理解。依照"三分法"的见解，股东会决议是一种法律行为。而法律行为的成立和生效是两个不同的概念，因此，股东会决议的成立和生效也应与法律行为的理论相吻合。依此推论，所谓决议的不成立，是指不具备股东会决议成立要件的决议。法律行为欠缺成立要件时，为法律行为不成立。同理，当股东会决议欠缺成立要件时，应称为"决议不成立"。

　　在法律行为理论的支配下，股东会决议的成立与生效，类推适用法律行为的成立与生效之法理。不过，股东会决议作为一种社团性法律行为，不同于一般民事法律行为。有的判例认为，股东会决议是二人以上当事人基于平行与协同的意思表示相互合致而成立的法律行为。由于股东会决议采用资本多数决原则，因此，股东会决议是否必须由二人以上作出不无疑问，另外，参与决议的股东其平行与协同的意思表示也无须一致。但在股东会决议的成立和生效问题上，包含了法律行为相同的法理。如法律行为欠缺成立要件时，并无讨论法律行为无效或撤销的余地，同样，必须符合成立要件的股东会决议，才有进一步探究股东会决议有无无效或撤销原因的必要。如果股东会决议不成立，股东会决议瑕疵问题就根本无从谈起，所以，"股东会决议不成立"是从法律行为理论中推导出的决议瑕疵的类型。

　　"三分法"导入法律行为的原理，将股东会决议的成立与生效区分为两个不同的问题，理性地克服了"二分法"的局限，同时摆脱了

"二分法"形式主义的泥潭。有些国家的立法在吸收了学说与判例的见解后，采纳了"三分法"，并不再以程序违法或内容违法简单地认定决议的撤销或无效。如《日本商法》在 1981 年的修正中，一方面接受了"三分法"，另一方面将原来的决议内容违反章程作为无效的原因修改为撤销的原因。《韩国商法》除了在 1984 年尾随《日本商法》抛弃"二分法"改采用"三分法"外，在 1995 的修正中同样将决议内容违反章程改为撤销的原因。

## （二）决议瑕疵的治愈

### 1. 决议程序瑕疵的豁免：全体股东同意

股东会应由具有召集权的人召集，未按法定程序召集的股东集会不能说是股东会；但如果全体股东出席并同意召开股东会，由此作出的决议是否具有法律效力，值得探讨。

在日本，判例和学说上对此存在着争议。过去的判例认为，尽管全体股东的出席满足了会议召开的形式条件，但这并不等同于满足了股东会作为公司相关的法定要求。早期的学说也否定这种决议的效力。其理由是：股东会是法律特别规定的公司的机关，该大会的成立必须由法定的召集权者履行程序。全体股东出席大会，虽然满足了股东出席的机会，但未必能满足为其准备的机关；另外，公司法只肯定了有限公司全体股东出席的大会，但在股份公司中却没有这一规定。但是，晚近的判决则认为，欠缺法定召集程序，由全体股东出席大会并通过的决议是有效的；同样，在学说上多数学者认为全员出席大会所通过的决议应视为有效。其理由是：召集程序上的有关法律规定，是为了赋予全体股东出席的机会和准备的时间，所以，如果全体股东放弃这种利益并同意召开大会时，即使将全员出席大会视为有效，也不会出现任何问题。横看诸多外国公司法也允许全员出席大会。另外，肯定全员出席大会的学说中，还有一些学说主张全员出席大会本身已经充分说明了股东作为所有者参与公司经营活动的积极性，从而应当直接肯定该大会有效。①

德、法等国的公司法也都承认在欠缺法定程序的情况下，如果全体股东或者代理人出席了会议，该会议作出的决议有效。如《德国股份法》第 121 条第 6 项规定，如果没有股东对作出决议提出异议，在全体股东出席股东会或者已被代表时，可以不遵守股东会召集程序的规定作出决议。法国在过去并不承认欠缺法定程序的股东会决议的效力，《法国商事公司法》第 159 条规定："股东会议的召集按法令确定的形式和期限进行。一切未依法召集的会议可予以撤销。"但法国议会在 1967 年 7 月 12 日发布了第 67 - 559 号法律，改变了过去所持的否定态度。在第 159 条第 2 款中增加第 2 句"但书"内容，即"但全体股东出席了或由他人代理出席了会议的，撤销之诉不予受理"，从而认可了股东会法定召集程序的豁免。

在美国，股东非在依法定程序所召集的股东会不得为公司作出决议；但其唯一的例外即关于股东会的决议事项如有全体股东的同意，则即使未召开股东会，全体股东的同意也具有与召开股东会所作出的决议同等的效力。其理由是，法律所以要求须依一定程序召开股东会以作成决议，目的在于保护股东，使其有出席和参与讨论及表决的机会，股东全体既然放弃其利益，法律没有理由否认其效力。美国《示范公司法修订本》第 7.04 节则明文规定了公司法要求或允许在股东会议上采取的行动，可以由有权在这些行动中投票的全体股东不举行会议而采取这些行动，并规定由全体股东签署的同意文件其效力等同于会议投票结果，也就是说，在全体股东一致同意的情况下，股东会召集程序可以豁免。美国各州公司法也都有类似的规定。

---

① 钱玉林.股东会决议瑕疵的救济［J］.现代法学，2005（3）：138 - 144.

## 2. 瑕疵的补救：决议的撤回与追认

瑕疵股东会决议作出后，公司能否予以撤回或追认而除去瑕疵，是一个值得探讨的问题。在理论上，有瑕疵的法律行为在未生效前可以撤回，同时也可以以追认的方式使该法律行为发生效力。股东会决议是法律行为的一种形式，有关撤回和追认的法理对有瑕疵的股东会决议应有适用的空间。决议的撤回，具备两个生效要件：一是撤回方式应采取与瑕疵决议同种类的股东会决议。换言之，撤回的意思表示仍采取股东会决议的形式，而且，如果瑕疵决议是普通决议，撤回决议也可以采取普通决议的方式；如果瑕疵决议是特别决议，撤回决议也应当是特别决议。因为撤回决议本身也是一项独立的决议，如果允许以普通决议撤回特别决议，则意味着可以借助于撤回的手段规避立法上对特别决议法定表决数的要求，造成多数决原则的不公正实施。二是撤回时间须在决议生效前。如果公司基于瑕疵决议与股东或其他第三人之间已经发生、变更或消灭一定的法律关系时，因撤回决议并不能使法律关系恢复到原始状态，所以撤回决议已丧失了意义。

当前次股东会的决议存在瑕疵原因时，后次股东会能否作出新的决议追认前决议，以便除去前决议的瑕疵，也是值得探讨的一种瑕疵补救的方式。理论上，关于法律行为无效、撤销的理论适用于股东会决议；同理，民法上对无效、可撤销法律行为的追认的法理，同样适用于有瑕疵的股东会决议。

"追认"这一法概念来源于德国民法。德国民法对于自己所作的无效行为或可撤销法律行为的承认，称为"追认"，对他人行为的承认，则称为"事后同意"。对于无效行为的追认，学说上倾向性的观点认为，有效的确认具有重新实施行为的后果。

基于这种理解，有的学者认为具有撤销原因的决议，即使另有决议追认，该追认决议并不能使前决议的瑕疵溯及消灭，实质上只是废弃旧决议，另作出一个无瑕疵的新决议。而对于可撤销法律行为的追认，无须在消除撤销事由的情况下重新实施行为，只要撤销权人作出不行使撤销权的决定即可。这相当于英美法上的"弃权"原则。1956年，联邦德国最高法院作出了一个判决，认为"有瑕疵的股东会决议，在重新作出一项无瑕疵的决议时，对前决议诉请无效或撤销权利保护的必要性已经丧失"。该判决因袭了司法判例上对民法追认制度的理解，为将这项制度适用于公司法提供了宝贵的司法经验，它的价值在于，在对瑕疵决议提起撤销诉讼后，如果股东会重新作出了无瑕疵的决议，则撤销前决议的诉讼即丧失诉讼利益，实质上肯定了追认制度在公司法中的地位。

鉴于学说与判例对追认制度理解上的分歧，《德国股份法》在1965年修正时部分引入了决议追认制度，即对可撤销决议的追认，而对无效决议未作明文规定。现行《德国股份法》第244条规定："如果股东会已经通过一项新决议来确认一项可撤销的决议，并且在提出撤销请求的期限内没有人对该决议提出撤销请求，或者撤销请求已被合法地驳回，则不得再提出撤销请求。"虽然《德国股份法》对追认制度的引入不是很全面，但迄今为止，似乎是各国公司法中唯一有关决议追认的一个法条，仍不失为决议追认制度的典范。

而在其他国家和地区，对于民法上追认的法理能否适用于股东会的瑕疵决议，仍处于摸索和探讨之中。股东会决议是一种特殊的法律行为，原则上适用民法上关于法律行为的理论。当股东会决议存在瑕疵而可以被补救时，应当允许股东会重新作出决议治愈前决议的瑕疵；换言之，瑕疵是否可以被治愈，是适用追认制度的前提。如果股东会决议内容违反强行法规范，则该瑕疵是不可治愈的，不适用追认制度；如果股东会决议因程序违法而导致瑕疵，则可以适用追认制度。追认的效果，在于除去瑕疵，使决议的效力处于确定的状态，最终使公司法律关系得以安定。

## 四、异议股东收购请求权制度

异议股东收购请求权制度可以追溯到西方国家的公司法发展历程。在 20 世纪,随着股东权益保护的重要性日益凸显,逐步出现了对少数股东权益的关注。控股股东或主要股东滥用权利、损害少数股东利益的问题亟待解决,因此需要一种机制来保护少数股东的权益。

### (一) 触发条件

美国通常将异议股东收购请求权与特定事件相关联,如合并、重组或股东协议的修改。少数股东可以在这些情况下行使收购请求权。英国的规定较为宽泛,中小股东可以在认为自身权益受到不公正对待或受到损害时行使收购请求权。我国《公司法》的规定明确规定了少数股东可以请求收购的情形,如对公司合并、分立的决议持异议等存在利益冲突的情况。

### (二) 程序与补偿

美国法律规定了异议股东行使收购请求权的程序,包括提出书面请求、与管理层协商谈判等。股东通常可以获得合理补偿,如以公正市场价购买其股份。英国公司法对收购请求权的程序进行了详细规定,包括提出书面通知、开展合理调查等。少数股东有权获得公平价值的补偿。

目前我国《公司法》对于异议股东的股权回购权利只是简单地规定了"可以协商,协商不成可以诉讼",而没有具体规定权利行使的流程。① 例如,在实际操作中,许多股东由于缺乏专业知识,不知道

---

① 佟晓慧. 论异议股东股权回购请求权制度的完善 [J]. 黑龙江人力资源和社会保障,2022,480 (16):56 – 58.

自己享有异议股东的股权回购请求权，导致有些情况下，虽然符合法定的股权回购条件，却由于不知道权利存在或在行使权利时超过行使期限而无法行使。此外，在异议股东想要行使股权回购请求权时，缺乏事前的异议表明和提示环节，只有在正式开会及会议结束时，其他股东才能得知。这些情况的存在都不利于保护股东利益和提高公司运转效率。

## 五、请求强制解散权制度

公司僵局情形下股东请求法院强制解散公司的权利起源于美国，是一种为了打破僵局允许法院介入公司内部治理的制度。[①] 我国《公司法》第二百三十一条规定当公司经营状况出现严重困难，继续经营会使股东遭受重大利益损失，通过其他途径无法解决的，持有公司全部表决权 10% 以上的股东可以请求人民法院解散公司。

### （一）触发条件

公司经营管理发生严重困难即公司僵局，指的是在公司内部出现的一种僵持状态或困境，通常由于董事会成员之间存在分歧和争议或者大股东之间对于公司的愿景、利益分配或治理结构存在分歧，导致无法就公司的战略、经营方向或关键决策达成一致意见。[②]

这种情况下，公司无法有效地做出决策、推动事务或解决问题，导致运营受阻或停滞不前。公司僵局对于公司的稳定和业务发展有负面影响，会阻碍有效的决策制定、业务执行和创新。

---

① 鲍为民. 美国法上的公司僵局处理制度及其启示 [J]. 法商研究，2005（3）：130 - 136.

② 李建伟. 司法解散公司事由的实证研究 [J]. 法学研究，2017，39（4）：117 - 137.

根据国外公司法规定,股东享有解散公司的诉讼请求权。在美国,可以通过诉讼方式非自愿解散来解决公司僵局。股东需要证明董事会陷入僵局、公司受到无法弥补的损害、董事或公司控制人实施非法行为、股东在表决权上陷入僵局以及公司资产被滥用或糟蹋等事实。另外,要求对立方收购请求解散公司一方的全部股权。

我国法院在处理公司僵局涉及解散公司或强制收购股份的诉讼请求时,对于"公司经营管理出现严重困难"的判断标准不一,造成中小股东无法得到司法救济。

## (二) 诉讼主体要求

案例

请求法院解散公司的主体须为持有公司全部股东表决权10%以上的股东。实践中的争议在于,当股东之间存在代持股协议或股权转让尚未完成,能否提起解散公司诉讼?由于请求强制解散权是一种人身性权利,即法院审查主体是否适格时,只考虑两个要素:是否为该公司股东和持有的表决权是否在10%以上。[①] 因此,即使代持股协议中,显名股东未实际出资,但其作为公司股东享有向法院提起解散公司之诉的权利。

## 六、股东代表诉讼制度

股东代表诉讼起源于19世纪中叶,英国率先建立起衡平法上的股东派生诉讼制度。我国于2005年对《公司法》进行修改时引入该制度,至今已经发展了近20年。

---

① 高旭军. 德国公司法中规范股东冲突的机制及其启示 [J]. 北京理工大学学报(社会科学版),2023,25 (2):57 – 68.

### （一）股东代表诉讼的性质界定

早在罗马法时期便有了公益诉讼这一概念，但现代意义上的公益诉讼起源于19世纪中叶的欧美国家。我国立法对公益诉讼的主体不仅有客观方面的要求，还规定主观目的是保护社会不特定多数人的共同利益。

股东代表诉讼制度中，股东提起代表诉讼的原因是公司遭受股东、董事、监事和高级管理人员的不法侵害，中小股东和公司的利益面临损害，因此以个人的名义起诉，为公司追究不法行为人，弥补公司和其余股东遭受侵害的损失。在公司监督机制失灵的情况下，股东代表诉讼还能够对上市公司起到有效监督作用，维护证券交易市场的秩序，有利于国家金融稳定，符合公益诉讼的要求。[①]

### （二）域外股东代表诉讼制度的立法研究

日本《公司法》于1950年修改时从美国引进了该制度，只要求具有股东身份，连续持股6个月以上即有权提起诉讼，但对持股数量没有要求。且当等待60日会超过诉讼时效或者公司将遭受不可挽回的损失，股东可以直接起诉。另外，日本于1993年将此类案件的诉讼费用调整至8200日元的定额制。由于胜诉之后收益为公司，股东提起诉讼的行为可视为无因管理，因此公司应当分担股东的诉讼费用。但日本《公司法》对股东代表诉讼中的律师费承担问题没有规定，实践中趋于采取责任保险解决。

韩国1998年修订《商法》时从日本引入股东代表诉讼制度，将

---

① 陈洪，张娇东. 股东代表诉讼制度可诉性补强研究［J］. 法律适用，2016，363（6）：62－66.

原本适格条件的持股从 5% 下调至 1%，且只需要提起诉讼时具备即可，很大程度上降低了股东提起诉讼的要求。韩国的《证券交易法》在此基础上进一步放松，仅需持有万分之一的股份，但需要在提起诉讼的前六个月内持续持有。此外，韩国也将案件的诉讼费用规定为 23 万韩元的固定值。[①]

### （三）我国股东代表诉讼制度在司法实践中存在的问题

股东代表诉讼制度在国外的发展已日趋成熟，目前我国通过司法解释规定公司应当承担股东代表诉讼的合理费用，但对持股数量和时间仍有硬性要求。但作为 2005 年引进的"舶来品"，这一制度还需要继续本土化。

#### 1. 中小股东起诉门槛高

在我国，中小股东面临着诉讼门槛较高的问题。一方面，《公司法》要求股东必须持有 1% 以上的股份才能提起代表诉讼，在匿名持股、股权分散的现状下许多中小股东无法满足起诉的资格要求。另一方面，起诉的股东需要同时满足连续持股 180 日以上。为了防止股东滥诉，立法对起诉主体的要求较高，这使得中小股东在起诉过程中面临一定的困难，限制了他们参与代表诉讼的能力。

#### 2. 诉讼成本高

中小股东提起诉讼的成本通常较高，这也是我国股东代表诉讼制度存在的问题之一。由于侵害公司利益的董事、监事、控股股东等人享有更多的控制权、决策权，一旦发生利用公权力牟取私利、渎职等现象，加上时间跨度大，所涉及的金额往往非常庞大，按照我国诉讼

---

① 复旦大学课题组，段厚省. 新证券法背景下的股东诉讼研究 [J]. 投资者，2021 (2)：1–48.

法对财产性案件的收费标准，将会要求中小股东支付巨额的诉讼费用。这很大程度上会削弱股东提起代表诉讼的积极性。

除此之外，我国虽然通过司法解释要求公司承担股东胜诉之后的合理费用，但对合理费用的标准界定不明，律师费究竟应该由谁承担是争论已久的话题。股东为了胜诉必定需要花费时间和精力进行调查、评估，相关支出都是为了挽回公司利益，因此公司作为受益方承担股东为了赢得诉讼的成本是合理的。由于中小股东往往不具备进行专业辩论的能力，而股东代表诉讼具有极高的专业性，如果不允许股东聘请律师将会剥夺其胜诉权，因此公司还应当承担在合理范围内的律师费用。①

3. 中小股东收集证据困难

中小股东在代表诉讼中还面临着证据收集的困难。在涉及公司内部事务或高层决策问题时，中小股东往往无法轻易获得相关信息和证据，尤其是公司管理层不公开披露的关键信息。这种情况给中小股东在代表诉讼中提供充分证据造成了一定的困扰，只能提供一些具有推断性、主观性的依据，甚至不能单独作为证据使用，因此法官在根据立案标准判断是否受理时往往会驳回中小股东的请求。

**复习思考题**

1. 如何理解股东权益的概念及其构成？
2. 怎样区分股东权益与债权人权益？
3. 如何评价双重股权制度？
4. 怎样评价股东代表诉讼相关理论及其不足？

---

① 陈诗情. 利益平衡视角下公司股东代表诉讼制度的未来构建［J］. 特区经济，2022，399（4）：120－123.

 案例分析

## 深康佳年度股东大会[*]

深圳康佳集团股份有限公司（以下简称深康佳）前身为广东光明华侨电子工业公司，1992 年 3 月 27 日在深圳证券交易所同时发行 A 股、B 股股票上市。自上市以来，控股股东华侨城集团不断减持股份，在 2007 年底，华侨城集团的持股比例仅为 8.7%，此后逐步增持并保持在 20% 左右。由于华侨城集团始终控制着公司董事会，截至 2015 年 3 月 31 日，公司的实际控制人仍为华侨城集团。

2015 年 4 月 2 日，深康佳发布《关于召开 2014 年年度股东大会的通知》，审议议案包括《关于董事局换届选举非独立董事的议案》《关于董事局换届选举独立董事的议案》等，7 名候选董事全部由深康佳原董事局提名，即由控股股东华侨城集团所控制，而华侨城仅持有深康佳 21.75% 的股份。2015 年 5 月 14 日，公司股东 Nam Ngai、夏锐、孙祯祥、蔡国新（以下简称夏锐等人）联合提交临时提案，提名任维杰、宋振华为公司第八届董事局非独立董事候选人，提名张民为第八届董事局独立董事候选人，提请董事局送交 2014 年年度股东大会审议。夏锐等人合并持有公司 3621 万股，占公司总流通股的 3% 左右，符合提交临时股东大会提案的条件。次日，公司股东 Holy Time Group Limited（圣时投资）与国元证券经纪（香港）有限公司联合（以下简称圣时国元）提名靳庆军为第八届董事局非独立董事候选人，提名肖祖核为第八届董事局独立董事候选人。圣时投资与国元证券均属于公司前十大流通股股东之一，合计占有表

* 资料来源：姜付秀. 公司治理基本原理及中国特色［M］. 北京：中国人民大学出版社，2022：81 – 83.

决权 5% 的股份。

在股东大会召开之前，夏锐等人和圣时国元等中小股东利用多种平台宣传造势，极力表达对深康佳公司治理的不满，吸引众多散户围观，并利用媒体平台散布候选人信息。这些成功的网络造势也吸引了大量中小股东参与进来，与圣时国元和夏锐等人一同对抗控股股东。

2015 年 5 月 28 日，深康佳 2014 年年度股东大会如期召开，并采用网络投票和现场投票相结合的方式。从总体的投票分布来看，中小股东参与现场表决股份数占公司总股份数的 10%，而参与网络投票股份数占比高达 22.64%，即中小股东网络投票股份数占中小股东总投票股份数的 70%。

董事选举的议案表决制度为累积投票制度。也就是说，股东大会选举时，股东可以将其持有的每一股份所拥有的与待选职位相同的投票权，集中于某一候选人身上使用，也可分散投票于数人。从最终结果来看，中小股东提名的董事中共有 4 人通过选举，并且这 4 人完全由中小股东投票选出：中小股东提名的非独立董事宋振华，同意股份数为 478635522 股，占出席会议所有股东所持股份的 68.98%，其中，中小股东同意股份数为 478635522 股；靳庆军，同意股份数为 652544439 股，占出席会议所有股东所持股份的 94.04%，其中，中小股东同意股份数为 652544439 股；独立董事张民，同意股份数为 459966943 股，占出席会议所有股东所持股份的 66.29%，其中，中小股东同意股份数为 459966943 股；肖祖核同意股份数为 385512787 股，占出席会议所有股东所持股份的 55.56%，其中，中小股东同意股份数为 385512787 股。此外，投向华侨城提名董事的中小股东表决权股份数仅约占总表决股份数的 19%，多数中小股东倾向于支持圣时国元与夏锐等人提名的董事。

最终，大会选举靳庆军、宋振华、陈跃华、刘凤喜为公司第八届董事局非独立董事；选举张民、肖祖核、张述华为公司第八届董事局独立董事。由于4名由中小股东提名的董事及独立董事在总数为7人的董事局中占据绝对多数，因此深康佳中小股东在一定程度上控制了董事局，改变了过去控股股东华侨城"一言堂"的局面，成为中国资本市场上第一个中小股东在董事选举议案上，击败控股股东并成功"夺权"的案例。

授课PPT

本章知识点

▶ 问题：

1. 累积投票制和网络投票表决方式对于深康佳股东大会的董事选举议案的表决结果起到了什么作用？如何保证此类机制能够在实践中得到更多应用？

2. 临时股东会议和年度股东会议在功能上存在什么差异？

3. 结合本案例，谈谈你会如何设计股东会的运行机制，以保护中小股东的权益。

# 第八章

## 董事会制度

## 第一节　董事会的设置

董事会是由股东会选举产生的必设和常设的集体业务执行机关与经营意思决定机关。董事会制度是指在公司治理结构中，为了提升公司监督和决策能力而设立的一种机制。董事会作为公司最高决策机构，承担着领导公司和管理公司事务的重要责任。

### 一、董事及其类别

董事是指在公司治理结构中担任决策和管理职责的高级管理人员，由股东会选举产生，对内管理公司事务，对外代表公司进行业务活动。

董事可以分为执行董事和非执行董事。执行董事是指被任命为公司高级管理层的董事，直接参与公司日常运营和管理决策。非执行董事包括连锁董事、灰色董事和独立董事。

#### （一）连锁董事

连锁董事即在两家及以上的公司担任董事，即同一董事在不同公司兼任的情况，如果一位董事既在 A 公司任职又在 B 公司任职，则称

A 公司与 B 公司具有连锁董事关系，互为连锁董事公司，在两公司兼任的董事是连锁董事。连锁董事在企业治理中扮演着重要角色，通过提供专业知识和经验，帮助企业制定战略和决策，并增加企业的创新能力和竞争优势，对于企业的长期发展至关重要。[①]

连锁董事对企业产生的影响，可归为三个方面：一是对企业外围活动的影响，比如企业对政治选举的捐助；二是对企业核心活动产生的影响；三是对企业绩效产生的影响。

## 1. 连锁董事与企业外围活动

米尔福德（Milford，1981）研究了美国企业捐助尼克松参选总统事例。研究发现，对尼克松进行捐助的大部分企业都具有连锁董事。这意味着间接连锁企业可能具有相似的信息源，而连锁董事会对企业外部活动产生重要的影响。[②]

## 2. 连锁董事对企业核心活动的影响

连锁董事是市场经济发展的产物，国内学者分别从经济学、管理学和社会学等不同的视角进行了探讨，并形成了不同的理论解释。具有代表性的连锁董事理论包括共谋理论[③]、资源依赖理论[④]、监督控制理论[⑤]和事业推进理论[⑥]等。

---

① 卢昌崇，陈仕华. 断裂联结重构：连锁董事及其组织功能［J］. 管理世界，2009，188（5）：152－165.

② Milford B.，Green R.，Keith Semple. The Corporate Interlocking Directorate As An Urban Spatial Information Network ［J］. Urban Geography，1981，2（2）：148－160.

③ Fligstein，N.，Brantley，P. Bank Control，Owner Control，or Organizational Dynamics：Who Controls the Large Modern Corporation ［J］. American Journal of Sociology，1992（98）：280－307.

④ Burt，R. S. Cooperative Corporate Actor Network：A Recon-sideration of Interlocking Directorates Involving American Manufacturing ［J］. Administrative Science Quarterly，1980，25（4）：557－582.

⑤ Maman，D. Research Note：Interlocking Ties within Business Groups in Israel-A Longitudinal Analysis，1974－1978 ［J］. Organization Studies，1999（20）：323－339.

⑥ 彭正银，廖天野. 连锁董事治理效应的实证分析——基于内在机理视角的探讨 ［J］. 南开管理评论，2008，58（1）：99－105.

首先，连锁董事对企业的创新能力和竞争优势有积极影响，他们可以帮助企业开拓新市场和寻找合作伙伴；其次，连锁董事的存在可以提高企业的治理效果和透明度，减少潜在的道德风险；此外，连锁董事具备多样化的背景和经验，可以提供全面的意见和建议。[①]

国外学者古拉蒂（Gulati）、韦斯特法尔（Westphal）从这一角度研究了战略联盟与连锁董事的关系。董事会对高层管理者的控制程度越高，越不利于连锁企业间的联盟形成；相反，如果董事会和高层管理者之间在战略决策上合作程度越高，连锁企业间形成战略联盟的可能性越大。[②]

### 3. 连锁董事对企业绩效的贡献

大部分学者认为，连锁董事应该有利于提高公司绩效，然而，对这一假设的实证检验得出相对立的结果。彭宁斯（Pennings，1980）发现连锁董事对企业绩效有正向影响；而弗利格斯坦和布兰特利（Fligstein and Brantley，1992）却发现连锁董事对企业绩效有负面影响。理查森（Richardson，1987）的研究表明，只有重构的连锁董事才与企业绩效呈正相关关系。连锁董事的存在形式具有一定的嵌入性，其网络关系在很大程度上影响了公司的资源获取、协调控制和环境适应能力。[③]

## （二）灰色董事

灰色董事是指名义上满足了法律规定，在近亲、上下级关系和持

---

① 田高良，李留闯，齐保垒. 连锁董事、财务绩效和公司价值 [J]. 管理科学，2011，24（3）：13 - 24.

② Keithkirkpatrick. Publication trends of interlocking directorate studies [J]. The American Sociologist，1990，21（3）：257 - 270.

③ Bazerman M. H. Schoorman F. D. A Limited Rationality Model of Interlocking Directorates [J]. Academy of Management Review，1983，8（2）：206 - 217.

股等方面与经理层保持独立，但是与经理层存在其他更加隐性的联系，例如：老乡、邻居、校友等私人社会关系，导致实质上可能并不独立的那些独立董事。①

灰色董事理论认为关系直接影响了独立董事的真实独立性，进而影响了整个董事会的独立性及其对公司治理的功用。由于公司其他高级管理人员与独立董事存在上述社会关系，其本身会弱化独立董事对公司内部的监督、建议作用，因此灰色董事与董事会监督和建议功能之间存在取舍关系。当前，政府对官员董事和高校董事的强化治理和部分劝退，一个重要原因就是这些董事背后复杂的政治和社会关联，对公司治理带来了一些腐败、不作为、圈子文化等不利影响。

该理论指出董事会在做出决策时会受到社会因素的影响，即会议之外的社会因素对决策者非理性选择的影响。灰色董事理论认为，社会关系的影响直接影响了董事会监督和建议两种职能的比例，而社会关系的存在通过影响董事会的独立性则间接影响了这两种职能的发挥。然而，灰色董事理论的现有文献偏重于关系对监督的弱化，而缺少对关系的存在价值的论证，灰色董事的这些隐性社会关系对于公司治理的价值是否积极，还没有一致的实证结论。②

## （三）独立董事

独立董事制度首创于美国。这一制度的形成是由美国特殊的公司治理结构所决定的。美国的公司治理结构采用的是单一制，公司除股

---

① 刘诚. 独立董事社会关系增进还是削弱了董事会的功能——基于灰色董事行为的博弈分析 [J]. 经济理论与经济管理，2017，320（8）：91-99.
② 刘诚，杨继东，周斯洁. 社会关系、独立董事任命与董事会独立性 [J]. 世界经济，2012，35（12）：83-101.

东会外，仅有董事会作为必设机关，公司没有单独的监督机构，董事会是公司的业务执行机关。除公司章程限制外，公司所有的权力应当由董事会或在其许可下行使。①

我国引入独立董事制度是资本市场改革开放的产物，也是上市公司治理市场化、法治化、国际化、科学化、民主化和现代化的重要标志。关于独立董事的定义，《上市公司独立董事规则》的定义为"不在上市公司担任除董事外的其他职务，并与其所受聘的上市公司及其主要股东不存在可能妨碍其进行独立客观判断的关系的董事"。② 独立董事制度在我国生根发芽需要与我国国情相融合。2021 年 11 月 12 日，广州市中级人民法院在 55326 名投资者诉康美药业股份公司及其董监高证券虚假陈述责任纠纷案中判令 3 名独立董事（江某、李某和张某）在康美药业债务 24.59 亿元人民币的 10% 范围内承担连带清偿责任，判令 2 名独立董事（郭某和张某）在康美药业债务的 5% 范围内承担连带清偿责任。5 名独立董事在 2016～2018 年从上市公司获得的年税前报酬如表 8－1 所示，从表中可以看出每名独立董事所获年均酬劳均不超过 10 万元，但每名独立董事在康美药业虚假陈述案中承担最少 1 亿元的连带赔偿责任。③ 判决的巨大冲击波迅速聚拢了舆情关注，触发了数十名独立董事的应声辞职潮，激发了立法者、监管者、裁判者、上市公司、控制股东、实控人、公众投资者和学术界对独立董事制度变革的理性思考。

---

① 陈浩，胡瑞生. 美国独立董事制度与德国监事会制度比较分析［J］. 河南省政法管理干部学院学报，2004，19（4）：145－147.

② 李洪，张德明. 独立董事与公司治理绩效的灰色关联分析［J］. 经济管理，2006（18）：21－26.

③ 张晓敏. 论独立董事的独立性、问责与免责——以康美诉讼案判决为例［J］. 现代商贸工业，2023，44（17）：161－163.

表 8 – 1 　　　　　2016 ～ 2018 年康美药业公司独立董事年税前报酬 　　单位：万元

| 姓名 | 2016 年 | 2017 年 | 2018 年 | 平均年税前报酬 |
|------|---------|---------|---------|----------------|
| 李某 | 7.39 | 7.39 | 14.84 | 9.87 |
| 张某 | 7.39 | 7.39 | 3.7 | 6.16 |
| 江某 | 7.39 | 7.39 | 10.08 | 8.29 |
| 郭某 | — | — | 7 | 7 |
| 张某 | — | — | 7 | 7 |

资料来源：上海证券交易所网站。

习近平总书记在 2021 年 8 月 17 日主持中央财经委员会第十次会议时强调："共同富裕是社会主义的本质要求，是中国式现代化的重要特征，要坚持以人民为中心的发展思想，在高质量发展中促进共同富裕。"[①] 国有公司外部董事作为独立非执行董事的法律地位有充分的法律法理依据。独立董事的设立对于提升公司治理、保护投资者利益和协调股东、管理层利益具有重要作用。但要发挥最佳效果，需要确保其独立性，能够在必要的时候敢于实施和管理层相对的行动，从而保障全体股东特别是中小股东的利益。

## 二、董事会的性质与职能

董事会制度的本质是建立一种权力和责任相互制衡的机制，以保护公司和股东的利益。它通过设立多个董事职位，确保董事会成员的独立性和多样性，以减少决策中的偏见和潜在利益冲突。我国公司立法对董事会的职权采用列举法明确规定，较其他国家，尤其是英美法

---

[①] 新华社：习近平主持召开中央财经委员会第十次会议强调在高质量发展中促进共同富裕统筹做好重大金融风险防范化解工作 [N]. 人民日报，2021 – 08 – 18（1）.

系国家，我国公司董事会的权利范围小、强度弱。

## （一）董事会的起源

董事会制度起源于英国，并在美国得到进一步发展和完善。董事会制度在英国和美国得以形成和发展的背后，涉及了经济思想、商业规则和管理需求等多个方面。亚当·斯密的《国富论》发现了财富的奥秘，为英国崛起提供了理论纲领，而发明有限责任公司的设计则为商业规则的制定提供了依据。这些因素共同推动了英国的扩张，并催生了董事会制度的形成。[①]

英国的董事会起源于殖民时期，当时英国公司经营着广泛的殖民资产，需要派遣管理者进行监督和管理。这些管理者被称为"监工"，他们形成了最早的董事会。这些董事会成员围坐在木板旁的长凳子上进行会议，而领导者则坐在唯一的椅子上，被称为"主席"。这些董事会起初是为了管理殖民资产，而不是为了公司治理。[②]

后来，美国独立建国，亚历山大·汉密尔顿等人开始在美国设计适合新生共和国自身特色的公司治理形式。汉密尔顿在《联邦党人文集》中提出了公司董事会下的审计委员会和检查委员会的理念，将英国古典董事会制度进行了进一步发展和完善。这些委员会由落选的董事产生，不仅负责检查公司账目，还有权代表股东授权给公司管理者。

综上所述，董事会制度的起源可以追溯到英国的殖民时期，而在美国的发展和完善则得益于亚历山大·汉密尔顿等人的贡献。这一制度的形成涉及了多个方面，包括管理需求、经济思想以及商业规则等。

① 辛晶. 论董事会中心主义 [D]. 重庆：西南政法大学，2014.
② 邓峰. 董事制度的起源、演进与中国的学习 [J]. 中国社会科学，2011，187（1）：164–176，223.

## （二）董事会的性质

从公司法关于治理机制设计的一般理念来看，现行《公司法》在公司治理模式方面总体上仍然坚持了股东会中心主义。这种治理模式合乎现代公司制度所立足的资本逻辑和公司的资合特性，却可能导致许多企业徒有"公司"之名，实质仍属"业主制企业"，不利于引导公司构建权责分明的现代企业制度。在以董事会为中心的治理模式理念下，宜将董事会定位为国家出资公司的"决策机构"，以利于其扮演好多种角色。董事会作为公司的核心机构，具有重要的管理和决策职能。探讨董事会的性质可以从以下三个方面入手。

### 1. 代表股东对公司进行管理的机构

公司股东由于向公司投资而享有对公司进行管理的权利。但是由于公司股东的人数较多，让这么多股东共同来负责公司的经营管理活动是不方便甚至是不可能的，因而由董事会代表股东对公司进行管理。在组织机构的设置和运作上，董事会必须以股东的利益为准则。董事会对公司进行管理和指挥时，不得违背股东指定的公司章程，不得违背股东会的决议。因此，作为公司最高管理机构的董事会实际上是服务于股东会、体现全体股东意志的机关。[①]

另外，董事会负责决定公司的重要资源分配，包括财务投资、人力资源等，以满足公司的战略目标和股东的期望。

### 2. 集体执行公司事务的机关

在公司组织机构中，董事会是公司的执行机关。它要负责执行股东会的决议，管理、执行公司事务。作为业务机关，董事会的职权分

---

[①] 芦雅婷. 董事会职能、内部控制缺陷定量认定标准与内部控制审计费用 [J]. 南京审计大学学报，2019，16（2）：30-38.

为对内、对外两个方面。对内管理公司内部事务，如召集股东会、任免经理、决定处理公司经营问题。对外代表公司进行交易活动，实施法律行为等。但董事会的权利不能分解于董事个人，任何董事均不能以个人名义行使董事会的权利。董事会行使权利只能通过召开董事会会议，形成表达董事会集体意思的决议。

除此之外，董事会通过审核报表、制定内部控制机制等方式，对公司高层管理团队执行情况进行监督，确保业务合规性、道德性和财务健康状况，保证公司的良好运营。①

### 3. 经营决策机关和核心领导机关

董事会不仅仅是股东会之下的业务执行机关，它还有独立的权限和责任，在事实和法律上，已成为公司经营决策和领导的核心。股东出于自身利益和公司管理的需要，把大部分权利交给董事会行使，而自己仅保留一部分事关重大的权利，这就决定董事会不但是公司的执行机关，而且是公司的经营决策机关，在法律和章程规定的范围内对公司的经营管理行使决策权力，并任命经理来执行公司的日常经营事务，经理对董事会负责。

### 4. 公司的必设和常设机关

按照法律规定，董事会通常是必须设置的机构。在我国，只要股东人数较少或规模较小的有限责任公司可以不设立董事会，由一名执行董事行使董事会的职权。在依法设立董事会的公司中，董事会作为公司的一个常设机构，不可或缺。虽然其组成成员可依法更换，但董事会本身作为一个集体执行公司事务的机关始终存在。

董事会作为公司的核心机构，在股东会的依托下承担着管理和决

---

① 刘斌. 董事会权力的失焦与矫正［J］. 法律科学（西北政法大学学报），2023，41（1）：160－172.

策的重要职责。它不仅代表股东利益，执行股东会决议，还是公司在股东会休会期间的最高决策机构，并在集体行动中担任执行机构的角色。通过有效的合作、监督和指导，董事会有助于确保公司的可持续发展和利益最大化。

## （三）董事会的职能

现代社会随着股东会权利的日渐削弱，董事会的职权范围不断扩大。现代各国公司法都赋予董事会十分广泛的职权。如《美国标准商事公司法》规定，除法律和公司章程另有规定外，公司的一切权力都应当由董事会行使或董事会授权行使，公司的一切活动和事务都应当在董事会的指示下进行。① 我国《公司法》对董事会的职权采用列举法明确规定，较其他国家，尤其是英美法系国家，我国公司董事会的职权范围小、强度弱。根据我国《公司法》第六十七条的规定，董事会主要享有以下职权：①召集股东会会议，并向股东会报告工作；②执行股东会的决议；③决定公司的经营计划和投资方案；④制定公司的利润分配方案和弥补亏损方案；⑤制定公司增加或减少注册资本的方案以及发行公司债券的方案；⑥制定公司合并、分立、解散或者变更公司形式的方案；⑦决定公司内部管理机构的设置；⑧决定聘任或者解聘公司经理及其报酬事项，并根据经理的提名决定聘任或者解聘公司副经理、财务负责人及其报酬事项；⑨制定公司的基本管理制度；⑩公司章程规定或股东会授予的其他职权。

总的来说，我国《公司法》对董事会职权的规定依据内容可以分为决策权和监督权，通过行使这两大职能，董事会能够有效管理公司、保障股东权益，并促进公司的可持续发展。②

---

① 李维安. 公司治理学［M］. 北京：高等教育出版社，2020（1）：85－87.
② 王旭，高婧. 董事会制度演进背景下的职能分析［J］. 商业会计，2016，581（5）：99－100，94.

## 三、董事会的结构

董事会是代表股东利益的，因此董事会的产生是由股东会根据法律和章程的规定选任董事，然后，再由全体董事组成董事会。董事会作为公司治理结构的主要组成部分，其结构对公司的管理和发展有着重要影响。

### （一）董事会的规模

董事会规模的适宜性问题一直是学术界关注的焦点。叶尔马克（Yermack，1996）研究发现，董事会规模与公司价值负相关，暗示董事会规模过大可能导致董事会效率低下。[①] 然而，赵晓鹏和郝亚玲（2015）提出董事会规模对公司价值的影响可能因公司特质和业务复杂性的不同而不同。[②] 董事会制度的有效性和运作模式的关系仍然存在挑战和争议。一些研究发现，董事会过于庞大、过于正式或缺乏透明度等问题可能降低其效果。此外，一些学者还指出，董事会制度并不能完全解决公司治理问题，还需要其他机制和制度的配合，如内部控制和外部监管等。

我国学者实证研究发现，较小的董事会规模有助于提高决策效率从而提升公司业绩。我国《公司法》规定，公司董事会成员为三人以上，其成员中可以有公司职工代表。董事会设董事长一人，可以设副董事长。董事长主要负责召集和主持董事会会议，检查董事会的决议的实施情况。

---

① Yermack，D. Higher Market of Companies With a Small Board of Directors［J］. Journal of Financial Economics，1996，40（2）：185 – 211.

② 赵晓鹏，郝亚玲. 独立董事比例、董事会规模与企业绩效［J］. 郑州航空工业管理学院学报，2015，33（4）：63 – 68.

## （二）董事会的人员结构

埃尔马兰和魏斯巴赫（Hermalin and Weisbach，2003）提出董事会人员结构对公司业绩有显著影响。另外，独立董事的比例也是一个重要因素。[1] 法玛和詹森（Fama and Jensen，1983）认为，独立董事能提供有效的监督，从而降低代理成本。[2] 我国法律规定，公司可以由章程确定董事会由执行董事和非执行董事组成。上市公司还必须设立独立董事。按照有关规定，独立董事应占董事会成员的 1/3 以上，并且至少包括 1 名具有高级职称或注册会计师资格的专业人士。上市公司中还要设董事会秘书，负责公司股东会和董事会会议的筹备、文件保管以及公司股东资料的管理，办理信息披露事务等事宜。

## （三）董事会的专业委员会

董事会内设专业委员会是董事会有效进行监督与决策的一个重要手段。瓦菲亚斯（Vafeas，1999）的研究表明，设立审计委员会和薪酬委员会的公司在业绩上有显著提升。[3] 另外，巴加特和布莱克（Bhagat and Black，2002）研究发现，制定清晰规范的委员会职责和运行规则，有利于提升公司绩效。[4] 根据不同职能，董事会可以设置专门负责审计、提名、薪酬、战略、公共政策、关联交易控制和风险管理等的委员会。

---

[1] Hermalin, B. E. , Weisbach, M. S.. Boards of Directors as an Endogenously Determined Institution：A Survey of the Economic Literature［J］. Economic Policy Review, 2003, 9（1）：7－26.

[2] Fama, E. , and Jensen, M. Separation of Ownership and Control［J］. Journal of Law and Economics, 1983, 26（2）：301－325.

[3] Vafeas, N.. Board Meeting Frequency and Firm Performance［J］. Journal of Financial Economics, 1999, 53（1）：113－142.

[4] Bhagat, S. , Black, B.. The Non-Correlation Between Board Independence and Long-Term Firm Performance［J］. Journal of Corporation Law, 2002, 27（2）：231－273.

综上所述，董事会的规模和人员结构、专业委员会发挥着重要的作用，对公司的效益、效率和长期发展都有实质的影响。为提高公司业绩，应适度调整董事会规模，优化人员结构，合理设立专业委员会。

## 四、董事会的模式

在过去的几十年中，董事会制度一直是公司治理的研究重点。学者们主要关注董事会的构成、职能和运作等方面，以及董事会与公司绩效之间的关系。

### （一）单层制

单层制董事会是指公司只设置一个最高权力机构，在公司治理结构中既具有决策权又具有监督权。董事会成员包括执行董事和非执行董事，共同参与公司的管理和决策。美国、英国、澳大利亚等普通法国家一般采取这种模式。

由于单层制模式下经营者控制着公司，缺少内部制衡，因此主要依靠外部监督实现公司对内的治理。①

### （二）双层制

双层制模式是指将公司的管理与监督分开，设置两个层级的机构，即管理董事会和监事会。管理董事会负责公司的经营管理和决策，监事会负责对管理董事会进行监督。股东会选举产生监事会，再由监事会选举产生董事会，加强了对公司实际控制人的内部监督。德国、奥地利、荷兰、日本等国家均采用双层制模式。

---

① 郭建鸾．单双层董事会模式比较与我国董事会模式改进［J］．经济管理，2008，450（18）：22－27.

### (三) 我国公司董事会的模式

我国上市公司采取了德国设置监事会的做法，但并没有完全依照德国法律的经验赋予监事会较高的权利，例如，我国《公司法》虽然允许监事会可以提议并召集临时股东会，但并没有选举和任命董事会的权利。在我国的公司治理体系中，股东会为最高权力机构，董事会和监事会均由其产生，再由董事会选举产生公司高级管理人员。因此我国的监事会对董事会的制约效果并没有传统双层制有效。

# 第二节　独立董事制度

在当今全球化和市场化的背景下，公司治理成为企业发展和稳定的重要组成部分。独立董事制度作为一种现代企业治理机制，在保护股东利益、加强内部监管、提升企业透明度等方面起到了重要作用。

## 一、独立董事制度的产生与发展

### (一) 独立董事的起源与发展

独立董事制度起源于西方发达国家，最初旨在解决股东与管理层之间潜在的利益冲突，并提升公司治理质量。

美国在 20 世纪 70 年代就已经通过法案开启了独立董事制度。自 20 世纪 90 年代以来，许多国家和地区也开始引入独立董事制度。中国证监会于 2001 年发布了《关于在上市公司设立独立董事的指导意见》，并在 2002 年进一步提出上市公司应配备相应比例的独立董事，由此开启了国内独立董事制度。①

美国的独立董事制度操作具有很高的自由度。在董事会决策中占有堪称主导地位，并且其权利包括提名董事、设定经理薪酬等议题，并且对经理等高级管理人员有任命和解聘权。学者认为独立董事的存在对公司的财务报告质量有显著的提高作用。

德国实施双层董事会制度。根据典型的公司治理结构，公司有一个监事会，由员工和股东各占一半的代表组成，而执行董事会则由一部分资深管理人员构成。监事会拥有对管理层的监督权，并有权对重大决策进行批准。

日本的公司法提供了三种不同类型的公司治理结构，其中之一就是以独立董事在董事会中占有比重的美国模型。然而，日本真正采用独立董事模式的公司较少。并且由于美国单层制的治理模式与日本本土文化相冲突，独立董事在公司内部并没有得到重视，监督与制衡作用不明显。②

## （二）独立董事制度逐渐引入我国上市公司

独立董事制度并非我国首创，对我国来说，是个典型的舶来品，是法律移植的产物。独立董事制度诞生于英美法系的美国。建立独立董事制度是为了弥补股份公司治理结构中一元模式（单层模式），即董事会集监督和决策于一身所造成的缺乏监督力的缺陷。在西方国家，独立董事的主要职责在于公正地评价董事和高级管理人员的业绩和薪酬。而在我国，根据中国证监会的相关规定，上市公司独立董事应发挥的作用更侧重于制约大股东不正当的关联交易，保护广大中小

---

① 郑岚，曾庆雪，宋翎瑞．中西对比下独立董事制度的完善问题［J］．现代商业，2022，660（35）：88-91.

② 吉子璇，齐祥芹．美德日三国独立董事制度体系的多案例研究［J］．工程经济，2023，33（4）：18-29.

投资者的利益。

1988 年，香港联交所要求在其中挂牌上市交易的上市公司引入独立董事制度。这样，在香港上市的中国内地股份公司（例如 1993 年赴港上市的青岛啤酒）就要按照联交所的要求设立独立董事，这就为中国内地上市公司拉开了引入独立董事制度的序幕。

为适应中国内地公司到境外（主要是香港）上市的需求并满足监管机构对上市公司治理结构中设置独立董事的监管要求，1997 年 12 月 16 日中国证监会发布了《上市公司章程指引》，该指引规定"公司根据需要，可以设独立董事"，首次引入独立董事概念。1999 年 3 月 29 日，国家经贸委、中国证监会联合发布《关于进一步促进境外上市公司规范运作和深化改革的意见》，对境外上市公司如何建立健全外部董事和独立董事制度提出了要求。2000 年 9 月，为深化国有企业改革、建立现代企业制度，国务院办公厅颁布《国有大中型企业建立现代企业制度和加强管理的基本规范（试行）》，规定"董事会中可设独立于公司股东且不在公司内部任职的独立董事。"如果说之前的独立董事制度的引入和倡导是被动适应的话，那么这个行政法规已经开始主动要求建立独立董事制度了。

在总结境内外公司治理最优实践，尤其是独立董事制度实施经验和教训的基础上，2001 年 8 月 16 日，中国证监会颁布了《关于在上市公司建立独立董事制度的指导意见》，对独立董事的独立性要求、任职资格、职责与职权、履职保障等作了全面规定，并要求每家上市公司的董事会在 2002 年 6 月 30 日前至少设立 2 名独立董事；在 2003 年 6 月 30 日前，董事会成员中的独立董事占比不少于 1/3。这标志着我国上市公司强制性引入独立董事制度的开始。此后的证券监管部门均严格按照该指导意见的要求执行并深化独立董事制度的规定：2002 年 1 月 7 日，中国证监会和国家经贸委联合颁布实施《上市公司治理准则》，明确要求上市公司按照有关规定建立独立董事制度；2004 年

12月7日，中国证监会颁布《关于加强社会公众股股东权益保护的若干规定》，进一步要求完善独立董事制度，充分发挥独立董事的作用。2005年修订并于2006年1月1日起施行的《公司法》第一百二十三条明确规定："上市公司设立独立董事，具体办法由国务院规定。"第一次从法律层面明确了独立董事的法律地位，独立董事制度在上市公司治理结构中全面建立并实施。

独立董事制度的引入，可以在我国公司内部形成新的、更为有效的约束主体，增进公司的透明度，改变公司的现有信用状况，有利于公司实现所有权和经营权的分离，完善法人治理机制。

## 二、独立董事的义务

独立董事制度是指公司董事会中由独立于公司管理层的外部人士组成的董事机制。独立董事具有独立思考、公正裁决、监督管理的职责，以维护公司利益和股东权益为目标。独立董事制度的特点包括独立性、专业性、责任性和参与性。

### （一）独立董事的法定义务

规范上市公司独立董事行为的法律规范主要有法律、行政法规、部门规章、规范性文件和自律规则，这些法律规范从不同方面设定了独立董事的义务，这些义务是上市公司独立董事获得聘任及正常履职的基础。独立董事必须依法履行的义务，就是法定义务。

除了法定义务，部分上市公司的章程对独立董事的任职和履职又规定了额外的条件和内容，个别上市公司与独立董事在法定义务之外作了其他约定或者承诺，这些都是约定义务。但是，上市公司章程中约定的条件和义务往往通过相关法律法规转化成法定义务，例如《关于在上市公司建立独立董事制度的指导意见》第二条"独立董事应当具备与其行使职权相适应的任职条件"中的第五项就规定独立董事应当具备"公司章程规定的其他条件",这样就将公司章程中的独立董事的约定义务转化成了法定义务。而上市公司与独立董事之间在法定义务之外的其他约定与承诺,一般与独立董事的任职和职责履行没有相关性,因而不在讨论范围之内。

## (二) 独立董事法定义务的内容及其履行

综合法律、行政法规、部门规章、规范性文件和自律规则,上市公司独立董事的法定义务主要有以下内容。

### 1. 董事的一般义务

独立董事首先是公司董事,所以上市公司独立董事负有《公司法》《中华人民共和国证券法》《上市公司治理准则》及其他法律、行政法规、部门规章与公司章程规定的董事的一般义务。这个一般义务在理论上被概括为对上市公司及全体股东负有的忠实与勤勉义务,也可从履行职责的角度将其概括为勤勉尽责义务。

### 2. 具备任职资格并参加后续培训

独立董事任职需要先通过任职资格培训并获得任职资格。依据《关于在上市公司建立独立董事制度的指导意见》第一条第(五)项、《上交所独立董事备案及培训工作指引》第十条和《深交所独立董事备案指引》第六条的相关规定,独立董事及拟担任独立董事的人士应当按照相关规定的要求,参加独立董事任职资格的培训,并取得独立董事任职资格证书。独立董事候选人在被提名担任上市公司独立董事时已经取得独立董事任职资格证书的,应将其独立董事任职资格证书的相关资料提交给上市公司董事会办公室,便于上市公司做好资格审核和相应的信息披露工作。独立董事候选人在上市公司发布召开关于选举独立董事的股东大会的通知公告时尚未取得独立董事任职资格证书的，应当书面承诺参加证券交易所组织的最近一次独立董事任职资格培训并取得独立董事任职资格证书。目前，上海证券交易所和深圳证券交易所均提供上市公司独立董事任职资格培训的服务，拟担任上市公司独立董事的人士参加任何一个证券交易所组织的培训所获得的独立董事任职资格两所都是认可的。

独立董事在任职期间还要参加独立董事后续培训。依据《上交所独立董事备案及培训工作指引》和《深交所独立董事备案指引》的相关规定，上市公司独立董事任职后，原则上每两年应参加一次后续培训，培训时间不得低于30课时，培训内容包括上市公司信息披露，上市公司治理基本原则，上市公司规范运作的法律框架，独立董事的权利、义务和法律责任，独立董事履职实践及案例分析，独立董事财务知识以及资本市场发展，等等。之所以对独立董事的后续培训作出制度设计，主要是考虑到独立董事大多不是证券市场人士，可能对证券市场的相关规则，尤其是上市公司运行与信息披露的规则不太熟悉，独立董事又是兼职工作，缺乏深入学习这些规则和相关知识的机会；但是，独立董事的职责履行又以熟悉证券法律法规、掌握上市公司运作的知识为前提，为了减小独立董事履职风险，提高独立董事履职质量，保证独立董事有效履职，证券监管机构设计了独立董事的后续培训制度。

独立董事任职资格和后续培训制度随着上市公司独立董事制度的诞生而诞生。中国上市公司协会在充分调查研究的基础上提出了首次受聘上市公司独立董事前参加一次任职资格培训、在首次受聘后的两年内至少每年参加一次后续培训和此后担任上市公司独立董事期间至少每两年参加一次后续培训的建议。通过这些培训，独立董事应当能够充分了解公司治理的基本原则、上市公司运作的法律框架、独立董事的职权与责任、上市公司信息披露和关联交易监管等具体规则，具备内控与风险防范意识和基本的财务报表阅读与理解能力。

### 3. 保持独立性

担任上市公司独立董事必须具备独立性要求，这是在独立董事被提名和备案审核时重点关注的内容，目的是要确保独立董事作出独立、科学的判断和决策。

依据《关于在上市公司建立独立董事制度的指导意见》《上交所独立董事备案及培训工作指引》《深交所独立董事备案指引》的相关规定和独立董事候选人声明格式条款中的声明与承诺，在独立董事任职期间，独立董事应当始终保持身份和履职的独立性，确保不受上市公司控股股东、实际控制人及其他与公司存在利害关系的单位或个人的影响而作出独立的判断。当发生影响独立董事身份独立性的情形时，独立董事应当及时通知上市公司并主动消除影响其独立性的情形。无法符合独立性条件的，该独立董事应当自出现影响其独立性的情形之日起30日内辞去独立董事职务；未主动辞职的，上市公司也可以依照相关程序撤换该独立董事。

### 4. 出席董事会和股东会会议

独立董事更多是通过参加上市公司董事会和董事会下各专门委员会会议来行使职权的，为提高独立董事的履职质量和效率，相关法律规范要求独立董事必须亲自出席董事会会议，在董事会会议上就相关议案深入研究、交流和讨论后作出独立的判断。确实因故无法亲自出席会议的独立董事，应当事先审阅会议材料，形成明确的意见，书面委托本上市公司的其他独立董事代为出席。因为出席董事会会议是独立董事履行职责的主要方式，所以《关于在上市公司建立独立董事制度的指导意见》、《上交所独立董事备案及培训工作指引》和《深交所独立董事备案指引》将独立董事亲自出席董事会会议的情况作为其履职的历史记录，并将"在过往任职独立董事期间因连续三次未亲自出席董事会会议或者因连续两次未能亲自出席也不委托其他董事出席董事会会议被董事会提请股东大会予以撤换，未满十二个月的"和"过往任职独立董事期间，连续两次未亲自出席董事会会议或者连续十二个月未亲自出席董事会会议的次数超过期间董事会会议总数的二分之一的"作为不具备独立董事任职资格的情形。

按照《公司法》第一百八十七条和2019年修订的《上市公司章程指引》第七十条"董事、监事、高级管理人员在股东会上就股东的质询和建议作出解释和说明"的具体规定，独立董事除了要亲自参加董事会会议，还要亲自出席上市公司股东会。除年度股东会上会安排独立董事述职、征集股东投票权、回答股东的咨询与建议等具体议题以外，一般的股东会上不会安排需要独立董事完成的具体议题。但是，为了让独立董事对股东会上重大事项的决议及其落实情况有详细的了解，并能使其与公司股东进行现场沟通，法律规则还是要求独立董事应当亲自出席上市公司的股东会。即使在股东会上没有安排需要独立董事完成的具体议题，也起码要有独立董事的代表（受其他独立董事委托出席股东会的独立董事）出席股东会，履行相应的职责。

此外，《深圳证券交易所上市公司规范运作指引》和《深圳证券交易所创业板上市公司规范运作指引》的规定中还鼓励独立董事公布通信地址或者电子信箱以便与投资者进行交流，接受投资者咨询、投诉，主动调查损害公司和中小投资者合法权益的情况，并将调查结果及时回复投资者。

**5. 对上市公司及相关主体进行监督和调查**

《上市公司独立董事履职指引》借鉴《深圳证券交易所主板上市公司规范运作指引》《深圳证券交易所中小企业板上市公司规范运作指引》《深圳证券交易所创业板上市公司规范运作指引》的相关规定，在其第十条中规定了独立董事对上市公司及相关主体进行监督和调查的义务："独立董事发现上市公司或相关主体存在下列情形时，应主动进行调查，了解情况：（一）重大事项未按规定提交董事会或股东大会审议；（二）公司未及时或适当地履行信息披露义务；（三）公司发布的信息中可能存在虚假记载、误导性陈述或重大遗漏；（四）公司生产经营可能违反法律、法规或者公司章程；（五）其他涉嫌违法违规或损害社会公众股东权益的情形。确认上述情形确实存在的，独立董事应立即督促上市公司或相关主体进行改正，并向中国证监会派出机构和公司证券上市地的证券交易所报告。"

6. 提交年度述职报告

《上市公司章程指引》第六十九条规定："在年度股东大会上，董事会、监事会应当就其过去一年的工作向股东大会作出报告。每名独立董事也应作出述职报告。"《上市公司独立董事履职指引》第十二条依据相关规定，梳理了独立董事提交年度述职报告的义务，该条第一款、第二款规定："上市公司年度股东大会召开时，独立董事需提交年度述职报告，对自身履行职责的情况进行说明，并重点关注上市公司的内部控制、规范运作以及中小投资者权益保护等公司治理事项。独立董事的述职报告应当包含以下内容：（一）上一年度出席董事会会议及股东大会会议的情况，包括未亲自出席会议的原因及次数；（二）在董事会会议上发表意见和参与表决的情况，包括投出弃权或者反对票的情况及原因；（三）对公司生产经营、制度建设、董事会决议执行情况等进行调查，与公司管理层进行讨论，对公司重大投资、生产、建设项目进行实地调研的情况；（四）在保护社会公众股东合法权益方面所做的工作；（五）参加培训的情况；（六）按照相关法规、规章、规范性文件和公司章程履行独立董事职务所做的其他工作；（七）对其是否仍然符合独立性的规定，其候选人声明与承诺事项是否发生变化等情形的自查结论。"

《上市公司独立董事履职指引》第十二条第三款同时规定："独立董事的述职报告应以工作笔录作为依据，对履行职责的时间、地点、工作内容、后续跟进等进行具体描述，由本人签字确认后交公司连同年度股东大会资料共同存档保管。"虽然独立董事制作工作笔录对规范其履职和其提供免责的证据从而加强其职业保护的确有重要意义，《上市公司独立董事履职指引》也对其工作笔录作了规定，但是，在实践中因为缺乏对独立董事工作笔录的形式和内容的指引性规范，所以独立董事制作工作笔录只能是一个建议，难以将其落实为具体的法律义务。独立董事的述职报告在实践中一般由上市公司董事会办公室草拟，能够认真核对述职报告，准确披露其该年度的工作，并在此后的工作中以此督促和约束自己的独立董事，已经算是比较合格的了。

7. 辞职后的义务

独立董事在任期内辞职导致上市公司独立董事人数低于法定人数的，在改选出新的独立董事就任前，原独立董事应当继续依法履行独立董事职务。

案例

### 》》 复习思考题

1. 我国上市公司独立董事制度存在哪些问题？应如何优化？

2. 如何理解董事会的核心地位？

3. 在独立董事制度较为流行的今天，监事会制度在未来将何去何从？

 **案例分析**

#### 康美药业信息披露违法违规案*

2001 年 3 月 19 日，康美药业在上海证券交易所主板上市，2018

---

＊ 刘俊海. 上市公司独立董事制度的反思和重构——康美药业案中独董巨额连带赔偿责任的法律思考 ［J］. 法学杂志，2022，43（3）：1－27.

年 10 月 15 日开始被质疑货币资金真实性。2018 年 12 月 28 日因公司涉嫌信息披露违法违规，收到中国证券监督管理委员会的《调查通知书》。

2019 年 8 月 17 日，证监会对康美药业作出行政处罚，经过调查后发现：

（1）康美药业通过财务不记账、虚假记账，伪造、变造大额定期存单或银行对账单，配合营业收入造假伪造销售回款等方式，虚增货币资金。

（2）所发布的《2016 年年度报告》《2017 年年度报告》《2018 年半年度报告》《2018 年年度报告》中均虚增了营业额。

（3）在 2016 年 1 月 1 日至 2018 年 12 月 31 日，康美药业在未经过决策审批或授权程序的情况下，累计向控股股东及其关联方提供非经营性资金 11619130802.74 元用于购买股票、替控股股东及其关联方偿还融资本息、垫付解质押款或支付收购溢价款等。

证监会对直接组织、策划、领导并实施违法行为的两名实际控制人处以 90 万元罚款。因康美药业信息披露违法行为受到行政处罚的人员共 21 人，罚金总额高达 595 万元，需向投资者赔偿 24.59 亿元。

康美药业虚增营业收入、利息收入、营业利润，虚增货币资金、固定资产、在建工程、投资性房地产，所披露的 2016 年至 2018 年年度报告均存在虚假记载，未按规定披露控股股东及其关联方非经营性占用资金的关联交易情况，所披露的 2016 年至 2018 年年度报告存在重大遗漏，违反了《中华人民共和国证券法》相关规定，构成编造、传播虚假信息或者误导性信息，扰乱证券市场罪。康美药业董监高需承担连带责任。

由于独立董事不参与康美药业日常经营管理，过失相对较小。法院因此酌情判令其在投资者损失的 10% 范围内承担连带赔偿责任。

**问题：**

1. 判决康美药业董监高承担连带责任的法律依据是什么？

2. 独立董事应对公司尽怎样的义务？康美药业的独立董事是否尽到了这样的义务？

3. 判令独立董事承担连带赔偿责任是否合理？

授课 PPT

本章知识点

---

|第九章|

# 公司治理的激励机制与约束机制

现代企业的一个主要特征是所有权和经营权相分离，这种分离会带来所有者和经营者之间的委托代理问题，即由于委托人与代理人的目标不一致，代理人的行为有可能偏离委托人的目标，出现代理人损害委托人利益的现象。为了解决这一问题，委托人需要设立一套机制，激励代理人从委托人的利益出发行事，这也是委托代理理论要解决的首要问题。

本章主要介绍委托代理问题与机制设计，高层管理者的激励机制及约束机制。

## 第一节　委托代理问题与机制设计

委托代理概念来源于法律领域，如果一方自愿委托另一方从事某种行为并签订合同，委托代理关系即告产生。授权人就是委托人（principal），而获得授权者就是代理人（agent）。通常，委托人和代理人之间的合同明确规定了双方的权利和义务，其中约定了在委托范围内，代理人行为的后果由委托人承担。

经济学上的委托代理关系泛指任何一种涉及非对称信息的交易。交易中具有信息优势的一方称为代理人，处于信息劣势的一方称为委托人。简单而言，只要在建立合同前后，市场参加者双方掌握的信息不对称，这种经济关系都可以被认为属于委托代理关系。如表 9 - 1 所示，以商业医疗保险为例，保险公司只能依据体检报告、就诊记录等有限的信息，对投保人的健康状况进行判断，投保人可能会隐瞒自己的身体状况，因此，保险公司处于信息劣势，是委托人，投保人具有信息优势，是代理人。现代企业中，股东和经理的关系是典型的委托代理关系，相比经理，股东不了解企业经营的信息及经理的能力，也不容易观察到经理的努力程度，因而处于信息劣势地位，是委托人，经理则有信息优势，是代理人。

表 9 - 1　　　　　　　　典型的委托代理关系举例

| 委托人 | 代理人 |
| --- | --- |
| 保险公司 | 投保人 |
| 病人 | 医生 |
| 厂商 | 零售商 |
| 股东 | 经理 |
| 经理 | 员工 |
| 债权人 | 债务人 |
| 证券投资者 | 经纪人 |
| 个人计算机用户 | 网络服务商 |

## 一、委托代理理论

在经济学中，委托代理理论由美国学者伯利和米恩斯开创。伯利和米恩斯在《现代公司与私有财产》一书中提出，在公司股权高度分散的情况下，经理成为公司事实上的控制者，即"所有权与控制权分离"的命题。由于所有权与经营权分离，委托代理问题就成为经济领域的重要研究问题。[①]

## （一） 委托代理理论内涵

委托代理理论是现代企业理论的重要组成部分，该理论是建立在企业所有权与经营权相分离的基础上。委托代理是指一个人或一些人（委托人）委托其他人（代理人）根据委托人利益从事某些活动，并相应授予代理人某些决策权的契约关系。这一契约中，主动设计契约的当事人称为委托人，而被动接受契约的当事人称为代理人。委托人授予代理人一定的权利，代理人需承担完成委托人所托付事项的责任，并有权利获得合适报酬。

## （二） 委托代理理论的基本假设

委托代理理论的前提是两个基本假设：委托人和代理人之间的利益不一致，信息不对称[②]。

### 1. 委托人和代理人之间利益不一致

委托代理理论认为，委托人和代理人都是经济人，双方的行为目标都是追求自身效用的最大化。企业中，进行经营决策的是经理人员，作为理性的经济主体人，他们追求自身利益的实现，而未必将利润最大化作为自己的决策目标，即经理人员与股东的利益并不完全一致。比如，经理努力经营企业，所产生的利润却大部分归股东所有，经理要求高昂的在职消费，如豪华的办公环境、优厚的薪酬、名贵的

---

① 阿道夫·A. 伯利，加德纳·C. 米恩斯. 现代公司与私有财产 [M]. 甘华鸣，罗锐韧，蔡如海，译. 北京：商务印书馆，2005.

② Wilson, R. The Structure of Incentives for Decentralization Under Uncertainty [J]. La Decision, 1963 (171).

轿车、私人飞机、公务旅行、奢侈的社交活动、更多的闲暇时间，这些成本却由股东支付；经理往往追求其任期内的短期的公司业绩，股东更关注公司的长期价值。即在委托代理关系中，委托人的收益直接取决于代理人的成本（付出的努力），而代理人的收益就是委托人的成本（支付的报酬），因而，委托人与代理人之间的利益是不一致的，甚至是相互冲突的，为了追求自身利益，代理人可能牺牲委托人的利益，即可能产生委托代理问题。

2. 委托人和代理人之间信息不对称

委托代理理论假设委托人与代理人之间信息是不对称的。即在委托代理关系中，由于代理人直接经营企业，其掌握的信息和个人经营行为是大量的、日常的，从而形成很多隐蔽的"私人信息"和"私人行为"。委托人由于成本、技术方面的原因，对代理人的努力程度了解往往较为有限，无法准确判断代理人是否有能力并尽力追求股东的利益，无法对代理人实施完全的监督。代理人便可能利用自己拥有的信息优势，谋取自身效用最大化，即可能产生委托代理问题。

在委托代理关系中，当双方目标不一致而信息对称时，委托人可以完全监控代理人，并采取强制性的措施约束代理人的行为，以避免委托代理问题；当双方目标一致，即使信息不对称，也不会出现委托代理问题；而当委托人与代理人的目标不一致且信息不对称时，委托人只能根据公司绩效来判断代理人是否努力，然而，有时代理人不努力也可能带来好的公司绩效，有时代理人努力也不能避免糟糕的公司绩效，因为经营绩效同时还要受到外部不确定性因素的影响，这些外部不确定性因素往往是委托人和代理人都无法控制的。这时，便可能发生代理人凭借其信息优势追求自身利益最大化，而损害委托人的利益的情况。

因此，委托代理理论旨在研究在目标冲突和信息不对称的环境下，委托人如何设计最优契约来激励代理人。即委托人为了牵制代理人，会制定一份让自己收益最大化也让代理人满意的合同，代理人签订合同后选择行动，从而产生相应的产出，委托人根据代理人的产出来支付合同约定的报酬。

### （三）委托代理理论的评价

委托代理理论作为现代企业契约理论的一个重要组成部分，是对古典资本主义企业向现代股份制企业转变及相伴随的所有权和经营权相分离的实践的客观总结。多年来，这一理论也对经济发展和企业管理体制的转变起到了极大的促进作用，对我国经济发展也有着重要的影响。但是委托代理理论存在如下局限[①]。

（1）委托代理理论假设委托人和代理人都是理性人，他们之间目标利益是冲突的。现实中，只考虑自身利益的委托人和代理人并不多见，大多委托人和代理人之间的目标利益一致多于冲突，他们都希望企业能够发展好，只有企业发展好了，他们各自的目标利益才能实现。

（2）委托代理理论假设委托人和代理人全部为"经济人"，都只是追求自身的利益最大化。现实中，代理人不仅追求自身经济利益，还追求社会责任感、奉献精神、自我实现等。比如，在我国许多国有企业中，存在很多乐于奉献、开拓进取的经理人员，他们把自身的奋斗目标融入企业的长远发展中，与为企业发展作出的贡献相比，他们获得的报酬相对较低，这种现象无法仅凭经济因素进行解释，委托代理理论的这一前提假设并不符合现实情况。

（3）委托代理理论是从委托人的利益出发，认为只有委托人的利

---

① 任勇，李晓光. 委托代理理论：模型、对策及评析 [J]. 经济问题，2007（7）：13 – 15.

益和社会利益是一致的，强调如何使委托人利益最大化，如何使代理人为委托人的利益而努力，而否认了代理人利益和社会利益的一致性，也没有从代理人利益出发研究委托代理问题。

## 二、委托代理问题

一个委托代理关系以其缔约为标志分为事前和事后两个阶段。在事前，委托人设计契约，明确双方的权利义务，特别是代理人应承担的受托任务，以及委托人给予代理人的激励计划。然后代理人做出是否缔结契约的决定；在事后，代理人执行契约，尽到受托责任，同时委托人履行激励计划。

委托代理关系中的信息不对称可以分为两类：一种是关于代理人自身特征的信息，比如代理人能力的高低，这种信息的不对称被称为隐藏信息。另一种是关于代理人行为的信息，比如代理人的努力程度，这种信息的不对称被称为隐藏行动。

根据信息不对称发生的阶段和信息类型，委托代理问题可以分为两类：一类是逆向选择问题，一类是道德风险问题。一些研究将事前的信息不对称造成的问题称为逆向选择问题，将事后的信息不对称造成的问题称为道德风险问题。一些研究认为隐藏信息的问题就是逆向选择问题，隐藏行动的问题就是道德风险问题，由此，可以把委托代理问题简单归纳为主要发生在事前的隐藏信息的逆向选择问题和主要发生在事后的隐藏行动的道德风险问题（见表9-2）。[①]隐藏行动的道德风险问题是委托代理理论关注的重点，因而本节重点放在与之相对应的激励问题，对于逆向选择问题只作一般介绍。

---

① 吴炯. 公司治理 [M]. 北京：北京大学出版社，2014.

表 9 – 2 委托代理问题的类型

| 时间 | 方式 | |
|---|---|---|
| | 隐藏行动 | 隐藏信息 |
| 事前（缔约前） | | 逆向选择问题 |
| 事后（缔约后） | 道德风险问题 | |

## （一） 逆向选择问题

在契约履行之前就可能存在信息不对称，即存在逆向选择问题。逆向选择问题主要是关于如何选择代理人的问题。代理人可能有不同的特质，例如管理者可能是勤奋的或是懒惰的、能力高或能力低的，管理者清楚自己的能力，而股东不清楚，能力低的管理者声称自己具有很强的能力，而导致股东做出错误的录用决定，这就是所谓的逆向选择问题。由于逆向选择的存在，就需要运用鉴别机制以区分不同的代理人。

委托人可以借助两种机制以了解代理人的特质[①]。第一种机制称为信号传递，即拥有私人信息的一方，以特定的方式向没有信息的一方传递有关自己能力的信息。第二种机制称为信息甄别，即不具有信息优势的一方通过某种方式来诱使代理人揭示其私人信息。

在信号传递机制中，有私人信息的一方先采取行动。例如，由于股东难以判断管理者能力的高低，管理者可以通过自己的受教育程度向股东传递其能力的信息，即受良好教育的人能力也较高。这不仅由于教育能够提高人的能力，更重要的是，能力高的人接受教育的成本相对较低，即能力高的人通过接受教育所获得的收益大于其为教育所花的成本，能力高的人会选择接受教育，从而向股东传递他的能力信

---

① 高程德. 现代公司理论（第二版）[M]. 北京：北京大学出版社，2006：164.

息，而能力低的人则不会这样做。

在信号甄别机制中，不具有私人信息的一方先采取行动。例如，股东设定两类报偿方案，能力高的管理者会自觉选择其中的一种，而能力低的管理者自觉选择另一种。在不考虑其他因素（如风险偏好）的情况下，能力高的管理者会选择固定薪资低、绩效工资高的工资方案，而能力低的管理者会选择固定薪资高、绩效工资低的工资方案。

### （二）道德风险问题及激励报酬设计的约束条件

在"两权分离"的现代企业中，道德风险指的是由于信息不对称，委托人（股东）难以完全监督代理人（经理），代理人倾向于最大限度地增进自身效用，可能做出一系列损害委托人利益的行为。在公司的决策和运营中，道德风险广泛存在。常见的经理人的道德风险包括怠工、在职奢侈消费、泄露公司机密、滥用控制权牟取私利、过度投资等行为。

鉴于道德风险的存在，委托人面对的问题是，如何设计合约以激励代理人从自身利益出发选择对委托人最有利的行动。然而，达成合约还需要两个条件：参与约束和激励相容约束。

参与约束要求代理人从接受合约中得到的期望效用不小于从事其他事务所获得的最大期望效用（也称为保留效用）。如果低于这一效用，代理人就不会参与该合约。

激励相容的内涵是，给定委托人不能观测到代理人的行动和自然状态，在任何激励合同下，代理人总是选择使自己的期望效用最大化的行动，因此，任何委托人所希望的代理人的行动，都只能通过代理人的效用最大化行为实现。[①] 例如，股东希望经理能努力提高企业的创新能力，则应把经理的薪资与专利数、新产品开发数量、新产品销

---

① 张维迎. 博弈论与信息经济学 ［M］. 上海：格致出版社，2004：240.

售收入等指标挂钩，而不仅仅依赖于销售利润，这样才能保证经理的努力方向和努力水平与股东的利益相一致。

下面用公式和图形说明以上两个条件，设代理人的劳动量为 $x$，$s(x)$ 为委托人支付给代理人的工资，$\overline{u}$ 为代理人的保留效用，$c(x)$ 为代理人为工作付出的额外成本，代理人的总成本函数为 $c(x)+\overline{u}$，则参与约束可用公式表达为

$$s(x) \geqslant c(x) + \overline{u}$$

其中，代理人的总成本函数 $c(x)+\overline{u}$ 有这样的性质，$c'(x)>0$，$c''(x)>0$。即代理人越努力，付出的代价越高；而且，努力越大，则代价递增。[①]

产量 $f(x)$ 是劳动量的函数，且产量随劳动量的增加而增加，边际产量递减，假设价格 $p=1$，委托人依据可观测的产出支付代理人的劳动报酬，劳动报酬可表达为 $s[f(x)]$，委托人的成本只包括代理人的工资。在代理人选择接受这项工作的前提下，委托人期望以付给代理人的报酬最小来实现自身效用最大化。

用公式表达为

$$s[f(x)] = c(x) + \overline{u}$$

委托人的利润为

$$\pi = f(x) - s[f(x)] = f(x) - c(x) - \overline{u}$$

委托人利润最大化的一阶条件为

$$\frac{\partial \pi}{\partial x} = f'(x) - c(x) = 0$$

解得

$$x = x^*$$

此时有

---

① 平新乔. 微观经济学十八讲［M］. 北京：北京大学出版社，2001：240.

$$f'(x^*) = c'(x^*)$$

或者

$$MP(x^*) = MC(x^*)$$

即委托人利益最大化将出现在使边际产值 $MP$ 与边际成本 $MC$ 之间垂直距离最大化的点 $x^*$ 上，委托人获得最大利润 $\pi_{max}$，此时，曲线 $f(x)$ 与 $c(x)$ 的切线斜率相同，如图 9 – 1 所示。

因此，委托人的目的是设计代理人的报酬函数 $s[f(x)]$，使得对于代理人的任何劳动量 $x$，有 $s[f(x^*)] - c(x^*) \geqslant s[f(x)] - c(x)$。

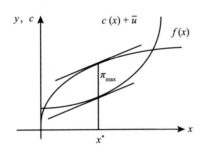

图 9 – 1　激励相容约束

## 三、四种典型的激励机制

为了避免代理人的道德风险，委托人必须设立合约，使代理人的道德风险能够部分转变成代理人自己的损失。因此，代理人的收入应与产出挂钩，根据经营的结果来确定代理人的收入。这是激励制度设计应遵循的基本思想。

当信息对称时，产出由代理人的努力程度与能力决定，委托人可通过观察代理人行动的结果，判断其努力程度与能力。此时，设计出符合参与约束与激励相容约束条件的合约并不困难。

当信息非对称时，对于委托人来说，代理人的努力程度是不可观察的，委托人最多只能观察到某些信号（如产量），以此来判断代理人的努力程度，但是产量不仅取决于代理人的努力程度，还受到其他随机因素的影响。因此委托人根据产量支付代理人的报酬往往不等价于根据努力程度支付的报酬。激励机制的设计由此变得更为复杂。

接下来我们主要分析在信息对称情况下的四种典型的激励机制①。

## （一）租金模式

当信息对称时，在租金模式下，委托人把经营权交给代理人，向代理人收取租金 $R$，代理人获得缴纳租金后的所有产量，代理人自负盈亏，如图 9 - 2 所示。

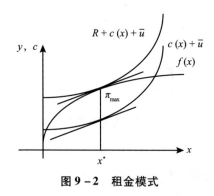

图 9 - 2　租金模式

此时，代理人总成本从 $c(x) + \overline{u}$ 提高到 $R + c(x) + \overline{u}$。

代理人的利润为

$$\pi = f(x) - R - c(x) - \overline{u}$$

代理人利润最大化的一阶条件为

$$\frac{\partial \pi}{\partial x} = f(x) - c'(x) = 0$$

则有

① 骆正山. 信息经济学（第二版）[M]. 北京：机械工业出版社，2013：278 - 283.

$$f'(x) = c'(x) \text{ 或者 } MP(x) = MC(x)$$

解得

$$x = x^*$$

这时代理人选择的努力程度 $x^*$ 恰好是委托人所希望的，其中租金 $R$ 的大小由激励相容约束决定。

$$f(x^*) - c(x^*) - R = \overline{u}$$

解得

$$R = f(x^*) - c(x^*) - \overline{u}$$

当信息非对称时，如果委托人只收取租金，代理人得到支付了固定租金后剩余的全部产量，如果产量存在随机分量，意味着代理人将不得不承担随机因素引发的所有风险。如果代理人是风险规避的类型，那么这种激励机制只能是一种低效率的机制。在一般情况下，为了获得风险较小的收入，代理人往往愿意放弃一小部分剩余利润，或者代理人要求委托人承担部分风险，以此维持委托代理关系。

## （二）劳动工资模式

这是一种固定工资＋变动工资的模式。当信息对称时，委托人设计工资形式，$s[f(x)] = k + wx$，即代理人的报酬由两部分构成：一部分是固定报酬 $k$，一部分是按工资率 $w$ 对代理人劳动支付的报酬，如图 9-3 所示。

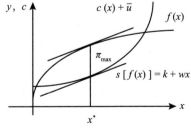

图 9-3 劳动工资模式

此时，代理人的净收益为

$$u(x) = k + wx - c(x) - \overline{u}$$

代理人收益的最大化的一阶条件为

$$\frac{\partial u}{\partial x} = w - c'(x) = 0$$

$$w = c'(x) = 0$$

由激励相容约束 $MP(x) = MC(x)$ 得出

$$w = MP(x^*)$$

即委托人需要把工资率 $w$ 确定在这样一个水平，即等于代理人在最优努力水平 $x^*$ 上的边际产值 $MP(x^*)$，这时，代理人恰好愿意付出 $x^*$ 的努力程度。对于委托人来说理想的工资设计是固定报酬 $k$ 为

$$k + \omega x^* - c(x^*) - \overline{u} = 0$$

$$k = c(x^*) + \overline{u} - MP(x^*)x^*$$

当信息不对称时，委托人只能观察到代理人的上班时间，而不能观察到代理人投入的真正劳动量，但工资必须依赖劳动量。显然，这种机制是不可行的。

## （三）目标产量承包模式

这是一种单点报酬激励机制。当信息对称时，委托人给代理人一个选择：如果代理人付出劳动水平 $x^*$，就支付给代理人特定数量的工资 $s(x)$，否则工资 $s(x) = 0$。如图 9－4 所示。

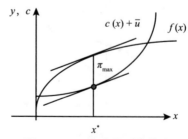

图 9－4　目标产量承包模式

其中工资 $s(x)$ 数量由参与约束条件 $s(x) - c(x^*) = \overline{u}$ 决定，故 $s(x) = c(x^*) + \overline{u}$。显然代理人的最优选择是使 $x = x^*$。

当信息非对称时，与上述劳动工资情况相同，委托人不能观察到代理人投入的真正劳动量，可能通过产出判断劳动量，而产出还受到不确定性因素的影响，如果报酬取决于产量，该机制使代理人承担全部风险，且产出只要稍微偏离"目标产量"，就会导致代理人报酬 $s(x) = 0$。这种情况下很难建立委托代理关系。

## （四）分成模式

当信息对称时，在分成模式下，委托人与代理人都按一定比例从收益中获得各自的利润。如图 9 - 5 所示。

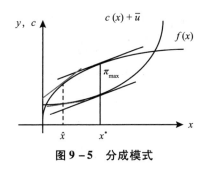

**图 9 - 5　分成模式**

假设代理人的报酬采取的形式为
$$s[f(x)] = af(x) + F$$
其中，$F$ 为固定报酬，则代理人的净收益为
$$u(x) = F + af(x) - c(x) - \overline{u}$$
则代理人净收益最大化的一阶条件为
$$\frac{\partial u}{\partial x} = af'(x) - c'(x) = 0$$
得出

$$af'(x) = c'(x)$$

由于 $0 < a < 1$，则有

$$f'(x) > c'(x)$$

即

$$MP(x) > MC(x)$$

在代理人选择的最优劳动量 $\hat{x}$ 上，边际产出大于边际成本，由于对于产出函数和代理人的总成本函数，有

$$f'(x) > 0, \quad f''(x) < 0$$

$$c'(x) > 0, \quad c''(x) > 0$$

得出

$$\hat{x} < x^*$$

即代理人选择的最优劳动量小于委托人希望的最优劳动量水平，显然，分成制在对称信息条件下不是一个有效的激励机制。

在信息不对称时，分成模式具有其他三种机制不具有的效率。一方面，代理人的报酬部分地依赖于可观察的产量；另一方面，产量波动带来的风险由代理人和委托人共同承担。由此，这种机制既刺激代理人努力工作以提高产量，又使其不必承担产量波动带来的全部风险。因此，在非对称信息条件下，有效的激励机制一方面能对代理人产生激励，另一方面又能分担代理人的风险。

## 四、激励性报酬设计原则

设计激励性报酬应遵循以下几项基本原则：信息量原则、激励强度原则、监督强度原则、等价报酬原则及棘轮效应[1][2]。

---

① 高程德. 现代公司理论（第二版）[M]. 北京：北京大学出版社，2006.
② 上海国家会计学院. 公司治理 [M]. 北京：经济科学出版社，2011：255.

　　信息量原则。激励报酬合约中，如果把那些减少业绩测度误差的指标包含在报酬决定因素中，同时把增加业绩测度误差的指标排除出去（因为它们可能只反映经营者不能控制的随机因素），就能增加报酬方案的有效性或价值。现实中，相对业绩比较是通过与其他人的绩效比较来评价经理人的业绩，这种方法能够剔除外部经济环境对企业业绩影响的"噪声"，如市场需求变化、技术发展或宏观经济等因素的影响，并能够更准确地评估由于经理人努力所带来企业业绩，由此，薪酬激励也更为有效。总之，最优激励方案应是基于反映经理人努力程度的信息变量而设计的，能全面准确提供经理人的行为信息。

　　激励强度原则。激励强度的设计依赖于经理人的边际生产率、经理人的风险规避程度、利润变化的不确定性程度、经理人努力工作时的成本系数。①

　　（1）经理人的边际生产率。边际生产率是经理人的努力增加 1% 时，企业利润增加的百分比。该指标反映了经理人对企业利润贡献的程度。边际生产率越高，激励强度应该越大。因此，在企业中，对经理的激励应该比普通员工强。

　　（2）经理人的风险规避程度。经理人风险规避程度高，意味着让其承担一点风险需要付给他很多报偿，这无疑会提高公司的激励成本。因此，应该提高固定收入部分，降低可变收入部分，降低激励强度。

　　（3）利润变化的不确定性程度，或者说测量利润的难度。如果利润受不确定性因素的影响较大，则激励强度应该减弱。由于经理人是风险规避的，给定相同的等价收入，风险较高的收入要求的风险升水会提高。因此，为减少激励成本，应提高经理人的固定收入部分，降

① 张维迎. 产权激励与公司治理［M］. 北京：经济科学出版社，2005：249.

低其可变收入部分。现实中，如果经理人的业绩难以测量，如财务部门、人力资源部门的经理，那么应减少其收入中的可变收入。相反，如果业绩较容易测量，如销售部门的经理，那么应该提高他们的可变收入，降低固定收入。

（4）经理人努力工作时的成本系数。成本系数反映了经理努力工作付出的代价。由于不同的人能力、兴趣、业务的熟练程度各有差异，同一项工作对于不同的人来说付出的代价也是不同的，做不喜欢或不适合的工作，要付出更高代价。当成本系数较高，说明经理人害怕努力工作，为了激励他努力工作要付出更多报酬，更划算的方法是，让他选择低的努力水平以节约企业激励成本，同时，选择一个成本系数低的人从事这项工作。比如，未婚员工往往很乐于出差，去陌生的地方可以带给他新鲜的体验感，而已婚员工因为要照顾家庭往往不愿出差，企业可以选择尽量安排未婚的员工出差，因为出差这项工作对于已婚员工来说成本系数更低。

监督强度原则。报酬激励合约中为经理人设计的激励强度应与监督强度相匹配。即如果一个报酬激励合约中，经理人的报酬对于经理人的绩效较为敏感（激励强度高），则应该投入更多的资源提升对经理人业绩测量的精度（监督强度高）。

等价报酬原则。现实中，经理人常常需要从事委托人托付的多项任务，如在确保产品质量的同时追求产品数量的增长，并实现当年的利润目标及资产增值，同时注重销售业绩与售后服务的提升。委托人会关注经理人是否能在各项活动中正确地分配时间和精力，如果雇主无法监督雇员在不同活动之间的时间与精力的分配，那么雇主在设计激励报酬时，应使雇员从事不同活动所付出的努力得到相同的边际收益。如果激励合约对某项代理活动激励过度，就会导致雇员放弃对其他活动的努力。比如，假定一个快餐连锁店不仅希望其分店能够赢利，同时还希望分店能够维持连锁品牌的良好声誉（如清洁卫生、服务快捷、食物新鲜可口），因为良好的声誉有助于提高其他分店的销售量。对于一个分店来说，这种利润和声誉双重目标可能会出现冲突。例如，一些地处闹市或高速公路旁边的快餐连锁分店，由于其顾客大多只光顾一次，因此即使其食物有时不新鲜或者店堂不太卫生，其利润也不会受到多大影响，但其他分店的营业额可能会受到影响。为避免这类事情发生，激励报酬的设计应使分店经理在提高营业额和维护品牌声誉两项活动上付出的努力得到同等的报酬。

避免棘轮效应原则。在激励报酬合约中，一个十分棘手的问题是如何确定代理人的业绩评价标准。评价标准越客观，对代理人的努力水平的判断就越准确，激励效果越强。评价标准判断主要有三种方法：第一种，以泰罗为代表的科学管理学派所倡导的"工时—动作研究"，这种方法适合生产作业定额的制定，第二种方法是用其他人从事类似工作的业绩作为标准，即"相对业绩比较"。第三种方法是将同一代理人过去的业绩作为标准。但是这种方法会产生一个问题，代理人越努力，业绩越好，标准也就越高。即代理人目前的努力会提高他未来业绩的标准，当代理人预测到这一情况，其努力工作的积极性就会下降。这种标准随业绩上升的趋势被称为"棘轮效应"，即"鞭打快牛"现象。为避免这一效应，在一些公司中，业绩标准一旦确定便不再轻易变动，除非生产技术有了重大变革，尽管这样可能导致业绩标准过低，雇员拿走过多报酬，但能够保持雇员工作积极性。轮岗是克服棘轮效应的另一个方法。代理人大可放心努力工作，因为他在一项工作中的优秀业绩不会提高他在另一项工作中的标准，而他的业绩可以用来帮助委托人确定其他代理人在该项工作中的业绩标准。当然，这些方法虽然可以减轻棘轮效应，其本身带来的成本也不容忽视。

# 第二节　高层管理者的激励机制

高层管理者的激励和约束机制是为解决委托代理问题，实现高层管理者与股东目标一致的激励相容策略的总和。

按照激励的形式和内容，对高层管理者的激励可分为薪酬激励和非薪酬激励。

## 一、薪酬激励

薪酬激励满足了高层管理者经济方面的需求，是激励机制的基石，在现代企业中应用非常普遍。管理者的薪酬激励可包括短期激励、长期激励、福利和津贴。其中，短期激励中的基本工资是固定收入，短期激励中的奖金和长期激励都是变化的报酬，依据公司的绩效确定。此外，在不同的国家，福利和津贴与国家法律、本企业的实际情况等因素相联系，各有不同。

### （一）短期激励

#### 1. 基本工资

基本工资由薪酬委员会制定。该委员会在制定基本工资时考虑的因素包括高层管理者的工作年龄、经验、资历、管理能力及同行业的工资水平等因素。此外，公司规模也是重要的影响因素，公司规模越大，工作的复杂性越高，对高层管理者的战略洞察力的要求也越高。基本工资的主要特点是稳定，一般是刚性的，不因企业经营业绩高低而改变，除非薪酬契约本身发生变化，因此，它是最具保险性的收入方式。在现代企业的激励体系中，基本工资仅仅是高层管理者薪酬的一部分，而且随着激励机制的日益完善，基本工资在高管全部薪酬中的比重越来越低。尽管如此，基本工资对于激励高层管理者仍然具有重要意义。首先，相比奖金、利润分成和股权这些不确定性较高的激励方式，高基本工资对风险规避型的高层管理者更具有吸引力。其次，基本工资往往是确定薪酬的其他组成部分的标准，如年度奖金、养老金、津贴、离职安排等都是以基本工资为基数的。再次，基本工资可以鼓励高层管理者的开拓创新精神，降低保守行为，这是由于如果开拓创新带来失败，影响高层管理者的风险薪酬，较高的基本工资仍可以为高层管理者提供充足的保障。

在美国，CEO 的基本工资每年以一个相对固定的比例上涨，一般在 10% 以下，随行业不同有所差异。薪酬制定标准主要依据全行业工资水平调查报告，采用"竞争性类比"原则制定，并会在对目标行业与目标市场中同行的工资水平进行详细分析后加以修改和补充。工资水平低于 50% 水平线的企业被认为"低于行业标准"，而工资水平位于 50% ~ 70% 的企业则被视为"具有竞争力"[①]。

2. 年度奖金计划

年度奖金计划是与公司经营绩效相联系、基于公司利润目标而设置的一种激励形式，奖金的数额取决于高层管理者对公司特定年度目标的完成情况。通常以利润、净资产收益率、销售收入增长率、销售利润率、资产回报率、净资产收益率等财务指标为基础。年度奖金的获得是有条件的，公司一般会设立一个最低业绩标准（门槛绩效），当年终公司实际业绩低于此标准时，高层管理者没有奖金；当达到此标准时可以领取最低奖金，超过时可领取目标奖金。一般情况下，公

---

① 芮明杰，袁安照. 现代公司理论与运行 [M]. 上海：上海财经大学出版社，2005：153.

司对年度奖金额实行封顶，即设置一个高层管理者能够获得奖金的最高数量。最低奖金和最高奖金额之间的部分被称为"激励区间"，表明在一定范围内公司的经营业绩越好，高层管理者可以获得更多的奖金，如图 9 - 6 所示。

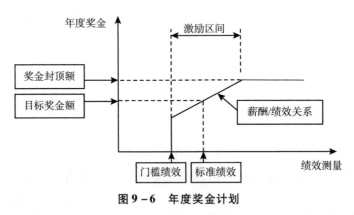

图 9 - 6    年度奖金计划

资料来源：芮明杰，袁安照 . 现代公司理论与运行 ［M］. 上海：上海财经大学出版社，2005：153.

此外，非财务指标也可能作为确定年度奖金的依据，如营运目标和战略目标的实现，相关人员对高层管理者态度和行为的主观评价、客户满意度及企业的社会效益指标等。

年度奖金可以在一定程度上缓解股东和高层管理者之间利益不一致问题，鼓励高层管理者为实现企业目标而努力。但是，年度奖金也有可能导致代理问题的加剧。首先，由于信息不对称，股东很难掌握公司真实经营状况，而年度奖金的计算和发放通常是基于公司财务报表中披露的经营业绩。这会增强高层管理者操纵会计利润的动机，降低公司信息披露质量，从而引发代理问题。其次，里程碑式的激励措施倾向于鼓励高层管理者跨年度调节利润的行为。

## （二）长期激励

由于短期激励制度涉及的周期往往只有一年，它们极易导致高层管理者采取短视行为，过分追求短期利益而过度承担风险，而使公司的长远利益蒙受损失。一些对公司长远发展有益处的长期决策，如研究开发、职工培训、大型投资项目建设等，其收益往往在未来 3～5 年甚至更长时间里才能逐步收回，在近期主要表现为投资，必然使企业近期的财务指标受到很大影响，对高层管理者的考核如果采取年度财务指标为依据，会影响高层管理者对长期投资的动机，进而影响企业的持续发展。此外，能力出众的管理者如果长久在公司工作，会更好地推动公司的成长，短期激励机制无法满足管理者的归属感，难以吸引和留住优秀的管理者，同时也会增加企业的培训费用。因此，许多企业开始考虑采取更有效的长期激励机制，以此来克服短期激励机制的不足。

长期激励制度旨在建立一种有效的平衡，以促进企业发展，并且可以帮助企业管理者和股东达成共同的目标。短期激励制度可以帮助企业实现其利益目标，但它们的表达方式单一，缺乏灵活性，无法满足企业的长远发展需求。相比之下，长期激励制度能满足管理者较高层次的需求，且形式更具有多样化，在我国的企业中已经得到了广泛的运用。

长期激励方式包括股票期权、限制性股票、虚拟股权和长期绩效分享计划。

### 1. 股票期权

所谓股票期权，即企业授予其高层管理者在约定期限内以某一预先确定的价格购买一定数量本公司股票的权利。高层管理者有权在约定期限内，按照预先确定的价格购买本公司股票，如果该股票价格上涨，那么高层管理者可以以他认为合适的价格卖出股票，获得股票市价和购买价格之间的差价。反之，如果该股票价格下降，高层管理者可以放弃行使期权，不会给他带来直接损失。

这种方式把高层管理者的利益与股票未来的价值直接挂钩，会激励高层管理者努力工作以提升企业长期业绩。其不足之处在于，一方面，只有当股票价格上升时股票期权才有价值，高层管理者才能获得股票市价和购买价格之间的差价，当股票价格低于执行价格时，高层管理者不会行权，此时无激励效果；另一方面，股票期权持有人只有在股票价格上升时才能获益，这可能激励高层管理者采取冒险的行动，如风险很大的并购决策等，这些决策的短期回报可观，但可能损害公司的长远利益。

（1）股票期权的要素。

股票期权的受益人。最初，股票期权通常只授予公司高层管理人员和某些特殊员工（科研、技术骨干等），近年来，其授予范围不断扩大，一些企业给中上层管理人员甚至所有员工都授予了股票期权。

授予时机。公司一般在高层管理者或其他员工受聘、升迁、业绩评定时，授予股票期权。

行权期。行权期指受益人行使股票期权所赋予的权利的时间。通常情况下，股票期权在授予后不能立即执行，而需要在授予期结束后才能行权，到了行权的时候，每年也只能执行其中一定的比例。行权期一般为 3～10 年。

行权价。行权价是指在股票期权计划中规定的受益人按照约定购买公司股票的价格。行权价可以分为低于现值、等于现值和高于现值三种。低于现值的执行价实际上向期权受益人提供了优惠，稀释了公司原有股东的权益，难以被股东接受。这种方式对员工的要求不高，只要公司价值保持现状就可获利。执行价高于现值会使受益人产生冒险性倾向，采取激进的行为以求改变困境、获取收益。因此，等于现值的行权价更为合理，即采取制定股票期权计划时公司股票的市场价格。

股票期权的数量。股票期权的数量即股票期权受益人所能购买的公司股份数量。确定股票期权数量时需要权衡激励效果和股东利益两方面问题——数量过小激励效果差；数量过大又会损害股东利益。

（2）股票期权的类型。

公司授予高层管理者股票期权计划时，有多种可选择的方案，整体而言，可分成三种形式：固定价值计划、固定数量计划以及巨额奖励计划[1][2]。

固定价值计划是三种方案中激励作用最小的计划。在固定价值期权计划下，高层管理者在计划实施期间每年获得预先确定价值的股票期权，执行价一般为当时的市场价。可以购买的股票数量是由当时的股票市场价格决定的。或者，可以根据高层管理者现金报酬的一定比例来确定其可以获得的期权价值。固定价值计划的优点在于，可以使公司能够仔细地控制高层管理者报酬的数量以及来自期权计划的报酬占总报酬的百分比。许多公司依据薪酬顾问关于高层管理者报酬水平和报酬方式的比较来制定高层管理者的报酬计划。通过每年调节高层管理者报酬结构中的一部分使其与高层管理者其他报酬相协调。其缺点在于，弱化了高层管理者的报酬与业绩之间的联系。无论企业每年的经营业绩如何，都要授予高层管理者一定价值的期权。高层管理者可能会在业绩优秀时获得较少的选择权，在业绩低迷时反而获得较多的选择权。固定数量期权计划指在计划执行期间，每年授予高层管理者固定数量，而不是固定价格的股票期权。当股价上升时，股票期权的价值也上升，这会为高层管理者提供有力的激励作用。同样，当股

---

① 宁向东. 公司治理理论［M］. 北京：中国发展出版社，2005：120－123.

② 芮明杰，袁安照. 现代公司理论与运行［M］. 上海：上海财经大学出版社，2005：158－159.

价下跌，股票期权价值也会下降。显然，该计划与固定价值计划相比，固定数量计划使高层管理者的报酬与企业业绩紧密关联，有较大的激励作用。其不足在于，如果股价波动太大，则会影响高层管理者的信心。

巨额奖励计划也称为"巨授计划"，其通常的做法是公司在第一年初一次性发放 3 ~ 5 年的所有股票期权，期权执行价均由最初发放时的价格决定。巨额奖励计划是最具杠杆作用的奖励计划，因为该计划不仅确定了未来期权的数量，还锁定了行权价，极大地激励了高层管理者努力工作以提高业绩和增加公司价值。由于这一计划诱因最强，有利于吸引人才，在中小型高科技公司应用较多。但是，在股价变动剧烈的企业中，股价激烈上涨会使高层管理者萌生离职套现的念头，相反，如果股价暴跌，高层管理者失去收益机会，会影响工作积极性，公司可能不得不重新评估股票期权计划。

## 2. 限制性股票

限制性股票是指公司将一定数量股票以较低的价格授予或无偿赠予激励对象，并规定锁定期和解锁期，在锁定期和解锁期内，激励对象不得将这部分股票上市流通或转让，即激励对象只有在工作年限或业绩目标达到股权激励计划规定条件的情况下，才可出售限制性股票并从中获益。如果在规定期限内，公司高层管理者辞职、被辞退，或因其他原因离开公司，高层管理者将失去这些股票的所有权和处置权。在限制期内，高层管理者可以获得分红，并行使表决权。

限制性股票与股票期权相比，股票期权是未来预期的收益，没有股利收益，而限制性股票是现实持有的，即使股价下跌，限制性股权仍然能够带来收益，只是收益变小，且持有人享有包括股利和投票权在内的股东权利，因此，限制性股票对于高层管理者往往更具有吸引力。由于限制性股票要求高层管理者在企业的服务年限，其主要作用在于留住高层管理者，因而这种方式又被称为高层管理者的"金手铐"。

3. 虚拟股权

虚拟股权（仿真股票）期权计划是在 1985 年由美国玛丽·凯公司最早设计并运作的，受到西方国家的广泛推崇。在我国，虚拟股权激励已被华为、阿里、贝岭等公司所采用。

不同于传统意义上的股权形式，虚拟股权是指公司授予被激励对象（主要是公司内部管理人员以及其他普通职工）一定数额的虚拟股份，被激励对象不需出资即可以享受公司价值的增长，利益的获得需要公司支付。被激励对象所持有的虚拟股权不具有表决权等普通股权益，只享有虚拟股权收益权，虚拟股权享有的收益来源于股东对相应股权收益的让渡。虚拟股权是一种特殊的股权形式，具有以下特点。

第一，股权形式的虚拟化。虚拟股权不同于一般意义上的企业股权。公司为了更好地激励核心员工，在公司内部无偿派发或低价出售一定数量的虚拟股份给公司员工（通常为核心员工，如高管、中层管理者、技术骨干等）。

第二，股东权益的不完整性。虚拟股权的持有者只能享受分红收益权，即按照持有虚拟股权的数量，按比例享受公司税后利润分配的权利，而不能享受普通股股东的权益，如表决权、分配权等，所以虚拟股权的持有者会更多地关注企业经营状况及企业利润情况。

第三，与实有股权的区别。虚拟股权的持有者不享有所有权，不能转让和出售，其持有只在特定条件下有效，当员工离职则自动失效。

虚拟股权通过分红权和股价升值收益来激励员工，把员工的个人收益和企业经营业绩结合，形成员工和企业共同发展的命运共同体。

此外，相比其他员工持股方式，虚拟股权形式非常灵活，具有很强的适应性。由于虚拟股权仅模拟股权运作，并不实际交付股权，可以在非上市公司中实行，也可以在上市公司中作为股权激励计划的补充。

4. 长期绩效分享计划

长期绩效分享计划是指绩效衡量周期在一年以上的对既定绩效目标达成提供奖励的计划。长期绩效分享计划是以奖金的形式给予高层管理者激励，这一点与短期激励计划中的年度奖金计划类似。不同的是，年度奖励计划仅着眼于一年内的业绩，而长期绩效分享计划通常以3年或者5年的滚动平均累计业绩作为绩效评价标准。相比年度奖励计划，长期绩效分享计划更加科学，一方面，长期绩效分享计划衡量绩效的周期为3~5年，更有利于企业重要战略目标的实现，更好地将经营者与所有者的目标统一起来；另一方面，长期绩效分享计划有助于吸引和激励优秀的高层管理人员，并能有效减少高层管理者的流失。

## （三）福利和津贴

福利和津贴是现代企业薪酬激励机制的重要组成部分。其目的在于[1]，第一，为管理者提供良好的工作环境，提高其工作效率。第二，消除管理者的后顾之忧，使其全力以赴投入企业的经营管理中。第三，使管理者感受到与众不同的身份和地位，从而珍惜这份工作。第四，有利于规范管理者的在职消费行为。下面列举部分西方企业经营者的特殊福利和津贴[2]：

（1）非工作时间报酬。自由带薪假期，年休假，离职支付等。

（2）公司提供的服务。提供产品样品，有司机的高级轿车、飞

---

① 席酉民，赵增耀. 公司治理 [M]. 北京：高等教育出版社，2004.

② 程国平. 经营者激励——理论、方案与机制 [M]. 北京：经济管理出版社，2002：94.

机、游艇等，专用停车位，专用卫生间，经理进餐室，法律服务，税务服务，金融服务等。

（3）与工作业绩无关的奖金和津贴。俱乐部会员证，信用卡，音乐会或体育比赛票，家庭娱乐费用，贷款贴息，旅行一等舱，会议津贴，个人保护费用，配偶旅行费用，子女教育费用，抵押资助，搬迁费等。

（4）健康和安全。体检，身体调适计划，出差保护，暴力伤害保险，特别人寿保险等。

（5）增补退休福利计划。

（6）金色降落伞计划。

应该注意的是，这些福利待遇实质上属于保健因素，虽然可以在一定程度上激励高层管理者的工作积极性，提高其工作效率，但也可能带来潜在的负面影响。研究发现，当上市公司按监管规定披露 CEO 私人使用公务机信息后，市场反应是负面的，股价平均下跌 1.1%。这是由于高昂的福利和津贴把生产资源转换为了非生产性资源，往往是公司治理不力的表现，且过度消耗公司福利和津贴的管理者可能本身就不太努力工作，爱占公司的便宜。

## 二、非薪酬激励

马斯洛的需要层次理论认为，人在较低层次的需要（生理需要、安全需要、社交需要）得到满足后，较高层次的需要，如尊重、自我实现的需要会成为主导需求。对于高层管理者而言，经济利益的追求是其工作的重要驱动力，却非全部，他们同样希望从工作中获得乐趣，追求成长，渴望从优秀的工作业绩中体验到成功，同时赢得他人的尊重认可，实现自我价值。非薪酬激励满足了高层管理者尊重和自我实现等较高层次的需要，是激励机制的一个重要组成部分。

（1）经营控制权激励指赋予高层管理者更大的经营控制权，包括日常生产、销售、雇佣、资产支配权利，会令高层管理者感受到委托人的信任和支持，满足高层管理者施展才能、获得成就、实现抱负的需求，同时也为培育高层管理者的企业家精神提供了条件。

值得注意的是，如果监督约束措施不力，经营控制权激励也会导致高层管理者追求过度控制权收益的机会主义行为，例如，想方设法扩大企业规模，导致过度投资和重复建设，甚至收受贿赂、侵吞企业资产等。

（2）声誉激励。20 世纪 80 年代经济学将动态博弈理论引入委托代理关系研究，使得声誉等隐性激励机制得到广泛的关注，这对于长期委托代理关系中高层管理者激励体系的设计有重要的指导意义。

良好的声誉不仅可以让高层管理者获得社会赞誉、社会地位以及成就感，满足其尊重和自我实现的需求，还可以为他们带来广阔的职业前景和丰厚的收入，与其自身利益休戚相关。根据克瑞普斯（Kreps）等人提出的声誉模型，如果高层管理者把对企业的经营管理看作一项长期事业而不是一次性的交易，会通过长期重复博弈，建立起个人声誉，包括能力、经验、忠诚度等信息。这些信息可以促进交易主体的信任、降低交易成本，给高层管理者带来长期利益。良好声誉的建立是一项长期的过程，一旦丧失便很难恢复，高层管理者为自身声誉投资越多，就会越珍视声誉，越倾向于为维护和扩大声誉作进一步投资。

因此，声誉这一隐性激励机制可以和显性激励结合，更有效地激励高层管理者努力工作。

## 第三节　高层管理者的约束机制

在公司治理中，不仅要对高层管理者实施必要的激励措施，也要对其行为进行一定的约束。在现代公司中，经营权和所有权分离，经营者追求其个人目标时有可能损害所有者的利益。因此，在现代公司中构建一套约束机制，对高层管理者的表现是否称职、业绩是否良好进行监督约束至关重要。对高层管理者的约束主要包括内部约束机制和外部约束机制。[1][2]

## 一、内部约束机制

内部约束机制是对高层管理者约束的企业内部保障，包括以下具体内容。

### （一）组织制度约束

组织制度约束是公司治理结构中规范的股东会、董事会和监事会制度所形成的对公司和管理者的约束。股东会对高层管理者的约束是通过对董事会的委托间接进行的。董事会通过对公司重大决策权的控制和对高层管理者的任免、奖惩进行直接约束。监事会对董事、经理执行公司职务时违反法律法规或者公司章程以及损害公司利益的行为进行监督。组织制度约束是公司内部约束机制的核心。

组织制度约束有效的关键是董事会真正代表股东的利益，并且保持与高层管理者的独立性；监事会具有检查公司财务的权力和能力。为此，要加强组织机构建设，在合乎规范的公司体制下，由公司股东会、董事会、监事会与高层管理者组成一套分工明确、权责分明、协调配合、互相制衡的公司领导机构，从而起到组织制度约束的作用。

---

[1]　陈德球．公司治理［M］．北京：中国人民大学出版社，2023：183－184.
[2]　马连福．公司治理（第二版）［M］．北京：中国人民大学出版社，2020：195－197.

## （二） 公司章程约束

我国《公司法》规定，设立公司必须依法制定公司章程，公司章程是企业的根本大法，它对企业中的各种利益主体的责权利及其行为都要做出规范性的规定。企业中的高层管理者必须遵守章程规定，受到章程约束，按照章程行事。因此，公司章程是对高层管理者的重要约束力量。

## 二、外部约束机制

外部约束机制是对高层管理者约束的外部环境条件，主要来源于以下几方面。

### （一） 产品市场竞争约束

市场竞争本身就是对企业的经营行为的一种客观评价机制。如果产品市场竞争激烈，想得到好的企业业绩，高层管理者就要付出更大的努力。否则，如果高层管理者表现不佳导致企业经营不善，高层管理者不仅会失去职位和收入，还要承担声誉下降、人力资本贬值的损失。

### （二） 经理人市场约束

经理人市场的竞争对高层管理者的行为起到重要的约束作用。高层管理者过去的经营历史和经营业绩显示了其能力、努力、经营风格、职业道德，为选聘公司提供了有价值的信息，并可以为确定高层管理者薪酬水平提供依据。相比经营业绩差的高层管理者，业绩好的高层管理者有更好的职业前景和更高的薪酬。这些会令高层管理者保持职业危机感，并自觉约束自己的机会主义行为。

### （三）公司控制权市场

如果高层管理者经营业绩不佳，股价下降，股东会用"用脚投票"，抛售股票。低股价会吸引潜在的收购者在股票市场争夺公司控制权，潜在的收购者期望通过更换管理者、进行改革等举措提高管理效率进而提升公司股价，以获得巨大的回报。被接管的威胁会给高层管理者施加压力，促使其为公司利益而恪尽职守。

### （四）法律法规约束

《公司法》第一百七十八条规定，有下列情形之一的，不得担任公司的董事、监事、高级管理人员：（一）无民事行为能力或者限制民事行为能力；（二）因贪污、贿赂、侵占财产、挪用财产或者破坏社会主义市场经济秩序，被判处刑罚，或者因犯罪被剥夺政治权利，执行期满未逾五年，被宣告缓刑的，自缓刑考验期满之日起未逾二年；（三）担任破产清算的公司、企业的董事或者厂长、经理，对该公司、企业的破产负有个人责任的，自该公司、企业破产清算完结之日起未逾三年；（四）担任因违法被吊销营业执照、责令关闭的公司、企业的法定代表人，并负有个人责任的，自该公司、企业被吊销营业执照、责令关闭之日起未逾三年；（五）个人因所负数额较大债务到期未清偿被人民法院列为失信被执行人。违反前款规定选举、委派董事、监事或者聘任高级管理人员的，该选举、委派或者聘任无效。董事、监事、高级管理人员在任职期间出现本条第一款所列情形的，公司应当解除其职务。

《公司法》第一百八十条规定，董事、监事、高级管理人员对公司负有忠实义务，应当采取措施避免自身利益与公司利益冲突，不得利用职权牟取不正当利益。董事、监事、高级管理人员对公司负有勤勉义务，执行职务应当为公司的最大利益尽到管理者通常应有的合理注意。

案例

《公司法》第一百八十一条规定，董事、监事、高级管理人员不得有下列行为：（一）侵占公司财产、挪用公司资金；（二）将公司资金以其个人名义或者以其他个人名义开立账户存储；（三）利用职权贿赂或者收受其他非法收入；（四）接受他人与公司交易的佣金归为己有；（五）擅自披露公司秘密；（六）违反对公司忠实义务的其他行为。

《公司法》第一百八十八条规定，董事、监事、高级管理人员执行职务违反法律、行政法规或者公司章程的规定，给公司造成损失的，应当承担赔偿责任。

## 》》复习思考题

1. 简述委托代理理论的内涵？

2. 简述委托代理理论的假设前提。

3. 简要评价委托代理理论。

4. 简述委托代理问题。

5. 在现代公司中，何为逆向选择，何为道德风险，如何解决？

6. 设计激励性报酬应该遵循哪些原则？

7. 信息对称情况下，四种典型的激励机制，即租金模式、劳动工资模式、目标产量承包模式和分成模式是如何实现参与约束和激励相容约束的？

8. 在公司治理中，应如何激励和约束高层管理者？

 案例分析

### 方洪波：中国最成功的职业经理人

在选择自己的接班人方面，美的创始人何享健显示出的远见超越了国内许多与他同时代的企业家，何享健不想让美的成为家族企业，他说，"一个公司如果要公开、公正、透明、规范，家族管理难以做到。"2012 年 8 月，70 岁的何享健将美的集团交给了 45 岁的职业经理人方洪波，美的也因此成为中国第一家没有"父传子"的千亿级民企。

方洪波，1992 年入职美的，先后担任过广告科经理、营销公司总裁以及空调事业部总经理等职务，他凭借其自身的才华和稳健的性格获得了何享健的赏识。

掌舵美的集团的十年中，方洪波带领美的不断深化数字化转型，2022 年，美的的营收为 3457 亿元，是 2012 年（营收 1027 亿元）的三倍多；净利润从 61 亿元增长至 298 亿元，翻了近五倍。与此同时，方洪波也得到了相应的回报，年薪高达 1130 万元，并持有美的1.17 亿股。

方洪波用了 30 年的时间，成为中国最成功的职业经理人。由于其卓越的管理成就，方洪波获得多项荣誉。2015 年被评为十大经济年度人物之一；2016 年获评年度中国最佳商业领袖；2017 年、2018年均获评中国最具影响力的 50 位商界领袖；2019 年，在中国企业高质量发展论坛（70 年 70 企 70 人）发布盛典上荣获"中国杰出贡献企业家"称号。

何享健曾经骄傲地说："我最大的成就，就是发现了方洪波，美的有今日的成就，可以说与方洪波有很大的关系。"对于老板的赏识和信任，方洪波表示，"先有伯乐，后有千里马，千里马常有，而伯乐不常有。"

（本案例根据网络资料整理）

授课 PPT

▶ **问题：**

1. 何享健为什么把美的集团交给了方洪波，而不是家族成员？
2. 何享健是如何激励方洪波的，你得到怎样的启示？
3. 作为一个职业经理人，方洪波有哪些优秀的品质？

本章知识点

# 第十章

## 证券市场与控制权配置

## 第一节　证券市场的功能及其效率

证券市场，通常包括股票市场和债券市场，是现代经济体系中的重要组成部分。它在连接资金的提供者和需求者，以及在全球经济中流动资金方面发挥了关键作用。

### 一、证券市场的功能

#### （一）融资功能

证券市场是企业获取资金的主要渠道之一。无论是初创企业通过首次公开募股（IPO）筹集资金，还是已上市公司通过发行新股或债券来筹集资金，证券市场为这些企业提供了一个平台，使其能够筹集大量资金。这些资金可用于多种用途，如扩大生产规模、进行研发、并购其他公司或进入新的市场领域。

证券市场在全球金融体系中扮演了核心角色，特别是在连接资金的供需双方时。这个市场不仅仅是一个简单的买卖场所，它实际上为各种经济实体——从初创公司到知名的跨国公司——提供了必要的融资机会。

## 1. 首次公开募股（IPO）

对于许多初创企业来说，IPO 是它们首次进入公开市场并筹集资金的机会。通过出售股份给公众投资者，这些公司可以筹集大量资金，从而提高发展速度和扩大市场份额。此外，IPO 也为早期投资者（如风险投资家）提供了一个退出机会，他们可以在公开市场上出售股份，从而实现盈利。

## 2. 发行新股或债券

对于已经上市的公司，证券市场提供了另一个筹资途径。可以通过再次发行股票或债券来筹集更多资金。这通常是当公司计划进行大规模的项目投资或并购其他公司时的筹资方式。

## 3. 资金的多样化用途

通过证券市场筹集的资金可以用于多种目的。企业可能需要资金来扩大其生产设施、购买新的设备或技术、投资研发活动、拓展到新的市场或地区，或者并购其他公司以增加市场份额。所有这些活动都可以增强公司的竞争地位和盈利能力。

证券市场的融资功能是至关重要的，它为企业提供了实现增长和扩张目标所必需的资金。对投资者来说，这也提供了一个机会，使他们能够参与并从公司的成长中获益。

## （二）投资功能

对于投资者来说，证券市场提供了一个平台，使他们可以投资于各种企业并分享其成长。投资者可以通过购买股票或债券来获得收益[1]，例如股息或利息。此外，通过买低卖高的策略，投资者还可以

---

① 谷卫，姜娟. 企业无形资产商誉的重新思考［C］//第八届全国无形资产理论与实务研讨会论文集，2007：71-75.

从资本增值中获利。证券市场不仅仅是企业融资的场所，它同时也为广大的投资者、基金和其他金融实体提供了一个多样化的投资机会。这样的机会使得个人和机构投资者可以将他们的资金分散投资于多种资产，从而实现风险的分散和收益的最大化。

1. 多样化的投资选择

证券市场上有各种各样的投资工具供投资者选择，这包括股票、债券、衍生品、基金等。这使投资者可以根据自己的风险承受能力、投资目标和期望的回报率来选择合适的投资产品。

2. 收益来源

投资者在证券市场的投资可以为他们带来两种主要的收益。第一种是固定收益，例如债券的利息或某些股票的股息。第二种是资本收益，即通过证券价格的上涨来实现的收益。当投资者预测某个企业的前景光明时，他们可以购买该企业的股票，并期待其股价上涨以获得资本增值。

3. 风险与回报的权衡

证券市场为投资者提供了不同风险层级的投资选择。通常来说，风险越高的投资可能带来越高的回报，而风险越低的投资可能带来相对稳定但较低的回报。因此，投资者可以根据自己的风险承受能力选择合适的投资产品。

4. 长期与短期投资

证券市场上的投资者可以是长期的，也可以是短期的。有些投资者选择长期持有某些股票，因为他们对这些公司的长期前景持乐观态度。而有些投资者则可能更喜欢短期交易，他们试图通过预测短期内的价格波动来获得利润。

证券市场的投资功能为投资者提供了一个透明、高效的平台，他们可以在这里根据自己的需要和偏好进行多样化的投资选择，并从中获得相应的收益。

## （三）价格发现功能

证券市场有助于确定证券的正确价格。通过买卖活动，市场上的所有参与者——买家和卖家——都在为证券的价格提供信息。理论上，这种价格应该反映了关于该证券的所有公开和私有信息。价格发现是证券市场最核心、最关键的功能之一。它是一个持续的、动态的过程，涉及对证券潜在价值的评估，并将这些评估转化为具体的市场价格。

### 1. 信息聚合

证券市场是一个巨大的信息处理机器。每一次交易，无论大小，都携带了投资者对于某项资产或证券的估值信息。这些交易的背后可能是对企业未来收益的预测，对宏观经济状况的看法，或者是对市场整体趋势的判断。所有这些信息在买家和卖家之间的交互中被整合到证券的价格中。

### 2. 实时更新

价格发现不是一个静态的过程。随着新信息的产生和旧信息的过时，市场价格会不断调整以反映这些变化。例如，当一家公司发布其季度财务报表时，这些新的财务数据会迅速被市场消化，并反映在公司的股票价格中。

### 3. 与市场效率相关

价格发现功能与效率市场假说紧密相关。这一假说认为，在一个信息流通无阻、参与者理性的市场中，证券的价格随时都反映了所有可获得的信息。尽管这一假说在实际操作中可能存在某些局限性，但它提供了一个理论框架，帮助理解价格如何形成以及价格变动背后的机制。

价格发现功能不仅局限于单一证券的估值。在更广泛的宏观层面，整个证券市场的综合行为可以为政府、决策者和其他市场参与者提供有关整体经济健康状况的信号。

4. 为其他经济参与者提供指导

准确的价格发现不仅仅对投资者有价值。企业可以通过市场价格了解自身的市场估值，这有助于制定融资、投资和并购策略。银行和其他金融机构也依赖准确的价格发现来评估其资产和负债的价值。

总之，价格发现功能确保了市场的透明性和效率，为所有市场参与者提供了重要的、及时的信息，帮助他们做出更明智的决策。

### （四）信息流通功能

证券市场也是信息的重要来源。上市公司需要定期发布财务报告和其他相关信息，使投资者能够做出明智的投资决策。这种信息透明度有助于建立投资者信心，也为市场效率打下基础。在全球化的金融市场中，信息流通功能在证券市场中扮演了至关重要的角色。这不仅确保了交易的公平性和透明性，还促进了市场的整体健康和稳定。以下是证券市场信息流通功能的一些核心特点和意义。

1. 强制性的信息披露

上市公司有法律义务定期发布其财务状况、经营活动和任何可能影响股价的重大事件。这些信息披露要求确保了投资者可以访问到关于公司的详尽、准确和及时的信息，为他们提供了决策的基础。

2. 实时新闻与更新

除了上市公司的官方公告，证券市场还充满了其他来源的信息，如新闻报道、分析师评级、行业动态等。这些实时的信息更新有助于投资者捕捉到市场的最新动态，并迅速做出反应。

### 3. 减少信息不对称

在没有有效的信息流通机制的市场中，某些参与者可能拥有比其他人更多的信息，从而获得不正当的优势。证券市场的信息流通功能确保了所有的参与者在同等的知情基础上进行交易，从而降低了信息不对称的风险。

### 4. 加强投资者教育

良好的信息流通不仅提供了数据和事实，还有助于投资者理解和解读这些信息。许多证券交易所和金融机构提供教育资源，如研讨会、在线课程和研究报告，帮助投资者更好地利用市场信息。

### 5. 建立信任与信心

当投资者相信他们访问的信息是完整、准确和及时的，就更有可能对市场持有信心。这种信任关系对于维护市场的稳定性和吸引新的投资者至关重要。

### 6. 促进市场效率

信息流通功能确保了价格能够迅速反映所有可获得的信息，从而促进价格发现过程的效率。

总体来说，信息流通功能在证券市场中具有多重意义，从确保交易公平性和透明性，到建立和维护投资者的信心，再到促进整个市场的效率和健康发展。

## 二、市场效率的探讨

尽管证券市场具有上述功能，但其效率始终是一个核心议题。所谓的市场效率，简单来说，是指市场价格是否真实反映了所有关于证券的公开和私有信息。有效市场假说①（EMH）提出，如果市场是完

---

① 宋玉臣. 市场有效周期理论的构建、实证及应用［M］. 北京：中国人民大学出版社，2015：424.

全有效的，那么证券的价格应该立即并完全反映所有可用信息。但是，过去的经验和研究表明，市场可能并不总是完全有效的。价格可能会受到投机、情绪波动和其他非理性行为的影响。因此，对于投资者和企业来说，理解这些效率和非效率的动态至关重要。证券市场在全球经济中扮演着至关重要的角色。它为企业提供了筹资的机会，为投资者提供了投资和获取回报的途径。在评估市场效率时，我们需要考虑多个层面的因素和动态。

## （一）有效市场的形式

有效市场可以分为三种形式：弱势、半强势和强势。弱势有效市场认为股票价格已经反映了所有的历史信息。半强势有效市场认为价格反映了所有公开信息。强势有效市场进一步表示，股票价格已经反映了所有的公开和非公开（私有）信息。

## （二）市场的非理性行为

行为金融学深入研究了投资者决策背后的心理动因，并指出人们的决策经常受到非理性因素的影响。例如，过度自信可能导致投资者过于乐观地评估自己的判断能力和信息，从而采取过度的风险。羊群效应描述了投资者倾向于模仿大多数人的决策，而不是基于自己的分析，这有时会导致资产价格的虚高或虚低。损失规避是指投资者对损失的反感远大于对同等收益的喜爱，这可能导致他们在市场下跌时过早地卖出股票，或在市场上涨时过晚地持有股票。这些非理性行为合在一起，可能导致市场价格大幅偏离其内在价值。

## （三）信息不对称

信息不对称是指市场上的一方拥有比另一方更多或更高质量的信息。这种情况可能导致所谓的"选民"问题，其中知情者利用他们的信息优势进行交易，而不知情者则可能受到损害。例如，公司内部人士可能根据未公开的重要信息买卖股票，这被称为内幕交易，是非法的。然而，即使在没有内幕交易的情况下，信息不对称也可能导致市场不效率，因为投资者可能因为缺乏关键信息而作出错误的决策。

### （四）市场操纵

市场操纵通常涉及一组投资者或一个大的投资者故意采取行动来人为地提高或降低资产的价格。通过创建虚假的需求或供应，或通过散布误导性的信息，他们试图诱导其他投资者买入或卖出，从而使价格上涨或下跌。一旦达到他们的目标价格，这些操纵者就会采取相反的行动利用这种人为的价格波动获利。这种行为不仅违反了金融法规，而且严重损害了市场的信誉和效率。

### （五）市场的流动性

市场流动性是指资产能够快速并以合理价格出售，而不影响其价格的能力。在高流动性的市场中，交易可以迅速进行，而且差价（买入和卖出价格之间的差额）往往较小，这意味着交易成本较低。流动性作为市场效率的重要组成部分，有助于确保价格反映了所有可用信息。但是，流动性不足可能导致交易受阻和价格扭曲。例如，如果一个股票的持有者想要出售股票，但买家稀缺，他可能不得不以低于市场价的价格出售，导致价格下跌。

### （六）外部冲击和大事件

突发事件，如政治变革、大规模自然灾害或全球性金融危机，都可能导致市场短时间内的非理性反应，这也是市场效率的一个考量因素。

总结来说，证券市场的效率并不是一个静态的状态，而是一个动态过程，它受到多种因素的影响，包括市场参与者的行为、信息流动性、外部环境等。对于投资者和决策者来说，理解这些影响因素并做出明智的决策是至关重要的。

# 第二节　控制权配置

控制权配置关注公司如何将决策权分配给内部和外部股东。对于像 Facebook 这样的公司，创始人可能希望保留更多的控制权，以维持其对公司的愿景和方向的控制。但这也可能限制外部股东的权利，引发潜在的治理问题。控制权配置是企业管理学和金融学的核心议题，涉及公司所有者、管理者和其他相关方如何对企业资源、策略和方向进行决策。特别是在上市公司中，这一议题尤为关键，因为它涉及股东与管理层之间的权力平衡。

## 一、控制权的本质

控制权并不仅仅是拥有股份。尽管拥有大量股份通常意味着有更大的决策权，但在某些公司，特别是像 Facebook 这样的技术公司，股份和投票权可能是分开的。这种情况下，创始人或某个小群体可能拥有超过其实际股份的投票权。在现代公司治理结构中，控制权的含义远远超过了单纯的股权所有权。事实上，控制权与股权并不总是一一对应。下面深入探讨控制权的本质。

### （一）股权与投票权的差异

在很多企业，尤其是创业公司和技术巨头中，我们常常可以看到股权与投票权的分离。这意味着，尽管某些股东可能持有较小的股份，但他们仍可能控制公司的重大决策。这通常是通过发行不同类别的股票来实现的，其中某些类别的股票可能具有多重投票权。

一方面，这种结构可以帮助创始人或核心团队保护自己的战略愿景，避免外部投资者的短视或过度干预。另一方面，它也可能吸引那些更看重长期增长和稳定性，而不是短期利益的投资者。

## （二）权力与责任

拥有决策权也意味着承担更大的责任。当公司的策略失败或出现问题时，那些掌握大量控制权的股东或团队成员可能面临更大的责任和风险。

## （三）利益与冲突

当控制权和经济权利（如股份）不匹配时，可能产生利益冲突。例如，持有大量投票权但股份较少的创始人可能追求与大多数股东利益不一致的策略。

综上所述，理解控制权的本质对于投资者、管理者和其他公司利益相关者来说都是至关重要的。这有助于他们更好地评估公司的价值、风险和机会。

## 二、优势与挑战

在现代企业治理中，将决策权集中于少数股东或核心团队手中是一种常见的实践。这种做法具有其独特的优势和挑战。

## （一）优势

### 1. 战略稳定性

创始人和核心团队通常对公司有一个长期的愿景。当他们掌握主要的决策权时，公司更有可能遵循这一愿景，而不会因短期的市场波动或投资者的压力而改变策略。

### 2. 更快的决策过程

权力结构的集中可以使决策过程更为迅速和高效，避免了由多方争论和不一致导致的延迟。

### 3. 对企业文化和价值观的深入了解

创始人和核心团队通常对公司的文化和价值观有深入的理解，这有助于确保公司的决策与其核心价值观和使命相一致。

## （二）挑 战

### 1. 缺乏监督

权力过于集中可能导致缺乏有效的内部监督。没有外部的监管和反馈，可能导致公司做出对股东不利的决策。

### 2. 问责问题

当权力集中在少数人手中时，确定责任可能变得困难，特别是当公司面临争议或问题时。

### 3. 风险集中

决策权的集中可能导致公司的策略过于依赖少数人的观点和判断，这增加了因个别决策失误导致的整体风险。

### 4. 与外部股东的关系紧张

当外部股东觉得他们的声音没有被听到或他们的利益受到威胁时，他们与公司管理层之间的关系可能变得紧张。

总的来说，权力结构的集中有其内在的优势，但也伴随着挑战。为了最大化优势并减少潜在的风险，公司需要确保有透明的治理结构和有效的监督机制。

## 三、外部股东的关切

当控制权与所有权分离时，外部股东可能担忧其利益不受保护。他们可能会担心，如果公司的策略偏离了其利益或没有提供足够的回报，他们可能没有足够的权利进行干预。外部股东是公司治理结构中的关键角色，他们为公司提供资本，期望获得相应的回报。然而，当控制权与所有权发生分离，这些股东可能对其投资产生担忧。以下是外部股东的主要关切点。

### （一）决策透明度缺失

当控制权主要集中在少数人手中，尤其是在创始人或核心团队中，外部股东可能担心他们无法获得关于公司决策的完整和透明的信息。

### （二）策略与利益不符

外部股东可能担心，由于他们对决策的影响力减弱，公司的战略可能更多地偏向于创始人或管理团队的个人利益，而不是所有股东的集体利益。

### （三）缺乏问责机制

外部股东可能认为，当控制权过于集中时，对创始人或管理团队的监管和问责可能受到限制，这增加了滥用权利的风险。

### （四）难以进行干预

如果外部股东对公司的某些策略或决策表示不满，他们可能没有足够的权利或手段来干预或推翻这些决策。

### （五） 估值和回报担忧

控制权的不平衡分配可能使外部投资者对公司的真实价值和其能够为股东带来的长期回报产生怀疑。

### （六） 并购和资本结构变化的难度

当控制权过于集中时，外部股东可能担心其在并购、股票回购或其他资本结构调整决策中的影响力减弱。

总之，控制权与所有权的分离为外部股东带来了一系列的关切和担忧。为了缓解这些担忧，公司需要确保其治理结构具有透明度、问责性和公平性，并采取措施与外部股东保持良好的沟通和合作。

## 四、治理结构的选择

控制权配置的结构通常取决于公司的历史、文化、业务模型和外部环境。在某些情况下，保持控制权可能是至关重要的，以确保公司的愿景得以实现。但在其他情况下，更加民主和分散的治理结构可能更有利于公司的长远发展。治理结构是公司管理和决策过程的核心，对于确保公司的长期成功和稳定性至关重要。选择最适合的治理结构要考虑多个因素，确保平衡不同利益相关者的权益。以下是影响治理结构选择的几个关键因素。

（1）公司历史与创始人的角色。在很多创始人主导的公司中，创始人可能希望保留对公司的重大决策的控制权，以确保公司的原始愿景得以维护。例如，谷歌在其上市初期就采取了双重股票结构，使创始人能够保持决策权，尽管他们不再拥有大部分的股份。

（2）公司文化。公司的文化和价值观可能影响其治理结构。一个鼓励创新、冒险和快速决策的公司文化可能更适合集中式的治理，而一个注重团队合作和共同参与的文化可能更偏向于分散式治理。

（3）业务模型。高度竞争性或快速变化的行业可能需要更迅速和果断的决策，而这可能更容易在集中化的治理结构中实现。相反，稳定的行业或业务可能更适合于分散的治理结构，以鼓励更多的参与和协商。

（4）外部环境。外部因素，如监管要求、股东压力或行业标准，可能影响治理结构的选择。例如，某些国家或地区的法律可能鼓励或要求更加民主的治理结构。

（5）风险管理。集中化的治理结构可能导致公司对单一领导或小团队的决策过于依赖，而这可能增加业务风险。而分散的治理结构可能更有利于风险分散和多元化决策。

（6）利益相关者的期望。外部投资者、合作伙伴、客户和员工的期望和压力也可能影响治理结构的选择。对于依赖外部投资的公司，可能需要更加透明和分散的治理结构以满足投资者的要求。

总的来说，选择最适合的治理结构是一个复杂的决策过程，涉及对多种因素的权衡和考虑。公司需要确保其治理结构能够满足其独特的需要和挑战，同时为所有利益相关者创造价值。控制权配置是一个复杂的议题，需要各方（包括公司管理层、股东和其他利益相关者）进行深入探讨和沟通，以确保公司的长远发展和稳定。

知识拓展

## 》复习思考题

1. 什么是证券市场？证券市场有哪些功能？

2. 按照有效市场假说，有效市场分哪几种？各有什么特点？

3. 什么是公司控制权？保护公司控制权有哪些典型做法？

 **案例分析**

## Facebook 的上市之路*

2012 年，社交媒体巨头 Facebook 在纳斯达克上市，这是历史上规模最大的技术公司首次公开募股（IPO）。这次上市原本被视为科技产业的一大里程碑，然而，结果出乎很多人的预料。

Facebook 的上市价格定为每股 38 美元，估值达到了惊人的 1040 亿美元。然而，开盘后的几天，Facebook 的股票价格不断下跌，最终在第三个交易日下跌至 34 美元，远低于最初的开盘价。这种意外的价格下跌引发了投资者的广泛关切，很多人开始质疑 Facebook 的商业模式和其天文数字的估值是否真的站得住脚。与此同时，对于那些期望从 IPO 中获利的小投资者来说，这无疑是一次打击。

但股票价格的下跌并不是唯一引起关注的问题。Facebook 的创始人、CEO 马克·扎克伯格在公司持有特殊的 B 类股份，这意味着他的每一股股票拥有 10 次的投票权。这种股权结构使得扎克伯格单独持有近 60% 的投票权，即使他的经济所有权远远低于这个比例。对于外部投资者来说，这种控制权的不对等配置是一个重大的担忧，因为这意味着他们几乎无法对公司的决策产生实质性的影响，而扎克伯格几乎可以独揽公司的所有重大决策。

随着技术公司的崛起，一个新的股票结构模式引起市场的广泛关注——双类股结构。这种结构特点是允许公司创始人或某个小群体通过持有某种特权股份而拥有不成比例的投票权。这意味着尽管

* 资料来源：Kraus Sascha, Kanbach Dominik K., Krysta Peter M., et al. Facebook and the creation of the metaverse: radical business model innovation or incremental transformation? [J]. International Journal of Entrepreneurial Behavior & Research, 2022, 28 (9): 52 – 77.

他们可能只拥有公司的一小部分股份，但他们在决策上仍然拥有决定性的话语权。这种结构在 20 世纪初的家族企业中就已存在，目的是让家族成员能够继续掌控公司。

Facebook，作为全球最大的社交媒体平台，其上市无疑是近年来证券市场上的一大盛事。这不仅是因为其庞大的用户基数和广告收入，还因为其首次公开募股（IPO）对证券市场功能、效率，以及公司控制权配置提供了丰富的教材。

首先，从证券市场的功能来看，Facebook 的 IPO 是一个明确的例子，展示了企业如何利用公开市场筹集资金以支持其持续的增长和扩张。数十亿美元的筹资使 Facebook 有更多的资金来进行投资、研发和收购。但随着上市后初步的股价下跌，市场显然对 Facebook 的估值存在担忧，这反映了价格发现功能的复杂性。尽管 Facebook 有着强大的用户基数和巨大的潜力，但如何将这些转化为持续的盈利和股东价值仍然是投资者所关心的问题。

再来看控制权配置。扎克伯格作为 Facebook 的创始人，对公司的愿景和策略方向有着清晰的定义。为了保证这一愿景不受外部压力的影响，他选择了一种双类股票结构，允许他持有不成比例的投票权，这意味着他可以对公司的重大决策有着决定性的影响。虽然这种安排确保了策略的连续性和稳定性，但也引发了外部股东和治理专家的担忧。这种控制权配置可能使得管理层难以被问责，也可能导致潜在的决策失误。

这个案例进一步强调了，无论企业有多大、有多成功，当它决定进入公开市场时，都会面临一系列与资本、价值、治理和控制权相关的复杂问题。而如何平衡各方的利益，确保公司的长期健康发展，是每一个公司和其股东所必须认真考虑的。

授课PPT

本章知识点

▶ 问题：

1. Facebook 在初期上市后股价下跌的可能原因有哪些？

2. 请探讨在现实中可能影响市场效率的因素，并分析这些因素在 Facebook 的上市过程中是如何发挥作用的。

# 第四篇　企业成长理论与公司的发展

---

# ｜第十一章｜ ————

## 企业成长理论

## 第一节　企业成长与现代公司制度

### 一、企业成长的内涵

企业成长的英文是"growth"，也可译为企业增长，是指企业由小到大、由弱变强、由量变到质变的过程。这一过程类似人的成长，用"成长"这一拟人化的名词体现了企业从创业到发展壮大的艰辛，同时也反映出企业像人一样不能无限存续，有自己的生命周期。马歇尔（Marshall，1890）在《经济学原理》中指出，在公司制之前，在整体经济中成长起来的企业如同森林中的大树，大树不会无限成长，现实中的企业也同样不能无限成长，企业成长的道路艰难曲折，企业成长很难持续。①

企业成长直接影响地区经济的发展，影响国家的发展，影响时代的进步，是长期以来最激动人心的话题之一。企业成长的制约因素很多，首先是外部的制约因素，如技术、市场等，基于此产生了经济学视角的外生成长理论，主要阐述企业成长的经济学意义。亚当·斯密（Adam Smith，1776）在《国富论》中指出，劳动分工是企业成长的根源；新古典经济学派的约翰·穆勒（John Stuart，1848）提出大规

---

① 马歇尔. 经济学原理［M］. 朱志泰，译. 北京：商务印书馆，1981.

模生产的优点，指出规模经济是企业成长的动因。其次是内部的制约因素，如资源、管理等，基于此产生了管理学视角的内生成长理论，主要阐述企业成长的管理学价值。[①] 彭罗斯（Penrose，1959）首次从管理学领域阐述企业成长这一主题。他指出，无论是有形的管理资源，抑或无形的，都是企业成长的源泉。

## 二、现代公司制度促进企业成长

企业成长所需的技术、市场、资源、管理等要素都离不开一个重要的基础条件，那就是现代公司制度。实际上，在公司制以前，很难出现真正意义的企业成长，只有公司制才能保证企业永续成长。

钱德勒在他于 1977 年的研究中深入探讨了美国企业的演变过程，并发现其与"现代工商企业"的兴起密切相关。在此之前，美国企业通常以小规模、个人所有和经营方式为主，缺乏明显的成长性。然而，自 19 世纪 40 年代以来，现代公司开始崛起，并以惊人的速度成长。到了 20 世纪 70 年代，这种公司形式已经成为主流，彻底改变了美国资本主义的面貌。这一转变不仅在企业界引发了巨大的变革，也对整个经济体系产生了深远的影响。

现代公司是当前世界大型企业长期存在的主要形式。研究表明，企业的成长似乎没有尽头，没有证据表明一家企业成为"百年老店"后会停止扩张。一些著名的长寿公司，如杜邦、哈德逊湾、W. R. 格雷斯和柯达等存在于北美，而日本也有多家公司可以追溯到 17、18 世纪，并至今仍然蓬勃发展。在欧洲，一些公司拥有更悠久的历史，例如英国的"300 年俱乐部"。相比其他形式的企业，公司的自然生命周期更为长久。一旦转型为现代公司，它们可以超越一代又一代的

---

① 汪聪. 企业成长及其评价指标探讨［J］. 经济研究导刊，2022（5）：1.

优秀企业家的生命周期极限，实现更加可持续的成长。

现代公司制度对企业成长的促进作用主要体现在以下几个方面。

## （一）有利于筹集资金，形成大型企业

现代公司制度在促进企业成长方面发挥了重要作用，其中最显著的是有利于筹集资金，从而促成大型企业的形成。相较于单一业主企业或合伙企业等形式，这些企业受到资本限制，因此规模受到限制，这不利于建立大型企业和工程项目。然而，股份制企业的出现弥补了这一资本限制的缺陷。正如马克思所指出的，股份公司使得生产规模得以扩大，实现了个别资本无法完成的大型项目。股份公司的发展始于需要大量资金的行业，例如铁路、采矿和银行等，随后逐步扩展到加工工业等领域。在市场经济国家，大型企业基本上都采用股份制形式，这进一步印证了股份公司在现代经济体系中的重要性。

## （二）所有权和经营权的分离，为职业企业家的成长创造了条件

在股份公司中，资本所有权和经营权被明确分离。这意味着少数大股东决定公司的战略和重要决策，而实际执行职能的资本家成为资本的支配者，而大多数股东则只是简单的所有者。这种分离使得企业管理变得更加复杂，需要更多的专业知识，因此经理制度逐步得到发展。董事会在股份公司中担任着重要角色，他们决定着公司的大政方针和重大经营决策，而经理们则负责日常的经营和管理任务。资本所有权和经营权的分离为职业企业家的成长提供了条件，并且也提高了企业管理水平和可持续性。这种分工使得企业能够更加专注于经营管理，从而更有效地实现长期的发展目标。

## （三）有利于企业资本的长期稳定性

在股份公司中，产权相对稳定，股东拥有自己的资本，但只能通

过转让股份来收回投资。这意味着股东无权直接从公司财产中收回投资或处置公司全部资产。然而，股份的转让不会改变公司的总资本，这使得股份公司的资本不会受到股东变化的影响。由于这种机制，股份公司能够持续存在，独立于股东之外。因为股份公司只允许转让股份而不能退股，这一特点稳定了股东的权益，并确保了公司的稳定性。这种制度确保了投资者的利益，同时为公司提供了一个稳定的经营环境，有利于公司的长期发展和持续经营。

### （四）有利于降低和分散经营风险

股份公司、独资企业和合伙企业都面临着经营风险，主要是举债经营所带来的风险。在独资企业和合伙企业中，业主要承担连带清偿责任，这意味着股东除了承担投资风险外，还要承担由于经营不善导致的资不抵债风险。然而，现代公司普遍采用有限责任公司的形式，这种公司形式下，股东的清偿责任被限制在注册资本范围内，即为最大清偿限度。股份公司的股东以认购股份的方式进行出资，将资本划分为小额股份，面向社会募集投资者，这有利于小额资金的投资者参与到公司的投资中。另外，股东结构的分散也有利于降低投资者可能遇到的经营风险，因为这种分散使得单一投资者不会因为一家企业的问题而承担过大的风险。

### （五）股份公司有比较完善的约束机制

股份公司作为一种企业形式，具备比较完善的约束机制，这对企业的成长至关重要。其治理结构设计包含了完善的约束机制。在这种公司形式下，股东会被确定为最高权力机构，而董事会则是决策机构，经理层则是执行机构。股东主要行使监督职能，他们的监督作用使得公司内部形成了一种纵向分权、相互制约的管理架构。这种管理架构保证了公司决策的合理性和公司运营的稳定性，为企业的长期发展打下了坚实的基础。

### 三、企业成长收敛于现代公司制度

根据前文分析，公司制相比于独资和合伙企业更能实现永续成长。其中，股份有限公司作为一种有效的组织形式，能够突破原有企业制度的局限，为企业的发展提供了更广阔的空间和更有效的机制。现代公司制被视为企业成长的归宿和结果，因为它能够实现持续的成长，不断适应市场变化和经济发展的需要，为企业的长期发展奠定了坚实的基础。[①]

国有企业向公司制转变对其成长和改革具有积极意义。自1995年开始进行现代企业制度试点工作以来，取得了良好的改革成效。试点企业在生产、资产增值、资产负债率、经济效益等方面表现优异，形成了规范的公司法人治理模式。试点成功后，现代企业制度得到推广，许多国有工业企业开始实行不同形式的公司制。这种转变为国有企业带来了更加灵活和有效的经营管理机制，促进了企业的成长和改革，使其更加适应市场竞争和经济发展的需要。

# 第二节 几种典型的企业成长理论

## 一、新古典的企业成长理论

### （一）规模经济与企业成长

亚当·斯密认为，分工不仅提高了劳动生产率，还提高了专业化

---

① 高程德. 现代公司理论（第二版）[M]. 北京：北京大学出版社，2013.

水平，并促进了企业生产规模的扩大。随着企业规模的扩大，分工与协作之间的关系也得到深化，形成了一个循环往复的过程。在这个过程中，分工的进一步细化推动了生产过程的更高效率，而规模的扩大又进一步促进了分工的深化与扩展。与此同时，新古典经济学也认同规模经济是企业成长的主要诱因之一。规模经济指的是企业在生产过程中由于规模扩大而带来的成本优势，这些成本优势包括生产成本的下降、资源利用效率的提高以及市场影响力的增强等。因此，企业在不断追求规模经济的同时，也在推动着自身的成长与发展。

规模经济是指在既定技术条件下，生产单位产品时平均成本变化的情况。具体来说，如果随着产量的增加，平均成本下降，那么就存在规模经济，这意味着随着生产规模的扩大，单位产品的平均成本会减少，生产效率得以提升；如果随着产量的增加，平均成本保持不变，那么就存在规模不变。这意味着生产规模的增加并没有对单位产品的平均成本产生影响，生产效率保持稳定；如果随着产量的增加，平均成本增加，那么就存在规模不经济。这意味着生产规模的扩大反而导致单位产品的平均成本上升，生产效率降低，从而产生了不经济的现象。因此，规模经济是企业在生产过程中必须考虑的重要因素之一，合理利用规模经济可以降低成本、提高效率，从而促进企业的发展和成长。

企业是在寻求最优规模的过程中实现成长的。最优规模的决定方式如下，假定单一产品由生产函数表示，它规定在既定的 $x_1, \cdots, x_n$ 种投入被选择以后，所能获得的产出水平为 $Q$，再假定企业由一个无私的经理 $M$ 经营，他对投入和产出水平的选择都是为了使利润最大化（这又意味着他将使成本实现最小化）。那么，最简单的情况就是，$M$ 在竞争市场上按既定价格 $w_1, \cdots, w_n$，购买 $n$ 种投入。令 $f(x_1, \cdots, x_n)$ 表示该企业的生产函数，于是，在目标产出水平 $Q$ 给定的情况下，$M$ 就可以通过求解下列公式而使成本达到最小化：

$$\min \sum_{i=1}^{n} w_i x_i \quad \text{s.t} \quad f(x_1,\cdots,x_2) \geqslant Q$$

对 $Q$ 的每个值求解上述问题，将产生一条总成本曲线，由此又可推导出一条平均成本曲线和一条边际成本曲线。可以推断，后两条曲线的形状与图 11-1 所示的情形相似。

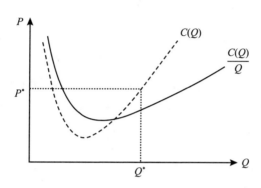

**图 11-1　最优规模时的平均成本曲线和边际成本曲线**

假定 $M$ 是产品市场上的完全竞争者并且面临价格 $P$，他就会使 $P \times Q - C(Q)$ 实现最大化，即导出价格与边际成本相等的条件。在此条件下的企业规模即所谓的最优规模，企业成长则是从非最优的规模走向最优规模的一个过程。除非有其他因素的变化，否则企业成长一旦达到最优规模便应该结束，继续扩大规模只会导致效率下降。

## （二）企业成长模型

企业成长呈稳态，表现为每年的增长速度保持不变，不受外部因素的影响而产生剧烈波动。马里斯的企业成长模型也被称为稳态模型，它描述了企业在成长过程中的稳定状态。这种模型假定了企业在一定时间内能够维持一定的增长速度，而不受到外部环境的显著变化或冲击的影响。这种稳态模型有助于企业进行长期规划和战略决策，使其能够更加稳健地实现持续的成长和发展。

## 1. 供给和需求增长

莫里斯的模型考虑了供给和需求的增长率。当企业的资产和就业按照相同的速度增长，且要素价格固定时，可以用企业的资产基[①]（assets base）增长率来衡量生产资源的增长率。这意味着企业的资产和就业的增长可以作为衡量生产资源增长的指标。对于有确定价格的产品，可以使用实物单位来定义需求的增长。然而，如果希望将多样化作为新产品增长的表现，则需要用销售收入的增长来衡量需求的增长。引入新产品会对供给和需求的增长率产生不同的影响，但在稳态系统下，按销售价值衡量的需求随着总资产的增加按照相同的速度增长。这种稳态模型有助于企业预测和管理生产资源的增长，以及适应市场需求的变化。

## 2. 需求增长函数

为了比企业所在的市场的增长率更快，企业必须进行进一步的多样化。这可用公式表示为

$$g_D = f_1(d)$$

其中，$g_D$ 是需求的增长，$d$ 是成功的多样化的速度。该公式表现了市场可得的机会的性质和企业要进行多样化的市场的成长率。

## 3. 供给增长函数

$$g_s = \frac{1}{K} = \alpha \frac{\Pi}{K} = \alpha p$$

---

[①] 资产基是指企业拥有的资源的总和，包括实物资产（如固定资产、股票）、净金融资产（如现金等）、声誉和技术诀窍（如知识产权），它对企业的价值和发展具有重要的意义。实物资产包括企业持有的物理资产，如房屋、设备、机器等，它们是企业运营和生产的基础。净金融资产指企业的现金和其他流动资产减去负债后的余额，反映了企业的财务健康状况。声誉和技术诀窍指的是企业在市场上的品牌形象、声誉和专利、商标等知识产权，这些对企业的竞争力和创新能力至关重要。资产基的构成对企业的价值评估和发展策略制定都有着重要的影响。因此，企业需要合理管理和优化自身的资产基，以实现持续增长和长期发展。

其中，$K$ 是利用的资本，$p$ 是资本报酬率，$\Pi$ 表示利润，$\alpha$ 表示每单位利润所需筹集的新的投资量。

## 二、企业成长决定因素理论

### （一）企业资源成长理论

彭罗斯（Penrose, E. T.）认为，企业的成长取决于内在因素，即企业能否有效地协调其资源和管理职能。企业实质上是一组资源的组合，在特定的管理框架内运作。作为一个管理型组织，企业首先由企业主制定政策并协调企业内部活动。此外，企业也是生产性资源的结合体，企业主通过决策来有效地利用这些资源。因此，企业成长需要企业主能够有效地管理和协调企业内部的资源和活动。

企业成长的原动力是其有效利用自身拥有的生产资源所产生的服务或能力。彭罗斯认为，企业的成长并非由市场的均衡力量所决定，而是由每个企业自身独特的力量所推动。事实上，企业总是存在着未被充分利用的资源，而这些未用完的生产性服务的继续可利用性则成为企业成长的原因。在合理使用和优化配置的过程中，会衍生出新的资源需求或资源潜在的服务趋势，从而促使企业固定资产规模、人力资本规模和总规模的增长。此外，每个企业在其经营活动中所产生的能力都是独特的、其他企业难以模仿的。因此，彭罗斯主张将企业成长视为一个不断挖掘未利用资源的无限动态变化的经营管理过程。她认为，管理资源是企业成长的源泉，对释放管理能力具有显著的意义。

### （二）企业战略成长理论

安索夫在《战略管理》中深入探讨了企业产品与市场战略决策过程，以及企业发展的范围和方向问题。他指出企业成长战略的四个关键属性，包括规划适当的产品与市场范围、选择适合发展的范围和方向的战略类型、运用竞争能力的优势，以及灵活运用协同效应。安索夫特别强调了企业需要深入把握自身的"能力概况"和"协同作用"。前者反映了企业现有技能和资源的特征，直接反映了企业的强弱程度，是企业现实能力的真实体现；而后者则反映了企业现有经营项目和新办经营项目之间的关联性，预示着有利于企业发展的方向和范围，是一种潜在的实力。这种"成长向量"能够为企业提供发展的指引和方向，使其能够更加有效地实现成长和发展。

安索夫认为，企业应该专注于发展自身的特长领域，并尽可能向与之相关联的经营项目发展，以获得竞争优势。他将产品和市场需求作为二维参数，提出了四类具体的企业成长战略，包括扩大现有经营项目和市场占有率、开发新产品、开发市场和多样化经营。安索夫的战略成长理论被认为是核心能力理论的原型，然而直到20世纪90年代核心能力理论兴起后才重新受到广泛关注。

## （三）企业管理与技术成长理论

美国著名企业史学家钱德勒（Alfred D. Chandler）通过分析企业的历史认为，现代大型工商企业的成长受到管理层级制度的支持和推动。他强调管理层级制度的形成和有效实施是现代工商企业成长历程的核心，成为企业持续稳定和增长的源泉。管理层级制度的优势在于减弱了企业受个人变故影响的威胁，职业经理会选择长期利益，推动企业持续发展。此外，管理协调机制比市场协调更有效地促进经济发展和提高资本家的竞争能力。这一观点不仅解释了古典企业向现代企业的转变，还解释了家族式公司衰落和经理式公司兴起的原因。

钱德勒（Chandler，1962）认为，现代工商企业的成长是对技术革新和市场扩大的管理机构方面的反应。随着技术的发展和市场的扩大，生产和分配领域发生了根本性变化，这促使出现了对管理协调的需求和机会。现代工商企业通过管理协调提供了比古典企业更高效的效率，推动了经济组织形式的转变，即古典企业被现代企业的取代和家族式公司向经理式公司的转变。钱德勒将这一过程称为"美国企业界的管理革命"，标志着企业管理方式的根本性变革。

## 三、企业成长过程理论

### （一）企业的生命周期

组织管理学家格雷纳（Greiner，1972）提出了企业成长五阶段理论，包括组织的年龄、规模、演变、变革以及产业成长率等要素。厄威克·弗莱姆兹（E. G. Flamliolt，1998）将企业生命周期划分为新建、扩张、专业化、巩固、多元化、一体化以及衰落或复兴七个阶段。伊查克·爱迪思（Ichak Adizes，1997）在著作《企业生命周期》中的观点认为企业有生命周期，分为孕育、婴儿、学步、青春、盛年、稳定、贵族、官僚化早期、官僚和死亡十个阶段，并对每一阶段的特征进行了总结，以帮助企业了解自身所处的生命周期阶段，进而修正状态并延长寿命。这些理论提供了企业发展过程中的参考框架，有助于企业管理者更好地规划和管理企业的成长和发展。

### （二）企业的生命周期与企业的成长类型

企业生命周期包括诞生、成长、壮大、衰退、死亡等阶段，可进一步划分为孕育期、求生存期、高速成长期、成熟期、衰退期和蜕变期。此外，根据规模扩张的不同类型，企业的成长也可分为 A 型（欠发育型）①、B 型（正常发育型）和 C 型（超常发育型），用图 11 - 2

---

① 陈佳贵. 关于企业生命周期与企业蜕变的探讨［J］. 中国工业经济，1995（11）：5 - 13.

表示。对这些阶段和类型的理解有助于企业管理者更好地识别和应对不同阶段的挑战，以实现企业的持续发展和成功。

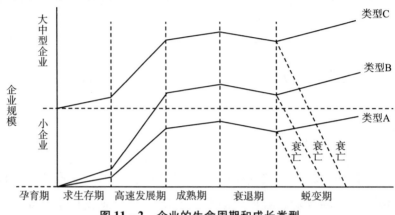

图 11-2　企业的生命周期和成长类型

　　图 11-2 中的类型 A 为欠发育型。所谓欠发育型是指企业在建立时是一个小企业，经过多年的成长与发展，虽然其素质可能提高了，实力也可能增强了，但是在它们生命延续的整个过程中，始终没有成长为大中型企业。所以，我们把这种成长类型称为欠发育成长型。

　　类型 B 为正常发育型。所谓正常发育型是指企业诞生时，只是一个小企业，经过多年的成长，不仅素质提高了，实力增强了，而且从一个小企业成长为一个大中型企业，甚至成长为一个超级大企业。虽然这种企业的数量并不多，但是，它们非常有代表性，所以将它们称为正常发育型。

　　类型 C 为超常发育型。这种类型的企业诞生时就是大中型企业，因此，在成长过程中它们的起点高，实力强，它们中的不少在成长过程中发展为超级大企业和跨国公司。随着大企业股权的社会化、分散化发展，随着机构投资者、法人投资者的大量涌现，随着一些新兴产业的出现，这种类型的企业也越来越多。为了使研究更具有代表性，本章将把 B 型即正常发育型作为研究对象。

正常发育类型与其他类型一样，其生命周期可以划分为孕育期、求生存期、高速成长期、成熟期、衰退期和蜕变期。

## 四、企业成长边界理论

### （一）企业的存在及边界

科斯提出的交易费用概念指的是企业利用价格机制的成本，以替代市场价格制度为特征，其利润来源于节约的交易费用。在《企业的性质》中，科斯将企业规模视为交易成本和组织成本的结果，企业的边界由企业内外交易费用决定。市场通过契约完成交易，而企业则依赖于权威组织来进行交易。企业的规模与边界会扩张，直至企业内部组织交易的成本等同于在市场上完成同一交易的成本。这一理论解释了企业的规模和边界如何随着交易成本的变化而变化，为理解企业组织形式的选择提供了重要框架。

### （二）企业成长的最优规模

奥利弗·威廉姆森注重研究企业存在以及企业与市场的边界，其理论基础是有限理性和机会主义假设。由于认知能力有限和外部环境不确定性，连续性交易的信息成本增加，而资产专用性使得交易关系趋于稳定，却易受机会主义行为威胁。在他的理论中，交易被视为最基本的分析单位，其异质性和成本差异决定了交易组织形式的选择。威廉姆森提出了三个决定交易异质性的维度和三种缔约背景。交易频率、资产专用性和企业的契约环境是决定企业边界的重要因素。通过成本效益的比较，可以确定理论上的企业最优规模，即何时选择企业组织形式继续扩张，何时选择市场组织形式停止扩张。这些理论为我们理解企业组织形式的演变提供了重要的理论框架。

案例

## 复习思考题

1. 企业成长与现代公司制度的关系是什么？

2. 现代公司制度是如何促进企业成长的？

3. 企业成长有哪些经典的理论？

 **案例分析**

### 苹果公司的成长历程*

苹果公司的成长历程大致可以分为以下几个阶段。

第一阶段，创立与早期发展（1976～1985年）

苹果公司由史蒂夫·乔布斯、史蒂夫·沃兹尼亚克和罗纳德·韦恩于1976年成立，初衷是制造和销售个人电脑。沃兹尼亚克设计的 Apple Ⅰ 电脑虽然技术先进，但市场表现平平。随后推出的 Apple Ⅱ 成为苹果的第一款成功产品，帮助公司奠定了早期的市场基础。Apple Ⅱ 是一款成功的产品，具有图形显示功能，广泛用于教育和家庭市场。该产品的成功使苹果成为早期的个人电脑市场领导者。

第二阶段，挑战与衰退（1985～1997年）

随着苹果的发展，内部的管理问题开始显现。1985年，乔布斯因与公司其他高层发生冲突而离开苹果。此后，公司在战略方向上出现偏差，导致产品线混乱，市场份额逐渐被 IBM PC 和微软操作系统主导的竞争对手蚕食。这段时期，苹果推出了一些失败的产品，如 Newton PDA，过高的定价和市场定位错误导致这些产品未能获得广泛认可。由于产品销量下滑和市场竞争加剧，苹果在20世纪90年代中期面临严重的财务困境，公司的未来一度陷入不确定状态。

---

* 根据网络资料整理。苹果企业发展史：创新与颠覆的传奇之路［EB/OL］．（2024-04-06）．https：//baijiahao. baidu. com/s？ id = 1795569474031834906&wfr = spider&for = pc.

第三阶段，乔布斯的回归与战略转型（1997~2001年）

1997年，乔布斯重返苹果，并迅速开始对公司进行大刀阔斧的改革。他决定精简产品线，将公司资源集中在少数几款高质量产品上。在乔布斯的领导下，苹果于1998年推出了iMac，这是一款设计独特的个人电脑，标志着苹果在市场上的重新崛起。iMac的成功不仅恢复了公司的财务状况，还重塑了苹果的品牌形象。乔布斯提出了"聚焦战略"，即专注于少数具有高附加值的产品，同时加强品牌建设和用户体验。通过这一策略，苹果成功扭转了公司的颓势。

第四阶段，创新驱动的持续增长（2001~2011年）

2001年，苹果发布了iPod，这是一款便携式音乐播放器，与之配套的iTunes音乐商店也应运而生。通过硬件和软件的整合，苹果成功地改变了人们的音乐消费方式，并开创了一个全新的数字音乐市场。2007年，苹果推出了iPhone，这不仅是一款手机，更是一个多功能的移动计算平台。iPhone的发布彻底颠覆了手机行业，并使苹果在全球智能手机市场上取得了巨大的成功。苹果通过持续的产品创新，不断推出改变行业格局的新产品，如iPad（2010年）。这些产品不仅带来了巨大的销售收入，还帮助苹果建立了强大的生态系统，巩固了其在全球市场中的领导地位。

第五阶段，后乔布斯时代的转型与挑战（2011年至今）

2011年，乔布斯因病去世，蒂姆·库克接任CEO。库克在继承乔布斯遗产的同时，逐渐将苹果转型为一家注重运营效率和供应链管理的公司。在库克的领导下，苹果继续推出新产品，如Apple Watch和AirPods，同时大力发展服务业务，包括Apple Music、Apple Pay和iCloud等。这些服务成为苹果新的增长点，使公司从硬件驱动型企业转型为硬件与服务并重的企业。尽管苹果在硬件创新方面仍取得了进展，如引入Face ID和M系列自研芯片，但面临的市场竞争也日益激烈。尤其是来自中国品牌的崛起和全球市场饱和，使苹果必须不断寻求新的增长点。

苹果始终将创新放在公司战略的核心位置。无论是产品设计、用户体验，还是商业模式，苹果不断通过创新引领市场，这使其能够在激烈的竞争中保持领先地位。苹果成功地打造了一个完整的生态系统，包括硬件（如 iPhone、Mac）、软件（如 iOS、macOS）和服务（如 App Store、iCloud）。这一生态系统不仅提升了用户黏性，也为公司带来了持续的收入。苹果专注于高端市场，通过提供高质量的产品和卓越的用户体验，赢得了消费者的忠诚。这一策略帮助苹果获得了较高的利润率，并在竞争中保持差异化优势。在库克的领导下，苹果建立了高效的全球供应链管理体系。这不仅提高了生产效率，还帮助公司在全球范围内实现了快速扩张和市场渗透。

▶ **问题**：请用企业成长理论分析苹果公司成功的原因。

授课 PPT

本章知识点

———— | 第十二章 | ————

# 数智革新：中国企业的成长实践

## 第一节 数智化赋能企业成长的内在逻辑

### 一、什么是企业数智化

#### （一）企业数智化的内涵

企业数智化是企业运用新一代数字与智能技术，推进企业转型升级、创新发展，实现更高经营绩效，更强竞争优势，更可持续发展的过程。[①] 企业推进数智化的转型发展，实际上就是要把传统的企业转变为数智企业。互联网、大数据、云计算、人工智能、区块链等技术加速创新，日益融入经济社会发展各领域全过程，数字经济发展速度之快、辐射范围之广、影响程度之深前所未有，正在成为重组全球要素资源、重塑全球经济结构、改变全球竞争格局的关键力

---

[①] Porter, M. E.. Competitive Advantage: Creating and Sustaining Superior Performance [M]. New York: Free Press, 1998.

量。<sup>①</sup>"十四五"规划纲要明确提出，要充分发挥海量数据和丰富应用场景优势，促进数字技术与实体经济深度融合，赋能传统产业转型升级，催生新产业、新业态、新模式，壮大经济发展新引擎。企业要认清创新为第一动力，积极应对技术发展带来的客户需求和社会环境的不断变化，从产品、业务、组织、管理等各方面进行数智化创新变革。

## （二）企业数智化的创新形式

所有企业数智化转型都要以支撑企业的主业成功为目标，通过数智化转型构建企业的高质量竞争力，实质上是一个企业端到端的重构。企业必须要有新型基础设施、强大的数字化转型能力，并在此基础上实现业务重构和应用服务化。企业要重构用户体验以实现面向对象的精益协同，重构业务的作业模式以实现全业务的数字化仿真，重构运营模式以实现数据驱动的智能决策。

企业基于数智化的商业创新，主要体现在两个方面，一是使能各行各业的产品和业务创新，二是企业的组织与管理变革。<sup>②</sup>当企业拥抱数智化实现商业创新，升级为数智企业，将会对企业的生产经营和管理方式带来巨大的变革，主要体现在敏经营、轻管理、简IT三个方面。

"敏经营"可以让企业更加直连最终消费者，让最终用户更大程度地参与到企业的产品和创新服务中来，让企业的经营更加敏捷。

"轻管理"则是让企业组织结构可以更扁平、透明，内部沟通可以更直接，管理起来更加轻松。

---

① 程桔华，王文京. 以数智化为企业锻造新质生产力 [J]. 中关村，2024（6）：34-35.
② 周翔，叶文平，李新春. 数智化知识编排与组织动态能力演化——基于小米科技的案例研究 [J]. 管理世界，2023，39（1）：138-157.

"简 IT"是帮助企业实现 IT 架构的简便，不用自己购买服务器，不用自建数据中心，不用庞大的团队运维，使技术应用比以前更简单便利。持续深化 IT 协同服务能力，提供高效的办公管理工具，也是企业数智化成长的重要一环。①

事实上，数智技术应用和产业互联网建设，正在通过信息化、工业化、现代化的农业与流通服务，重新构建更宽泛的产业生态。例如，云南文山苗乡三七实业有限公司，秉承了 50 多年的三七种植历史，现今发展成为集三七种植、科研、加工、生产及销售为一体的专业化企业。苗乡三七产业互联网平台采用共创共建模式搭建起产业级、社会级的商业创新平台。该平台基于精准的用户场景，从企业到产业，重构传统作坊式运行模式，打通了三七产业链农端、工端、商端的全流程。通过三七产业互联网平台，三七的传统农耕和贸易模式经过一系列改造、升级，实现了商业创新和蜕变，推动了所在产业的设施化、有机化、数智化发展。

## 二、数智化赋能企业成长的内在逻辑

数字化和智能化技术深刻地影响和改变着企业、产业和经济乃至社会的运行和发展。企业正在从当年的信息化走向数智化，产业也正在从消费互联网走向产业互联网，从整体经济来看，也正在从工业经济形态走向数字经济形态。企业推进数智化可以让企业适应今天商业环境的改变，解决企业在经营管理上的一些痛点和问题，建立新的竞争优势。数智化赋能企业成长的内在逻辑主要体现在提高市场竞争力、优化资源配置、促进创新升级以及提升产业链话语权等方面。

---

① Sun L., Liu C., Chen G., et al. Automatic Treatment Regimen Design [J]. IEEE Transactions on Knowledge and Data Engineering, 2021, 33 (11): 3494–3506.

（1）提高市场竞争力。通过数字化和智能化技术，企业能够更好地捕捉外部市场的动态信息，变"经验决策"为"事先感知"，从而对企业战略、产品、技术、服务等核心资源进行精准评估和动态优化，更好地满足客户需求，提升企业在瞬息万变的市场环境中的竞争优势。①

（2）优化资源配置。数字化技术能够打通供需对接、要素配置、交易流通等业务流和数据流全链路，实现资源的优化配置，提高运营效率，降低成本，同时促进资源的跨边界流通，实现资源共享与整合，有助于打通企业价值链上下游数据通道，降低搜索成本和促进供需的精准匹配。②

（3）促进创新升级。数字化赋能有助于企业向价值链高附加值环节攀升，推动企业上"云"用"数"，实现经营决策、业务流程、运营管理、业态模式的迭代升级，提升企业的产业链话语权。同时，数字化技术能够激发全员的创新潜力，通过提供 AI 工具和平台，鼓励员工创新，大幅缩短产品从设计到市场的周期，提高市场适配性。③

（4）提升产业链话语权。通过数字化赋能，企业能够更好地实现技术与业务的融合，提高产品和服务质量，满足个性化需求，从而在激烈的市场竞争中脱颖而出，提升企业在产业链中的地位和话语权。④

---

① 董一歌，杨丽华. 数字化转型对专精特新企业高质量发展的影响路径探究［J］. 科技与经济，2024（4）：6－10.

② 曾曦. 数字经济下跨境电商中小企业转型升级路径研究［J］. 中国市场，2023（5）：180－182.

③ 宋佳境. 中小型零售企业的供应链数智化转型路径研究［J］. 市场周刊，2024，37（20）：79－82.

④ 许海峰. 数智化赋能企业高质量发展——以 G 集团财务共享中心建设为例［J］. 国际商务财会，2024（14）：36－40.

数智化是途径，真正的目的是使企业建立更强的竞争优势、更高的经营绩效，以及更可持续的发展。[①] 实际上，在我国数字经济进程中，长期存在硬件较重而软件较轻的失衡局面，数字经济要走向快速发展，必然要走出一条软硬兼施，协同发展的新路。这也要求中国企业跳出原有的框架，重新审视企业数智化的发展路径。

# 第二节　数智化转型典型案例

## 一、"数智伊利"——从制造向智造转变[*]

作为中国规模最大、产品品类最全的乳制品企业，内蒙古伊利实业集团股份有限公司（以下简称"伊利"）有着超长的供应链、500万个销售网点、13亿消费者。因此，伊利搭建"大营销"和"大供应链"体系，其主要目标是将丰富产品精准匹配消费者，加快履约速度，缩短供应链的周转周期。在供应链侧，完整拉通七大场景数据，实现全局可视化智能履约，通过数据分析提供分钟级最优决策，保持供应链高效运转；在营销侧，灵活配置人群标签，精准圈选目标消费人群，强势驱动业务增长。

伊利集成了供应商关系管理系统和安全、环境、能源质量管理系统，搭建供应商碳排放数据收集信息化系统，计算准确率达到100%；引领54家供应商完成低碳转型，单吨产品碳排放降低15.74%，实现

---

① 陈国青，任明，卫强，等. 数智赋能：信息系统研究的新跃迁 [J]. 管理世界，2022，38（1）：180－196.

\* 资料来源：根据《北京日报》相关报道编写。

年度减碳 3.28 万吨。未来，伊利将努力推进 2027 年实现核心供应商 100% 低碳转型。

## （一）数字技术贯穿全产业链

在深入推进实体经济与数字技术深度融合的过程中，伊利以"加快数字化转型、加速智能化升级"为驱动，通过完善全链条覆盖、全场景渗透、全方位互动、全品类共享的"四全运营体系"，将数字技术运用到全产业链生态。

在上游，伊利建设了全球智能化程度领先的智慧牧场，全程无人工干预。在中游，伊利打造了智能工厂，提升生产和管理效率。在下游，伊利推动"全域、全场景、全生命周期"的消费者数字化运营，开发了与 1.5 亿消费者在线协同共创新品的智能洞察系统。

伊利集团广泛地和行业大模型公司、人工智能平台进行深入合作与研讨，将目前最为前沿的技术和实际业务场景深入结合，实现在不同业务场景下的业务诉求。

作为内蒙古自治区"十四五"规划重大项目，2022 年投产的伊利现代智慧健康谷，拥有目前全球规模和产能领先的液态奶生产基地和奶粉生产基地，通过产业驱动全链发展、数字赋能智慧城市、绿色引领产城融合等，创造多项全球奶业之最。

2023 年 6 月 1 日，伊利元宇宙数字孪生工厂公测上线，汇聚物联网、大数据、人工智能等先进技术，打造出虚实共生、综合集成的新型工业数字空间。时隔一年，2024 年 6 月 1 日，数字孪生工厂全新升级，解锁更多生产场景，增加更多互动模式，向消费者全面开放液奶生产关键流程及关键设备互动，真正实现生产全流程、全场景、全设备的"沉浸式" + "零距离"数智新体验，让消费者随时随地打卡"数智伊利"。

## （二）以数字人赋能全链创新

近年来，伊利持续推动数字新技术尤其是人工智能技术的产业落地。在数字人领域，伊利自 2020 年开始布局数字人赋能全链创新，陆续推出"大利""小伊""伊伊""小优""小巧""金娜"等数字人，组建成伊利数字人家族。

作为伊利金典品牌数字代言人，金娜是采用先进 AI（人工智能）技术设计生成的超写实数字人，通过将超写实数字人实时动捕技术与三维场景真实直播相结合，突破超写实数字人"不能实时直播"的常规限制。优酸乳品牌数字代言人"小优"，不仅围绕新品不断迭代升级，还创新占位"乳业首个数字化＋AIGC"，实现行业破圈。

通过推动数字化产品的应用，伊利逐步实现研发、制造、供应链、营销等全业务价值链的创新升级。2022 年 3 月，清华大学专家学者实地走访伊利，完成中国乳业首个学术层面的数字化转型案例。4 月，伊利启动"数字 N ＋伊"生态创享计划，第一站携手微软加速器展开两个多月的数字化转型生态创新大赛，面向全球科创企业发出招募，共同打造营养和科技兼具的"数字牛奶"。2023 年 12 月，伊利集团与火山引擎联合主办的"健康＋AI"生态创新大赛收官，上海博斯腾网络科技有限公司、中科苏州智能计算技术研究院等 6 家优胜企业脱颖而出。

在历时一个多月的角逐中，伊利携手优秀科创企业共同探索 AI 技术与健康产业的深度融合。作为"数字 N ＋伊"生态创享计划的升级版，此次大赛不仅展现了"数智伊利"的勃勃生机，也标志着伊利不断推动数智技术应用、助力行业数智化升级的持续发力。业界普遍认为，此举也将带动更多"新鲜"数字力量注入，为数字时代的健康产业带来更多创新和变革。

当前，我国正整合科技创新资源，加快形成新质生产力。站在新起点，以伊利为代表的龙头乳企正围绕产业链布局创新链，解决产业链技术瓶颈，推动数智化升级。未来，"数智伊利"将继续打造"全球智慧链"和绿色低碳产业链，实现创新驱动增长，助力加快形成"奶业新质生产力"，不断推动行业高质量发展。

## 二、乐园革新：AI 技术在迪士尼乐园的应用 *

华特迪士尼公司（以下简称"迪士尼"）真正的力量在于围绕创作或资产创建强大品牌，并通过各种可能的方式将其货币化。迪士尼乐园作为全球知名的娱乐场所，一直在寻求创新的方法来提升游客的体验。随着 AI 技术的引入，迪士尼乐园正在经历一场服务和体验的变革。

### （一）个性化度假规划

迪士尼推出了基于 AI 的实时度假规划助手——"精灵"。这款助手能够根据游客的家庭喜好推荐景点和活动，为游客提供个性化的度假体验。迪士尼魔力手环内置 RFID 芯片，人们可将其应用于支付服务、预订游乐设施、进入酒店房间等场景。这些数据流反过来可以用于个性化服务。通过与迪士尼魔力手环的合作，精灵还能获取游客在乐园内的位置信息，帮助游客有效管理排队时间，减少等待，提升游玩效率。

### （二）交互式机器人

迪士尼还将 AI 技术应用到了游乐设施中，推出了基于漫威角色的

---

* 资料来源：根据相关网络报道。

人工智能机器人格鲁特。这个真人大小的交互式机器人通过人工智能和遍布全身的传感器与游客互动，为游客带来前所未有的沉浸式体验。

### （三）HoloTile 技术

迪士尼的创新不止于此，他们还推出了名为 HoloTile 的新型硬件。这是一种由数百个微小瓷砖状圆盘组成的地板，利用激光雷达传感器、AI 算法和同步移动的旋转盘，创造出一种正在行走的感觉。结合 VR 技术，HoloTile 能够让游客仿佛置身于一个虚拟世界中，增强了游玩的现实感。

### （四）主题乐园运营效率

AI 技术的应用还帮助迪士尼提高了乐园的运营效率。通过数据分析团队的工作，迪士尼能够进行动态定价，优化酒店客房和乐园门票的销售。此外，AI 技术还被用于优化排队管理系统，通过实时监控和预测游客流量，有效分散高峰时段的拥堵，改善游客的整体体验。

### （五）客户服务与支持

在客户服务方面，迪士尼利用 AI 技术提供更加智能化的支持。例如，通过自然语言处理和机器学习，迪士尼能够更准确地理解游客的需求，并提供快速、个性化的服务响应。

通过这些 AI 技术的应用，迪士尼乐园不仅提升了游客的满意度，还展示了其作为娱乐行业领导者在技术创新上的承诺和能力。随着 AI 技术的不断进步，我们可以期待迪士尼乐园在未来将带来更多令人惊喜的变革。

## 三、砖块堆砌：乐高的数字化转型示例<sup>*</sup>

2004 年，乐高公司（以下简称"乐高"）几乎面临破产，核心问题是数字化转型的误用。主要原因是一系列偏离核心业务的数字媒体失误，其次是内部信息流动不畅，公司运作于孤岛中，人们往往不明白发生了什么。

乐高的转折点出现在新任命的首席执行官约根·维格·克努斯特罗普上任之后。在随后的十年中，乐高回归其核心价值主张，并使其运营、技术和营销流程保持一致。乐高成功实现数字化转型的关键因素包括以下三个方面：第一，新的企业系统。乐高重组其企业 IT 系统，极大地改善了公司内部和第三方供应商之间的数据共享。实施 API 以引入更好的服务，并简化用户界面，让团队更容易获取信息，并提供新工具来解读数据。第二，众包产品设计。乐高的想法是一个将数字体验与现实世界相结合的绝妙举措。为什么乐高是一个激动人心的玩具？因为用户可以根据自己的想象力构建任何东西。它的选择是无限的。那为什么不利用这种创造力，允许用户上传、投票，并让乐高生产这些用户生成的设计呢？这就是乐高的想法。它让乐高洞察市场趋势，知道这些设计会做得很好，同时连接了更加数字化的目标人群。第三，强大的媒体授权模式。乐高巩固了其媒体授权模式。乐高电影及其蝙蝠侠衍生作品和各种游戏增加了公司的利润。这些媒体反过来又被整合到实际产品中，为所有客户提供了一致的体验。

2019 年，乐高推出了新的五年转型计划，旨在适应直接面向消费者销售、在线零售与大型卖场竞争以及屏幕时代的数字化世界。这个时机选得如有神助——转型开始后不久全球就暴发疫情，是否拥有数字化

---

<sub>*</sub> 资料来源：根据相关网络报道编写。

战略成了生死攸关的问题。成果很快显现出来：自 2018 年以来，乐高的销售额几乎翻了一番，突破 90 亿美元，超过了主要对手美泰（Mattel）和孩之宝（Hasbro）。2022 年其门户网站的访问量增长了 38%。

## 四、转型赋能：华为助力数智化 *

进入 2024 年，从互联网到智驾，从采矿业到传统制造，千行万业都在加速数智化。调查显示超过 69% 的样本企业已经在行动，还有超过 25% 的企业正摩拳擦掌准备上车，然而数智化转型并非一日之功。①

早在 1997 年华为技术有限公司（以下简称"华为"）就启动了以数字化为核心的改革。虽然名为"数字化"但实际上真正要动的，却是盘根错节的组织架构。员工不适，高管反对，疾风骤雨下，华为经历了数年的磨合期才逐步走向共识。

时间来到 2002 年，又遇到互联网泡沫破裂，电信业不景气，公司业绩陷入负增长等问题。为了把改革坚持到底，华为又砍掉了不少在建工程。终于到 2008 年，经过整整 10 年的时间，耗资 40 亿元，这场浩浩荡荡的数字化改革才告一段落。而就在这 10 年里，华为的研发周期缩短了一半，故障率降低了 95%，供应链效率也提升了 35%。

2013 年 Mate1 上市，华为备货 100 万台却只卖了 20 万台。2014 年 Mate7 上市，华为只备货了不到百万台，结果市场需求高达 700 万台。华为这才意识到，如果数字化不彻底，决策就无法准确。于是 2016 年华为又启动了一轮新的升级。到 2020 年 Mate40 上市的时候，华为已经能自信满满地说：我们预计有千万级的销量，"夏日胡杨"色必成爆

---

* 资料来源：根据相关网络报道编写。

① 朱国军，吴家豪，徐亦唐. 数字资产超网络嵌入、生态场域资源拼凑与制造业服务模式创新——来自华为、海尔、京东、阿里的多案例研究 [J]. 中国科技论坛，2024（9）：66-78.

款。而这些"神机妙算"都是深度数字化＋智能化的结果。

事实上从精准决策到大数据云计算 AI 的全面突破，这些还只是华为数字化转型的冰山一角。在人们看不到的冰山之下，数字化转型带来的是组织流程、业务模式、治理体系、员工思维方式的深刻变革，这些才是华为保持强大竞争力的基石。

就连华为都踩过这么多坑，中小企业要想搭上数智化的顺风车难度可想而知，转型周期长、组织成本高、耗费资金大，一不小心就会踏入万丈深渊。2021 年，华为联合上万家伙伴发起了"828B2B 企业节"，在两年时间里落地活动上千场，赋能企业 10 万余家，产品特惠及专项补贴 1 个多亿。

2024 年，华为联手生态伙伴推出"转诊联动"，从咨询评估到设备改造、软件应用进行全方位辅助。真正伟大的企业永远不会满足于自我封闭，而这也正是华为的格局。只有与伙伴携手共建繁荣生态，中国数智化的飞轮才能永续向前。

授课PPT

本章知识点

**》 复习思考题**

1. 什么是企业数智化？数智化企业有哪些特点？

2. 企业数智化转型往往需要经历哪些阶段？

3. 怎样确定数智化转型在企业成长中的具体贡献？如何衡量一个企业的数智化转型是否成功？

# 第五篇　产权理论与中国企业改革

———— | 第十三章 | ————

# 产权理论概述

## 第一节  产权与公司产权

"产权"一词，在现代经济学研究中应用广泛，它的作用不可忽视。在探讨公司产权制度时，需要仔细探讨它的含义、特点以及作用，以便为进一步的理论探索奠定坚实的基础。

### 一、产权的起源

产权是在人类社会发展到一定阶段所产生的，并伴随着社会进程发展，其释义也在不断发生变化。关于产权起源的模型，有以下几种不同观点。

#### （一）德姆塞茨模型

德姆塞茨指出，产权作为一种有力的社会手段，不仅有助于促使外部因素的内在转变，而且有助于改善经济运行状况，从而实现经济社会的发展。因此，只有当外部因素的回报超过了其所带来的代价成本，才能够促进经济的发展。随着发展的加快，经济效益的改善、技术的提高、全球范围的拓展以及传统的产业结构的重组，都为外部性的发展提供了强大的推动力。①

## （二） 费尔德的观点

费尔德根据产权排他性程度的不同，将产权划分为资源共有的产权制度、若干群体对资源分割占有的产权制度以及完全排他的私人占有产权制度，按照排他性程度从共同所有逐渐上升到私人占有产权制度，以及存在于两者之间的一系列连续变化的中间状态。此外，为了分析排他性权利与内部控制成本的关系，引入了一个新的成本变量——内部控制成本，结果发现内部控制成本与产权边界有关，产权边界越长，维护产权的成本越高。

## （三） 诺思的模型

诺思认为，当资源相对于不变的人口充足时，建立一个排他性的产权制度将会获得更多收益，因此，没有必要建立私有产权，而应该采取公有产权的方式，以达到最大限度地发挥效用。随着人口的迅速增长，原本丰富的资源变得越来越稀缺，劳动的收益也在不断减少，因此稀缺性的资源竞争会变得更为激烈。而资源稀缺性表现加剧，会使得外部性内部化的收益大于成本这一结果出现，这就导致所建立和维护产权的费用小于收益，而此时排他性产权就出现了。

## （四） 考特和尤伦的观点

罗伯特·考特和托马斯·尤伦通过分析国家和法律的实际情况，强调了产权的重要性。他们认为，只有当产权得到有效保护，其收益才会超过其付出的代价，否则，保护者就无法继续保护产权。虽然产权维

---

护者可以从中获取一定的收益，但他们无法将边际成本转换为边际收益。因此，国家和法律的支持至关重要，排他性产权制度能够有效地分配资源，使产权主体的效用最大化，这也是产权制度的根本原因。

根据多种产权起源学说的观点，产权的形成与资源的稀缺性息息相关。因此，产权的形成和存在必须具备可行的经济基础，并且需要一种能够将外部因素转变为内在因素的激励机制。此外，政府和法律也是保障产权的重要力量。

## 二、产权的定义

### （一）西方学者的观点

结合有关文献，下面列举几个定义。

（1）《新帕尔格雷夫经济学大辞典》认为，产权的形成需要一定的条件，即拥有多种不同的使用目的，而这些使用目的必须符合相关的法律、法规以及社会公共准则，以确保它们被正当使用。

（2）《牛津法律大辞典》则认为，产权涉及拥有和控制物品的各项权利，它们构成了一个复杂的系统，涵盖了拥有、控制和管理的各个方面，而非仅仅局限于特定的单一特征。

（3）现代产权理论的创立者科斯指出，产权的本质在于人与人之间所产生的交互，而非物质上的关联，这一观点在当今社会得到了广泛的认可。

（4）产权界著名的理论大师德姆塞茨将产权视作一种重要的社会手段，它不仅清晰地划分了当事人的权益和责任，而且可以激发他们采取有效的措施来促进经济发展，以达到最佳的经济结果。

（5）美国现代产权经济学家阿尔钦所关注的产权含义是指个人对其所拥有的资源具有使用权，这一概念在经济学中的定义比在法律上的定义更加广泛，深入地影响社会的发展。

（6）菲吕博腾（E. G. Furubotn）和配杰威齐（S. Pejovich）两位学者提出，产权不仅表现出来是某种社会经济关系，更重要的是，它与稀缺资源物的有效利用息息相关。

## （二）马克思的有关论述

马克思主义产权理论，可概括为以下几个方面的内容。

### 1. 马克思关于所有制的论述

商品交换时有一个基础和前提，即私有制。所有制通常指对生产资料的占有形式，是以现实经济关系为基础并表现其的法权关系，是一系列生产关系的集合。但生产资料所有制是所有制的核心。而小生产的基础前提是劳动者对自身所拥有的生产资料的私有权。所谓资本的原始积累可以理解为，资本最初是如何得到的，或者资本主义最终的资本是如何形成的，是一个使生产资料和生产者分离的过程。资本主义私有制与小生产私有制之间有着巨大的差异，这个差异是根本性的，尽管两者都是私有制。因此我们要想深入掌握所有制的本质，不能是表面意义上的简单理解，还需要针对所有制所表现出来的生产关系这一环节进行具体解析和深入理解。

### 2. 产权及其与所有制的关系

在现实经济中，所有制经过法律的界定，并受其保护，其关系的具体的法律表现是产权。所有制的内容和性质能够决定产权的内容和性质，而产权的制度安排又产生一个对所有制的反作用。

## （三）产权定义的简要归纳

经过深入分析，可以发现，第一，产权的本质是一种法律表达，它体现了所有制的特征，其性质和内容完全取决于所有制结构。第二，关于产权的结构和内容。"产权"指的是产权主体对某种特定物品拥有的各种权利的集合，或称为权利束，包括占有权、使用权、收益权、处置权等多种权利。这些特定的权利在不同的情况下会发生变化，并且由不同的产权主体拥有。第三，产权具有排他性，即它的所有者和受益者都享受相应的权益，可以分离，这些财富和资源都受到法律的保护和管控。第四，产权的功能是建立和维持经济社会的公平正义，实现经济社会的安全平稳，确保有序分布，促进全面发展，实现整个社会主义经济的可持续发展。

## 三、产权相关的基础理论

### （一）科斯定理

科斯在《社会成本问题》一文中表达的中心思想，被后来的斯蒂格勒在 1966 年概括为"科斯定理"。[①] 科斯定理是现代西方产权经济学的理论核心。由于非科斯本人定义，至今未有规范的表达方式。现在一般将它归纳为科斯第一、第二、第三定理。科斯把交易费用引入资源配置，探讨产权安排与经济效率的关系。

第一定理说明如果交易成本为零，则权利的最初分配无关紧要，市场都是最有效率的。科斯在解决外部性中指出，只要不存在交易成本，通过市场竞价，获胜者占有物质财产和法定权益，这样资源就得到了最优配置。科斯主张自由市场下的自动调节权利配置。但现实生活不是无摩擦的物理世界，交易成本为零的前提很难。

第二定理考虑到现实生活中交易成本为正的状况，认为此时的权

---

① Coase, R. H.. The Problem of Social Cost [J]. Journal of Law and Economics, 1960 (3): 1-44.

利界定非常必要。科斯也意识到，事实生活上，交易成本难以为零。只要存在市场交易，就会发生交易成本。无论是私人协商还是法律制裁，都有成本。如果界定好双方的权利，使当事人双方福利得到改善，而且大于调整权利配置的成本，在法律保障下权利就会重新界定。只有调整后双方获利大于调整成本时，权利才会调整。而要使社会成本最小化，需构筑法律来消除私人协商的障碍。

第三定理说明产权制度不同，导致的资源配置效率也不同，同一个产权制度如何制定实施，也会影响资源配置。[①] 科斯指出，构建新的制度本身需要成本，所以，对于生产何种产权制度及怎样生产产权制度，选择不同，经济效率不一样。产权制度的设计、制定、实施与变革就是产权制度的生产过程。产权制度的生产成本表现在生产制度过程中所直接产生的费用，还有生产制度在实施中给当事人造成的资源耗费，这种耗费与他们在此制度中进行交易的费用有所不同。这个定理启发我们选择何种产权制度可从其自身生产成本角度考虑。

## （二）交易费用理论

科斯将交易费用定义为"获得准确的市场信息及谈判和经常性契约所需要付出的费用"。交易费用理论的假设有两个条件"人是有限理性的"和"机会主义"。有限理性暗指买卖双方在不完全信息条件下的理性决策，机会主义是指不完全信息或者扭曲信息背景下交易的一方利用己方信息优势剥夺另一方或多方的信息优势，它是一种有内疚的自我逐利行为。交易中的机会主义将会威胁资产专用性，在缔约中引起"敲竹杠"现象。威廉姆森认为影响交易费用产生的原因与交易费用的决策因素分为三个方面：人的因素、交易市场的环境和与特定交易有关的因素。

---

① Coase, R. H.. The Nature of the Firm [J]. Economica, 1937 (4)：386 – 405.

威廉姆森对交易费用的研究首先基于对人性假设的基础上。他认为人是有限理性的，人们在判断或做决策时一方面由于人自身的知识与能力，另一方面由于客观环境的限制。在人性假设的基础上，威廉姆森认为人一般会有利己的行为，他们会为了追求自身的利益而采取一些损人利己的行为，例如隐瞒重要信息甚至欺骗、为了达成自己的目的而偷窃等。同时他也认为经济中的信息不对称很大一部分来源于这种机会主义行为，其直接结果就是合同风险。与特定交易有关的因素包括资产专用性、交易的不确定性、交易的频率。资产专用性是指用于特定用途后被锁定很难再移作他用性质的资产，若改作他用则价值会降低，甚至可能变成毫无价值的资产，即只有当某种资产和某项特殊的用途结合在一起的时候，这种资产才是有价值的。交易的不确定性对工程交易费用的影响具体表现在当工程项目的不确定性很高时，由于交易双方均会对交易的结果产生不安，所以会把未来难以预料的风险加进合同条款中，或者增加调查取证的费用。交易频率是指同类交易重复发生的次数。当交易得越频繁，相对来说随着规模经济，平均来说每笔交易的费用会越低。交易关系所持续的时间是指交易双方所同意的协议中的条款所持续的时间。持续时间越长，交易费用越高。交易频率高降低了资产专用性，从而有利于减少机会主义行为，交易主体的声誉也将提高。同时交易频率对交易费用的影响还体现在是否需要建立专门的治理结构上。一般说来，资产专用性越强、不确定性越大，交易频率越高，则建立专门治理结构就越具有经济性。

## 四、产权的类型

产权的形成取决于当时的社会、政治、历史、文化以及经济环境，这些因素对于最终的产权结构有着重要的影响，而经济环境是其中最重要的决定性因素。根据排他性的不同，可以对产权的各种形式进行详细的划分和描述。

## (一) 私有产权

私有产权是一种独特的财产所有权，它允许个人根据自己的需求和意愿，自由地选择使用哪种财产。这种财产所有权不仅受到政府、法律和道德的保护，而且受到法律的限制。

## (二) 社团产权

社团产权是一种共同拥有的财产，它不受任何人的控制，只有社团内部的成员才能够获得，并且此类产权不可以被分割，因此，在转让此类产权之前，必须得到社团内部成员的同意，此类产权转让才生效，以确保社团的正常运行。公司产权是社团产权的一种。

## (三) 国有产权

政府是国有产权的最终拥有者，它拥有完全的独占权，没有政府的授权，任何个人或组织都不得对其进行分配。[①] 国有产权是不可分割的，它不能被任何其他主体所取代，也不能被任何其他主体所改变。

## (四) 公共产权

它是一种普遍的权利，不受任何形式的限制，而且具有不可分割的特性，即每个社会成员都有权利和义务去获取和使用公共资源和服务。

经过深入研究，我们可以得出结论：随着时代的进步，产权的多样性也在增强。从传统的私营经济，到现代的集团经济，每种经济都拥有独立的财富。而在当今的经济环境中，各类数字化平台加速涌

---

① 蒋琳. 我国国有投资公司产权结构治理探讨 [J]. 理论与改革，2010 (1)：81-83.

现，以开放的生态系统为载体，将生产、流通、服务和消费等各个环节逐步整合到平台，推动线上线下资源有机结合，创造出许多新的商业模式和业态。①

# 第二节 产权制度与经济效率

## 一、产权制度

产权制度是指受政治法律、文化风俗等因素的影响，一种以产权为基础来组织和管理财产关系的社会经济制度。

产权制度所涉及的相关内容主要包括以下四方面：①明晰财产所有权主体，对此需要进行明确的界定；②明确产权的组织结构和形式，此问题涉及所有权的单一化和复合化等问题②；③明确个人在产权组织中的地位：受所有权状态、法律法规、文化等因素影响；④确定个人在收入分配中应该享有的权利，现实中企业收入可以被划分为特定收入和剩余收入这两类，但每一类收入的具体额度需要依据先期契约中的约定。

## 二、产权制度与经济效率

在著名学者科斯研究的基础之上，有更多的学者针对不同的产权

① 陈晓红，李杨扬，宋丽洁，等. 数字经济理论体系与研究展望 [J]. 管理世界，2022，38（2）：208 – 224，13 – 16.

② 徐丹丹，曾章备，董莹. 基于效率评价视角的国有企业分类改革实现路径研究——以高端装备制造业为例 [J]. 中国软科学，2017（7）：182 – 192.

制度环境下，对产权制度与经济效率之间的关系进行了全面翔实的研究。[1][2][3] 作为在这一领域取得重要成果的代表性人物德姆塞茨，他认为可以将产权视为内生和外生这两种不同状态下的变量分别进行实证分析研究。

## （一）产权作为外生变量

外生变量也被称为"输入变量"，说明产权是外在给定的，与内部可控因素无关。在此基础上探究产权主体产生改变时对经济效率的影响时发现，如果不存在企业的交易成本，即其为零，那么就不会存在收入效应，此时，产权界限是明晰的，而且对资源配置不会产生什么影响。当交易成本大于零时，产权主体的变动影响产出组合，但资源配置的效率仍未发生任何变动。在权利束发生改变的情况下，人们对不同财富的边际效用发生改变，财富的分配与资源的配置效率也会发生改变。

## （二）产权作为内生变量

如果把产权这个变量视为内生变量，那么它也可以被视为经济变量，也就是说产权是完全由经济运行系统内部某些经济因素所产生的变量。

不同的产权类型其权利束不同，对于生产效率的探究也应当根据资源的稀缺程度与成本收益的不同状况进行分析。从产权自身的特点入手，即其所具有的排他性以及产权可转让性这两方面视角进行分析，公有产权无法进行交易，排他性与可转让性较弱，交易成本高会影响资源配置效率。而私有产权能够进行自由交易，其交易成本相比

① 黄松，王莳. 产权、效率与选择：基于中国土地制度演进路径的动态考察 [J]. 郑州大学学报（哲学社会科学版），2016，49（3）：61-66.
② 郑美华. 论混合所有制的高效率增长 [J]. 财贸研究，2019，30（3）：52-59.
③ 杨维光，古惠冬，陈文捷，等. 技术转移网络、空间溢出与经济效率 [J]. 统计与决策，2023，39（10）：70-75.

公有产权大大降低，提高了资源的配置效率。[1]

旧企业产权理论从资产的剩余索取权角度出发强调完全契约性质，将产权界定为依附在产品或服务之上的权利束，其代表人物德姆塞茨在1999年提出企业所有者所具有的权利束包括以下几种权利：作为剩余索取者、各种投入公认中心的权利、观察投入行为的权利、增减团队成员的权利、出售企业所有权的权利。其认为权利束的价值能够决定被交换的实物或服务的价值。产权在资源配置中的作用就是为外部性较大程度内化提供动力。[2] 随着知识的不断更新换代，相应的企业生产函数以及市场价值的预期也会不断产生变化，新的产权也就相应产生。

新产权理论则从资产的剩余控制权角度出发强调不完全契约性质，其代表人物哈特在1995年提出旧产权理论在很多情况下不能得到确切的定义，在某种情境下会出现模棱两可的状态。由此新产权理论强调不完全契约的经济意义，主张在不完全契约下，产权配置才具有意义。同时将涵盖为机器存货等固定资产以及企业形象声誉等软资产的非人力资产考虑在产权逻辑内，揭示非人力资产控制权在企业中的本质作用。

# 第三节 现代公司产权制度

## 一、公司产权制度的理论解释

1972年，阿尔钦和德姆塞茨两位学者撰写了一篇产生了广泛影响

---

① 李璐，万怡. 诉讼风险、上市公司产权性质与 IPO 市场反应——基于会计师事务所转制视角［J］. 财会月刊，2017（24）：91－96.

② 邹梦婷，凌丹，谢获宝. 经济新常态背景下审计师意见、投资效率与企业价值关系研究——基于产权性质视角［J］. 工程管理科技前沿，2023，42（1）：90－96.

的论文——《生产、信息成本和经济组织》，论文中提出了团队生产理论这一观点，认为企业是管理资源的一种方式，并且当企业的管理费用越低，相应的企业管理资源的优势就越明显。此外，论文还针对企业管理资源所需要的开销成本与通过市场交易配置资源所需要的成本之间的关系进行了分析。

为了预防机会主义行为，比如搭便车和偷闲等一些行为，需要采取相应措施来提高团队的生产效率。一种行之有效的方法是可以通过对生产效率和报酬的测量考核实现安排产权制度，此种方法能够有效激励员工。[①] 机会主义行为往往由于信息不对称而产生。为了消除这种行为，监督措施是必要的，尽管监督措施可能会带来较高的成本。然而，还有其他方法可以改善团队的生产效率。以下是两个可行的方案。

（1）建立内部监控机构。通过设立专门的监督机构和雇佣专职人员对团队成员进行监控和激励，以确保所谓的"剩余控制权"在他们手中。然而，一个新问题出现了：如何监督监控者？为了解决这个问题，可以设计一个产权制度，将剩余索取权授予监控者。监控者工作得越努力，生产效率就越高，他们获得的报酬就越丰厚，从而形成一个良好的发展机制。

（2）市场机制。通过市场力量对团队成员施加压力，让他们意识到如果不努力工作，就会被其他人替代。此外，需要建立一种内部激励机制来激励团队成员的表现。由谁来充当拥有剩余控制权的监控者呢？对于这个问题，需要追溯到传统的古典企业中，企业投资者将手中所拥有生产资料作为证明，获取其他要素所有者的信任。但是，在现代公司中情况发生了根本性变化，因为现代公司股份持有者较多，这种方式在团队中发挥的作用是低效率的。而且，在众多股东中可能存在搭便车和偷闲的行为。但是，如果建立有限责任制度、所有权与

---

① 俞宪忠. 论公产比重与经济贡献错位的根本原因 [J]. 学术界，2018（7）：130–140.

经营权分离、资本市场上产权自由转让以及经理市场和商品市场上存在竞争压力等，就可以解决这个问题了。

## 二、企业产权制度的理论模型

为什么资本聘请劳动，而不是劳动雇佣资本呢？以下理论模型将提供一个合理的回答。

过去曾有劳动雇佣资本的存在，但实践证明这不是一个有效的选择。企业之所以能够成为市场机制的替代物，主要在于能够在其内部实现外部效应，这是团队生产理论的核心观点之一。企业内部的分工和协作，能够有效降低企业的交易成本，并节约交易费用。

根据阿尔钦和德姆塞茨的解释，团队生产是一种协同产出，无法在技术上分辨每个因素的贡献或单个因素的简单叠加产出。分工和协作可以创造新的生产力，提高产出效率。如果团队生产只涉及两个因素（记作 $a$、$b$），总产出为 $O$，那么必然有 $d_2O(a, b)/dadb \neq 0$，即因素之间相互影响。

由于现实中存在信息的不对称性问题，团队成员可能通过偷闲等机会主义行为谋取个人利益，因此在团队内部需要建立有效的监督和管理机制。

在团队生产中，应该把剩余索取权给哪一方的团队成员呢？实际上团队成员可以被分成两类：一类是投入资本家，是对企业工厂、设备等生产资料进行前期投入的一方；另一类自然是拥有劳动力的工人。由于投入资本家会面临来自经营风险的影响约束，如果同时给予两类团队成员剩余索取权，那么就会实现激励和约束的统一，从而提高企业的生产运营效率。因此，可以得出，在特定的社会生产力水平下，企业所有权与企业管理权二者的统一，会促使最有效的产权制度形式出现。

## 三、现代公司产权制度的基本特征

公司制企业是法人企业制度的典型形式。其股权具有高度的流动性和可转让性，股东可通过证券市场进行交易，实现产权的转移和变更，减少交易成本和增加流动性。公司作为一个独立的法人实体，具有与股东分离的独立法人身份，可通过自己的名义处置财产和承担责任，有效保障股东和债权人的利益。现代公司产权制度有以下特点。

### （一）产权法定

公司产权属于社团产权，需依法获得。股份公司通过发行股票来筹集资本，股票的发行与交易受到有关法律的制约。一是不准退股，公司的股东不能中途退出，这样就保证了公司法人财产的完整性；二是可转让，公司股东可以将其所持股票转让出去，改由他人持有；三是要承担风险，公司股东的收益取决于公司经营状况的好坏，如果公司经营不善致使效益下滑，股东的利益就会受到损害。

公司产权分为两种形式，一种是股东所拥有的股权，体现为股东持有、以股票形式存在的虚拟资本；另一种是法人产权，体现为由公司法人控制、以实物形态存在的实际资本。

### （二）产权平等

公司财产的最终所有权归全体股东所有，公司有盈利则由全体股东分享，公司出现亏损则所有股东都要承担损失。但是，股东对经营的风险只承担有限责任，即仅以其出资额为限对公司经营中发生的亏损承担责任。

组成公司资产的所有股权是完全平等的，无论是利益的分配权，还是决策权都按照同股同权同风险的原则对待。持有股票越多，则权利就大，收益就大，当然义务也大，承担的风险也大。

## （三）产权明晰

产权明晰主要指产权关系和责任的明确。这涉及所有者的产权明晰以及公司法人财产权的明晰。在现代商业社会中，产权关系是多层次的，牵涉财产所有权、实际占有权、使用权、收益享有权以及处置权等一系列权利关系。产权的权利与责任是明确且分离的，投资者拥有股权，企业拥有经营管理权，从而具有独立的民事权利和责任承担能力，并有权进入市场参与竞争。[①]

产权作为现代公司参与社会再生产过程的必要条件，可以独立运动而不受产权主体的随意干扰。在产权的运动过程中，其使用价值形态与价值形态可以合一也可以分离。

## （四）产权复杂

产权体系的复杂化是与现代公司的大型化相伴随的。股份公司的出现使公司通过发行股票聚集资本实现迅速扩张成为可能，一些公司为增强其市场竞争力进行横向或纵向一体化的公司兼并，以降低交易成本，也导致了公司规模的迅速扩大。随着公司规模的不断扩大，出现了母公司、分公司、孙公司等复杂的公司产权体系。[②]

随着社会生产力的快速发展，尤其是交通、通信技术等领域的迅猛进步，市场规模大幅扩大。为了适应市场经济需求，企业规模不断扩大，大型企业往往体现出多种经济功能，比如当企业产品范围广泛时通常会跨越地区和国界。

---

① 王斐，张忠民. 抗日战争前西北实业公司产权制度特征研究 [J]. 上海经济研究, 2019 (4)：119-128.

② 高程德. 现代公司理论 [M]. 北京：北京大学出版社, 2013：96-98.

如果企业产权制度设计符合企业的价值创造规律，就可以起到激励员工工作积极性的作用，从而使企业有持续发展的核动力[①]；相反，如果企业产权制度设计不符合企业的价值创造规律，即使企业制定了在其他方面的激励措施，但也只能是补充而已，并不会对企业产生真正有长久意义的持续动力。

## 复习思考题

1. 什么是产权？产权的主要功能是什么？
2. 试阐述产权类型及其对效率的影响。
3. 现代公司产权制度有哪些特征？

 案例分析

### "新59岁现象"：国有企业老总改制情结与新心病*

改制是国有企业老总最渴望的事，越是临近退休，改制的愿望越强烈。无论是谢幕的长虹倪润峰，还是退休的三九集团总经理赵新先，都有一个难舍的情结——渴望改制。这种现象可称为"新59岁现象"。有案例表明，一些国有企业老总把改制当成"最后的晚餐"，既能以最少成本捞到可观的股权，又能保住自己的位置。

"急"是"新59岁现象"的最大特征。经过十多年的探索，国有企业改革已真正触及公司制问题，人们对改制——产权制度改革的认识及改制的环境、气候、政策等条件已逐渐成熟，而那些为公司奋斗多年甚至奉献终生的国有企业老总们却又临近退休，这个情

---

① 袁琛，马连福，张晓庆."薪中有数"：企业数字化转型对人力资本产权激励的赋能效应［J］.上海财经大学学报，2024，26（4）：32-48.

* 资料来源：贺小刚，等.现代企业理论［M］.上海：上海财经大学出版社，2016：154-155.

形有点像一位站在驶入终点列车上的人，急于跳上另一列刚刚启动的列车。

一位已经完成改制的原国有企业老总这样解释"新 59 岁现象"：改制前，公司高层管理者任期完全由上级决定，不管你能力有多强、精力有多旺盛，只要到点必须退休。而改制后，只要不是国有控股，公司高层管理者的任免就由出资人与董事会决定，而且任免规则是市场化的，只要高层管理者有能力和精力，就不会受 60 岁退休的规定所限。

希望改制没有错，但操之过急就会出问题。"新 59 岁现象"的成因是那些即将退位的国有企业老总希望通过改制持股甚至持大股，而高层管理者持股的最大难题是如何筹措资金。长期低收入的高层管理者如果急于持大股，只有几种可能：要么做小"蛋糕"（做亏、低价评估），要么隐匿资产，要么转移利润，要么"空手套白狼"，要么资金来路不明，显然，这些做法都是违规甚至违法的。所以，在国有企业老总激励机制尚未健全的今天，高层管理者持股应是长期行为。

一些睿智的 59 岁左右的国有企业老总在推动改制时，不选择"一口吃成胖子"的办法，而是选择一条易于操作的现实之路，如保留部分国有股、吸引部分外来投资者、融进部分职工股。只有当他具有足够的能力左右局势时，才会坚定地选择管理层收购（MBO）或员工持股计划（ESOP），其目的很明确——在所剩无几的时间内完成改制。

由此看来，仅几年的工夫，高层管理者的心态发生了很大的变化，由褚时健引发的"59 岁现象"已发生变异。如果褚时健所代表的"59 岁现象"是"恋钱症"的话，那现今流行的"新 59 岁现象"则是"恋岗症"。

在"59 岁现象"刚浮出水面时，经济学家周其仁的"我们拥有世界上最昂贵的公司制度和最便宜的企业家"这句话广为流传，人们认为造成"59岁现象"的主要原因是国有企业老总的激励和约束机制不足。于是，年薪制、期权、期股等办法相继出台，就连国资委也概莫能外，从2004年起对中央公司老总实行了年薪制。"新59岁现象"的出现，证明"钱"和"岗"不是一回事，靠激励和约束不能全部解除国有企业老总的心病。

"新59岁现象"的出现有一定积极意义。改制后，出资人到位，公司必将建立起一套完善的治理结构，公司高层管理者选择、投资决策等重大事项都将由治理结构（董事会、股东会）决定，这样中国的国有企业才能真正脱胎为规范的、市场化的公司。

改制的核心不在于股权，而在于把高层管理者与公司的联系从一纸"红头文件"变成产权联系，这样就必将摒弃过去那种"人选择人"的做法，建立起一种按市场化规则选择和决策的制度。

▶ 问题：

1. 请用产权理论解释"59岁现象"和"新59岁现象"。

2. 如何正确对待国有企业中的"新59岁现象"？

授课 PPT

本章知识点

# 第十四章

## 中国国有企业改革

## 第一节　中国经济体制变迁的内在逻辑

邓小平同志作为我国改革开放的总设计师，自 1978 年党的十一届三中全会以来，不断大胆创新，对我国传统的社会主义经济制度进行了探索与改革，他的改革具有独特的中国式智慧，为各发展中国家和各转型经济国家提供了积极价值的参照目标，具有重要意义。可以说，中国在改革经济发展的过程中得出的理论体系、发展模式与经验成果，将使全球经济学内部产生一场巨大的深省与变革。

据此意义来讲，总结改革开放的经验模式意义重大，中国式发展经验为许多发展中国家提供了丰富的理论体系与思维模式，具有不可替代的借鉴意义，同时这些理论体系与思维模式也彰显出了中国特有的智慧烙印。我们可以从中得出一些系统性的、一般的规律，尽管这些规律不能被完全照搬照用，但是其具有的借鉴价值不容小觑，值得重视。

### 一、强制性变迁与诱致性变迁相融合

我国的经济改革体现出强制性变迁与诱致性变迁相融合的特点。

这主要体现在，我国改革的大部分领域中，尤其是在制度的选择与变革中，初级行为团体承担着备受瞩目的重要角色。例如在农村的改革发展中，农民不仅仅意味着只是"制度的接受者"，更多的是作为参与者，切身投入到制度改革的过程中，最后由政府广泛推行此制度变革的形式，并通过出台法律与政策证实初级行为团体的制度选择具有合法性。

## 二、渐进性变迁和激进性变迁相融合

我国的经济改革从总体来看呈渐进趋势。在发展的过程中不断进行尝试，处于"摸着石头过河"的境况。渐进性改革在一定程度上减少了改革过程中所带来的摩擦成本，但在具体的改革推行与制度施行上，又具有明显的激进性。大多数改革的具体措施其实都是在短期内实现的，国企的股份制改革、资本市场的股权分置改革等，实际上它们的实施周期很短，这充分体现出在总体呈稳健与渐进的趋势下我国经济改革在具体实践方面具有果断性，并且能够精准把握制度变革的大好时机。

值得着重说明的是，尽管渐进性改革在制度变革的过程中具有渐进特点，但是在变革的具体实施阶段与步骤方面，还应体现出变革的实质性和果断性。渐进性改革的最终目的是要尽快完善市场经济体制，避免国家在经济过渡时期内传统体制的复归和经济矛盾长期累积而发生经济体系的全面危机。

## 三、经济改革采用增量改革模式

我国的改革方式是增量改革，这并不是遵循系统的模式方法来完成的，也不能同时在所有的经济领域发挥出其功用，而是在首先选择变革的部门实现其功能。例如国有企业，它的变革是增量改革发展模式的典范，在特定时期内取得了伟大成效。再如乡镇企业的发展变革也采用了增量改革的发展模式，开拓了市场作用的新领域，并在改革中不断引入更多的市场机制，有效增强了市场经济的活力。

增量改革模式使国有企业取得成效，也大大增强了市场经济的活力，具有重要的意义。但与此同时，此改革模式也具有一定的消极影响，双轨并行的传统体制在提供大量租金机会的同时，使得居民更倾向于通过寻租的方式来获益，破坏了市场的公平竞争原则，也在一定程度上使得生产资源被浪费。

## 四、经济改革采用"试验—推广"改革模式

政府首先在一些经济领域进行改革试点，通过不断尝试，将最后得出的经验理论推广运用到更多领域，这种局部试点最后广泛施行的改革方式，虽然能够有效降低改革带来的风险，使改革过程更加稳定，但是这种改革方式具有依赖性，依赖于不同地区之间强制性的割裂，从而使不同地区之间的发展产生不均衡性。

## 五、有效的财政分权体制以及由此激发的地方政府创新精神

在中国渐进式的转型中，地方总是起着重要的作用，地方性的创新举动能够有效促进中央的改革行动，进而成为整个国家的集体行动。专家认为，地方政府采用创新行为来发展经济，实际上是财政分权体制的作用。财政分权体制激励性很强，地方政府受到鼓舞，由此具有极大的动力积极发展地方经济，由此也促进了民营经济的快速发展，为其提供了良好的成长环境。可以说，地方政府与民营企业的积

极互动使得民营经济得以稳健发展。

## 六、制度变迁理论

美国经济学家道格拉斯·C. 诺思（Douglass C. North）在研究中重新发现了制度因素的重要作用，诺斯对制度变迁概念的内涵与外延进行了多角度的定义。在最初关注制度变迁时，他认为制度变迁是制度创立、变更及随着时间变化而打破的方式，"如果预期的净收益超过预期的成本，一项制度安排就会被创新"。[①]在《制度、制度变迁与经济绩效》中，他对制度变迁有了更为详尽的论述。他提出，制度变迁是从均衡到不均衡再到均衡的循环往复，是对构成制度框架的规则、准则和实施组合的边际调整。与制度变迁相对的概念是制度稳定，这种稳定是一种均衡，它是指"在行为者的谈判力量及构成经济交换总体的一系列谈判合约给定时，没有一个行为者会发现将资源用于再建立协约是有利可图的。"归纳起来，制度变迁可以理解为制度破旧立新的过程。推动制度变迁的力量主要有两种，即"第一行动集团"和"第二行动集团"，两者都是决策主体。制度变迁的一般过程可以分为以下五个步骤：第一，形成推动制度变迁的第一行动集团，即对制度变迁起主要作用的集团；第二，提出有关制度变迁的主要方案；第三，根据制度变迁的原则对方案进行评估和选择；第四，形成推动制度变迁的第二行动集团，即起次要作用的集团；第五，两个集团共同努力去实现制度变迁。

根据充当第一行动集团的经济主体的不同，可以把制度变迁分为"自下而上"的制度变迁和"自上而下"的制度变迁。所谓"自下而

---

① Davis L E. , North D C. . A Theory of Intitutional Change：Concepts and Causes ［M］//Institutional Change and American Economic Growth, London：Cambridge University Press, 1971.

上"的制度变迁，是指由个人或一群人，受新制度获利机会的引诱，自发倡导、组织和实现的制度变迁，又称为诱致性制度变迁。所谓"自上而下"的制度变迁，是指由政府充当第一行动集团，以政府命令和法律形式引入和实行的制度变迁，又称为强制性制度变迁。

# 第二节　混合所有制经济的构建

## 一、混合所有制经济的内涵及重大意义

### （一）内涵界定

在现有的经典理论中，在经济学视域下，混合所有制与混合经济的概念有一定相关性，但又有其区别彼此的特性。混合所有制的概念描述了所有权分配的结构以及投资多样化和一体化所形成的各类所有权资本的经济形式。混合所有制经济是市场经济和计划经济之间的一种经济体制。混合所有制的概念是对所涉及的所有权配置进行的阐述，而混合所有制经济是一种经济体系。在中国主要以股份制企业的形式存在。它意味着公有制和非公有制资本通过股份公司共同经营，实现多元化投资、交叉持股和融合发展。混合所有制经济具有多样的产权结构和优化的治理结构，这表明公有制与私有制两者主体之间存在着利益共享和风险共担的经济关系。

### （二）重大意义

从根本意义而言，推动混合所有制经济是我们国家国有经济改革势在必行的举措，能够增加国有经济活力，并且可以有效进行资源配

置，以及微观体制调整。① 我们国家所大力推进的混合所有制经济，不仅承担了我国的改革开放、经济发展、巩固制度基础等宏观经济任务，也担负了多重历史使命。

首先，混合所有制经济有效推进了供给侧结构性改革，进一步深化国企改革，提高开放经济水平，化解经济风险。② 减弱国企控制力，与民企互补竞争，促进资源重新配置，提升企业的效益与效率，同时也助力于非国有企业公平竞争和发展壮大。

其次，混合所有制经济加速了建立公平的市场秩序和塑造公正的资源分配格局，并能够促使社会资本打破一些行业垄断，加强市场竞争，提升民营企业竞争力，加速创新驱动产业升级，从而能够快速促进公平竞争的市场环境秩序的建立。③

此外，混合所有制经济还会提升国有经济水平，实现对国有资本布局，以便于进行战略性调整，而且也有助于社会资本和各类产业的高质量发展，我国也能够更好地适应新的全球贸易和投资规则，④ 进一步提高我国的开放程度和国际竞争力，从而全面提升开放型经济水平。

## 二、发展混合所有制经济的基本思路与途径

为了坚定不移地推进混合所有制经济的发展，我们将围绕两个基本原则展开工作。首先，通过市场机制来配置资源，实现高效的资源

---

① 付琳. 中国巨石混合所有制改革案例研究 [D]. 郑州：郑州大学，2022.
② 江苏省国资委课题组，徐郭平，王正宇，等. 国企改革十大难题 [M]. 南京：江苏人民出版社，2016.
③ 夏秀芳，张慧慧. 中国建材混合所有制改革探析 [J]. 财务与会计，2021（21）：33-36.
④ 郑予捷. 组建企业集团是国企改革和发展的需要 [J]. 经济体制改革，2002（1）：65-67.

配置和优化股权结构。这样可以明确混合所有制的范围，提高集中度和配置效率，推动混合所有制经济的转型和发展。其次，这一发展模式将为完善社会主义市场经济体制奠定基础，确保经济活动在社会主义的框架下健康有序地进行。[1][2]

### （一）确定范围，确定混合所有制经济的红线与底线

混合所有制改革，通过产权改革，促进体制活力，实现国企的涅槃重生。所谓红线与底线，就是指在改革过程中所要面对的各种风险。根据改革企业的功能定位以及其所属行业、地域等因素，考虑因企施策、因地制宜这类方式促进混合所有制改革。这样的举措可以确保在特定领域内适度发展混合所有制经济，同时也维护了国有经济的主导地位。

1. 少数领域缓行混合所有制经济

（1）国家安全领域由纯国有或非营利机构负责，不适合混合所有制。

（2）国有资本投资运营公司可以保持国有独资形式。

2. 多数行业和领域加快混合所有制经济发展

（1）竞争性行业和基础设施领域国有企业改为混合所有制无禁区。

（2）可以和社会资本交叉持股或者采用 PPP 模式。

（3）混合所有制企业需按照市场规律，公平竞争，创造价值。

（4）鼓励社会资本加强基础设施投资，实现多元化发展。

3. 国有资本针对一般竞争性领域建立有序退出机制

（1）国有资本应退出竞争不具优势、效率低下的领域，服务于国家战略目标。

---

① 王国俊. 国企改革的路径选择和经济后果研究 [M]. 南京：南京大学出版社，2020.
② 葛培健，严学锋. 高质量混改的力量 [M]. 南京：江苏人民出版社，2019.

（2）引入民间资本降低国有资本持股比例，有序退出。

（3）允许混合所有制中非公有资本控股的企业发展。

## （二）突出要点，发展混合所有制的突破口为优化股权结构

加快发展混合所有制经济，优化股权结构，在竞争性行业领域发挥各类资本的作用，择优取之，相互促进，以实现资源有效配置。

1. 混合所有制的关键所在是配置合理的股权结构

（1）打破限制股比思维，引入各类投资者配置合理股权结构。

（2）国有资本将可以通过相对控股或参股方式，达到非公资本持股比例占三分之一。

（3）建立投票机制，让其他股东在决策和治理中发挥作用。

（4）探索国有股东"金股"机制，行使否决权保障国有资本的控制力。

2. 重点在大型国企集团公司层面发展混合

（1）母公司层面推动股权多元化改革，引入战略投资者、兼并重组、公开募股、股权交换等方式。

（2）借助资本市场和金融创新，积极吸引非公有资本参与。

（3）推进符合条件的母公司整体上市，促进混合所有制经济。

（4）适时进行资产重组，提高核心竞争力，推进混合所有制经济。

## （三）创新方式，多渠道丰富混合所有制经济实现途径

鼓励非公有资本参与国企改革，带动民营经济发展；激发市场主体创造力和活力。①

---

① 郑志刚. 国企混改［M］. 北京：中国人民大学出版社，2020.

1. 鼓励发展非公有资本参股或控股的混合所有制经济

（1）支持非公有资本并购重组和参股，不限制股权比例。

（2）鼓励非公有资本通过 PPP 投资基础设施和公用事业项目。

（3）允许非公有资本通过证券市场等平台参与国企改革和增资扩股。

（4）鼓励国内外合资合作，推进企业海外拓展。

2. 采取创新方式探索"金股"特殊管理股、优先股等

（1）引入"金股"等特殊股权结构，保障国有资本的影响力。

（2）探索特殊管理股权制度，用来维护创始人决策权以及其控制权。

（3）推行优先股方式，提供持有者优先权利。

## （四）规范程序，实施过程和操作细则决定着混合所有制的成败

混合所有制经济的成功与否取决于改革的实施过程和操作细则。改革必须自上而下，统一规划，并尊重基层创新。在实施中，国有资产评估定价机制至关重要，需要依法操作以规避资产流失风险。因此，我们必须制定合适的操作规范，确保改革顺利进行并保护国有资产。

1. 推动改革自上而下系统性实施

（1）中央进行顶层设计，包括目标、路径、政策等方面。

（2）允许地方制定适合本地特点的实施方案，发挥地方基层的积极性和创造性。

（3）地方政府可以通过发展混合所有制经济来处理债务，并引入社会资本来支持城市建设。

2. 完善国有资产评估定价机制

（1）制定特殊清单和审查制度，明确规定国有资产转让的特殊情

况，并建立严格的审查机制。

（2）允许更多的企业在全国性交易所上市，与地方交易所对接，提高资产价格的确定和信息对接效率。

（3）建立"法定审计 + 法定评估"的制度，在资产转让前进行审计和评估。

3. 规范推进混合所有制的操作流程

（1）坚持分类实施和分阶段推进的原则，控制进展，不断优化执行程序。

（2）严格遵守法律法规明确的程序，以防止出现关联交易和利益输送的情况。

### （五）混合所有制成功的保障是构建国资管理新体制

通过混合所有制改革，建立起国有资本投资运营公司，推动国有资产管理转变，提升效能。同时，还计划完善国有资本管理方式，减少行政干预，并构建统一管理体制。[①] 这样的改革将优化国有资本配置，促进经济发展。

1. 完善国有资本管理体制

（1）去行政化，从"管控"到"治理"的转变。

（2）优化管理监督职能，明确权力边界和企业自主权边界。

（3）采取约定治理模式，实行更加市场化的产权管理方式。

（4）探索构建统一监管的国有资本管理体制，整合不同行业，实现整体性和协同性改革。

2. 重点关注点

（1）组建国有资本投资公司或运营公司，形成三级管理架构。

---

① 肖建军，刘松林，蒋瑛. 资产重组——国企改革的突破口 [J]. 中国财政，2000 (3)：21 - 22.

（2）国有资本监管机构监督管理，不干预企业经营活动。

（3）实现国有资本的监管从"管人管事管资产"的方向转向"以管资本为主"的方向。

（4）国有资本监督者与国有资本出资人和国有资本运营企业要实现相对分离，形成有效的国有资本管理体制。

## 第三节　国有企业混合所有制改革

我国国有企业混合所有制改革始于20世纪90年代。1992年，国家体改委、国家计委、财政部等部门印发了《股份制企业试点办法》《股份有限公司规范意见》《有限责任公司规范意见》，开始进行国有企业股份制改革试点。1993年12月，《中华人民共和国公司法》颁布，国有企业混合所有制改革由试点走向规范化。党的十七大报告强调："以现代产权制度为基础，发展混合所有制经济。"党的十八届三中全会提出："公有制为主体、多种所有制经济共同发展的基本经济制度，是中国特色社会主义制度的重要支柱，也是社会主义市场经济体制的根基。"党的二十届三中全会指出："要毫不动摇巩固和发展公有制经济，毫不动摇鼓励、支持、引导非公有制经济发展，保证各种所有制经济依法平等使用生产要素、公平参与市场竞争、同等受到法律保护，促进各种所有制经济优势互补、共同发展。"在党和国家对所有制理论不断创新的基础上，国有企业混合所有制改革不断向前推进。

混合所有制改革是近年来国企改革的核心部分，是指在国有企业中加入非国有资本，实现国有企业股权多元化，促进国有企业产权制度改革和治理结构完善，以解决国有企业活力不足的弊端。国有企业混合所有制改革事关国有经济的主体地位问题，事关基本经济制度问题。

要想让国有企业真正成为市场化主体，国有企业的决策机制、运行管理机制、激励约束机制等必须适应经济规律，满足市场竞争要求。

## 一、国有企业混合所有制改革的重大意义

### （一）完善国有企业法人治理结构，提高国有资本价值

法人治理结构就是公司内部治理结构，是股东及其他参与者利用公司内部的机构和程序参与公司治理的一系列法律、制度安排。它由股东会、董事会、监事会、经理层之间的权力、责任及制衡关系组成。推进国有企业混合所有制改革，实现国有企业产权主体多元化，能促进国有企业股东会、董事会、监事会、经理层职能的发挥，使其内部治理结构的权力、责任更科学合理，既能保障各利益主体的利益，又能实现公司决策科学化，提升国有企业的效率。完善国有企业法人治理结构，才能真正建立起现代企业制度，进一步强化对不同所有制性质投资主体的约束。

我国国企改革的重要目标之一就是建立现代企业制度。现代企业制度是企业发展到一定阶段的产物，也是企业发展到一定阶段的需求。许多民营企业的改革伴随着市场化的浪潮，具有比国有企业更加灵活的机制。20世纪90年代，部分民营企业逐步建立了现代企业制度，包括员工按照贡献大小量化配股的产权制度，不分家族内外、唯才是举的用人制度，所有权和经营权适度分离、决策层与执行层分离的管理制度。现代企业制度使企业走上了快速发展的道路。国企混改能够为国有企业的改革提供资金支持，从而保证了改革的顺利进行。非国有资本为一部分中小型国有企业和其他公有制企业的联合、兼并、嫁接、租赁和拍卖等提供了现成的对象和有效途径，完善了国有

企业法人治理结构，改善了国有企业经营绩效，提升了国有资本价值。[①]

## （二）降低道德风险，解决国有企业委托代理问题

按照委托代理理论，公司股东与经理之间是一种典型的委托代理关系，股东对公司掌握的信息少，是委托人，经理对公司掌握的信息多，是代理人。由于信息不对称和利益不一致，经理可能会利用自己的优势地位侵害股东的利益，如偷懒行为、短期行为、保守行为、控制行为等，这就是委托代理问题。

按照产权理论，公司所有者（股东）拥有公司剩余索取权，所有者最后参与分配，因此最具有监督公司行为的积极性。国有企业的所有者是国家，国家委托国有资产管理部门行使所有者权利，国有资产管理部门从中央到地方有多个层级，是多层委托代理关系，代理链条长，信息不对称更为突出，委托代理问题更为复杂。"59岁现象"是国有企业委托代理问题的典型状况。

国有企业混合所有制改革，可以从根本上解决国有企业股东层面委托代理层次过多、权责不一致等问题。通过吸收民营资本，可以完善企业法人治理结构，调动非公有制产权主体的监督积极性。同时，采用管理层收购、员工持股计划等方式将公司利益与经理层利益有效捆绑，加强制度建设，建立起长期激励与约束机制，降低道德风险，避免短期与自利行为。

## （三）降低国有企业杠杆率，防范金融系统性风险

自我国开始推进供给侧结构性改革以来，国有企业降低杠杆就成为一项重点工作。2018年，国务院常务会议指出，要从改善公司治理、

---

① 兰有金. 国企混改新时代 [M]. 北京：中信集团出版社，2019：114.

完善企业债务重组政策、拓宽社会资金转变为股权投资的渠道、加强市场化债转股实施机构力量、出台有针对性的业务指引等方面，切实降低企业负债率。

国有企业混合所有制改革是去杠杆的有效手段。混改引进的民营资本可以直接降低企业的负债率，减轻财务负担，防范系统性风险。国企混改改善了公司法理结构，能有效抑制企业高负债行为，从而降低杠杆率。同时，国企混改也采用债转股的方式，债转股（debt for equity swap）是指国家组建金融资产管理公司，收购银行的不良资产，把原来银行与企业间的债权债务关系，转变为金融资产管理公司与企业间的控股（或持股）与被控股的关系，债权转为股权后，原来的还本付息就转变为按股分红。债转股是一种直接有效的降杠杆手段。

## （四）拓展非公有制经济的发展空间，实现国家经济结构调整和转型升级

国有企业混合所有制改革拓展了民营企业的发展空间，有利于破除公有制经济发展的"天花板"，使非公有制经济获得更多的发展机会和空间，实现健康快速发展。[①] 混合所有制企业已成为我国经济发展的主要力量。根据国家统计局、国家工商总局（国家市场监督管理总局）、国家税务总局等公开的相关统计数据，截至 2015 年，混合所有制经济占工商登记企业注册资本的 38%，混合所有制经济占企业法人单位的 20%，混合所有制经济占城镇就业的 20%，混合所有制经济占固定资产投资的 1/3 左右，混合所有制经济占税收近 50%，混合所有制经济占工业企业的 30%～60%，混合所有制经济占商贸企业的 30%～50%，混合所有制经济占上市公司的 80% 以上，混合所有制经济占我国 500 强企业 80% 以上，我国进入世界 500 强的企

---

① 国企党建丛书编写组．国有企业改革发展探索［M］．南宁：广西人民出版社，2017：60.

业基本上都是混合所有制企业。[①]

国有企业混合所有制改革把国有经济发展与民营经济发展有机结合起来形成合力，使民营资本进入国家重点领域和基础行业，拓展了经济范围，提高了经济实力，获得了更大的发展平台和更多的融资机会，从而加快实现国家经济结构调整和转型升级。

## 二、国有企业混合所有制改革的目标及原则

### （一）国有企业混合所有制改革的目标

国有企业混合所有制改革意义深远，任务复杂，需要有明确的目标指引。概括来说，国有企业混合所有制改革的目标有以下几个方面。

1. 优化

从经济发展层面来说，国有企业混合所有制改革要优化资源配置，推动经济高质量发展。通过国有企业与民营企业的深度合作，更好地发挥各自优势，形成协同效应，提高生产效率。国有企业积极布局新兴产业和高端制造业，推动产业链向高附加值环节延伸，带动相关产业链的整体升级，推动经济结构由量的扩张向质的提升转变。促进产业结构升级，推动经济高质量发展。这是国有企业混合所有制改革的长期目标。

2. 做强

从国有资本层面来说，国有企业混合所有制改革要做强、做优、做大国有资本。国有资本是国有经济的有效实现形式，要通过引入

---

① 陈永杰，等. 民营企业发展与混合所有制经济改革 [M]. 杭州：浙江大学出版社，2016：91 - 94.

多元化股权结构，激发企业内部活力，促进管理机制和经营模式创新。通过市场化的运作方式，增强企业在市场中的竞争力和抗风险能力，实现国有资产的保值增值。做强、做优、做大国有资本，增强国有经济的活力、控制力、影响力。这是国有企业混合所有制改革的核心目标。

3. 提升

从国有企业层面来说，国有企业混合所有制改革要提升国有企业的持续竞争力。通过引入市场化机制和先进的管理理念，使国有企业在资源配置、成本控制、技术创新等方面实现显著提升。激发企业员工的积极性和创造力，推动企业整体运营水平的提升。促进企业内部管理流程的优化，减少冗余环节，形成更加科学和透明的决策机制，提升决策效率。这是国有企业混合所有制改革的直接目标。

## （二）国有企业混合所有制改革的原则

### 1. 公平竞争原则

确保各类市场主体在市场竞争中享有平等的地位和机会，避免因所有制形式不同而导致的政策倾斜或不公平待遇问题。

### 2. 透明公开原则

改革过程及结果应公开透明，接受社会监督，确保国有资产交易的公正性和合法性。

### 3. 风险防控原则

在引入非国有资本的同时，建立健全风险防控机制，确保国有资产的保值增值，防止国有资产流失。

### 4. 创新驱动原则

鼓励国有企业通过混合所有制改革，引入创新资源和管理模式，提升企业的创新能力和核心竞争力。

5. 社会责任原则

在追求经济效益的同时，强调国有企业应承担相应的社会责任，促进社会和谐与可持续发展。

## 三、国有企业混合所有制改革的实施

### （一）筹划和业务准备阶段

包括选择和确定混改模式、选择重点优化的业务并进行相应的业务重组，为引入资本做好准备。混合所有制改革是一项从国有资本层面到国有企业层面的综合性改革。在国有资本层面，涉及国有资本的安全性和增长性；在国有企业层面，不仅涉及拟混改企业的产权变化，也涉及该企业的组织结构调整和员工观念的更新。因此，要在明确改革目标的基础上，做好充分的论证和筹划工作。

案例

### （二）引入资本阶段

包括选择战略投资者、考虑出让股权的比例、合理确定价格、引入核心员工持股等，这是国有企业混合所有制改革的具体实施阶段。混改是国有资本与非国有资本在国有企业中的"联姻"，既要强强联合，又要"合同而化"。要求外部资本积极到位并形成制衡，同时推动国有资本到位，在各方股东形成"管资本"理念基础上，推动企业层面的体制机制改革。

案例

### （三）健体制和转机制阶段

国有企业引入外部资本后，要着力于体制机制的改革，建立现代

案例

企业制度，与市场对接，这个环节至关重要，是国有企业混合所有制改革的深水区。包括以现代化为方向、以董事会为核心、健全公司治理体制的改革，和以市场化为目标、以动力机制为核心、转换经营机制的改革。引入资本后国有企业能否继续推动改革，从而建立有效的治理体制并将经营机制与市场对接，是决定企业业绩能否显著改善、能否提升持续竞争力、能否实现可持续发展目标的关键。①

## 四、国有企业混合所有制改革的成就

改革开放 40 多年来，国有企业混合所有制改革作为我国经济体制改革的重要组成部分，与国有企业改革和民营企业发展历程相互促进。混改在规模、领域、方式、速度等方面取得了积极进步与显著成效，在体制融合与机制建设中亦取得重大突破。

### （一）国企改革顶层设计方案形成

形成了以《关于深化国有企业改革的指导意见》为统领、以 35 个配套文件为支撑的"1 + N"政策体系。这是改革开放以来国企改革领域最系统、最全面、最有针对性的政策体系，有力保证了国企改革有方向、有目标、有遵循。

### （二）国资国企体制机制改革实现重大突破

公司制改制全面完成，实现了历史性突破。董事会建设迈出重要步伐，八十多家中央企业建立了外部董事占多数的董事会。市场化经营机制加快建立健全，积极推进经理层成员任期制和契约化管理，扎实推行职业经理人制度，统筹运用多种方式强化中长期激励。混合所

---

① 王悦. 混改：资本市场的观察与思考 [M]. 北京：中信出版社，2019：189 - 305.

有制改革更加积极稳妥，形成层级较为齐全、覆盖各环节的混改配套政策。加快从管企业向管资本转变，进一步突出管资本重点职能，构建业务监督、综合监督、责任追究三位一体的监督工作闭环，国资监管体系更加完善。

## （三）国有资本配置效率和整体功能显著增强

2013 年到 2022 年，国有企业改制重组引入各类社会资本超过2.5 万亿元。中央企业和地方国有企业所属的混合所有制企业户数占比分别超过 70% 和 54%。①战略性重组和专业化整合扎实推进，2012年以来完成 22 组、41 家中央企业战略性重组，有序推进铁塔、航材、煤炭、海工装备等领域专业化整合。瘦身健体成效明显，中央企业2041 户"僵尸"特困企业已基本完成治理任务，安置富余人员约 80万人；煤钢去产能任务全面完成，累计化解煤炭过剩产能 1.14 亿吨、钢铁过剩产能 1644 万吨；全面开展"压缩管理层级、减少法人户数"工作，中央企业累计减少法人超过 1.5 万户，减少比例达 28.4%，管理层级全部压缩至 5 级以内。剥离企业办社会职能和解决历史遗留问题取得标志性成果。②

## （四）党的领导和党的建设全面加强

在加强党的领导方面，具备条件的混合所有制企业绝大多数建立了党的组织。在公司治理方面，70% 的混合所有制企业中有外部投资者派出的董事。国有控股上市公司持续引入持股比例 5% 以上的战略投资者，股权结构、公司治理进一步优化。在市场化经营机制方面，

---

① 刘丽靓. 国资委：积极稳妥深化混合所有制改革［N］. 中国证券报·中证网，2022 – 06 – 17.

② 郝鹏. 深入实施国企改革三年行动 推动国资国企高质量发展［J］. 企业观察家，2021 (8)：74 – 79.

混改企业基本实现了经理层成员任期制和契约化管理的全覆盖,灵活开展了中长期激励,上百家上市公司实施股权激励,200 个科技型企业实施了股权和分红激励。①

## (五) 国有企业质量效益稳步提升

截至 2019 年年底,国资系统监管企业资产总额 201.3 万亿元,比 2012 年增加 129.9 万亿元,年均增长 16%;2019 年国资系统监管企业实现营业收入 59.1 万亿元,比 2012 年增加 21.1 万亿元,年均增长 6.5%;实现利润总额 3.6 万亿元,比 2012 年增加 2 万亿元,年均增长 8.8%。特别是面对突如其来的新冠疫情,国资国企闻令而动、勇挑重担,在扎实做好境内外员工防疫工作的同时,主动服务国家防疫大局,倾尽全力参与医疗救治,分秒必争抢建专门医院,不计代价转产扩产防疫物资,不讲条件执行包机任务,全力以赴攻关疫苗研发,千方百计保障民生供应,有力有序推进复工复产,在党和人民最需要的时候挺身而出、不辱使命,发挥了主力军作用。②

## 五、新形势下国有企业混合所有制改革的困境及突破

### (一) 国有企业混合所有制改革的困境

新形势下,国有企业混合所有制改革面临着多方面的困境和挑战,主要包括以下几个方面。

① 刘丽靓. 国资委:积极稳妥深化混合所有制改革 [N]. 中国证券报·中证网,2022 - 06 - 17.
② 郝鹏. 深入实施国企改革三年行动 推动国资国企高质量发展 [J]. 企业观察家,2021 (8):74 - 79.

**1. 国有资本和民营资本诉求不同，存在观念鸿沟**

国有企业长期肩负国家战略使命，在经营中强调合规性、稳健性，注重产业的长远规划布局，以保障国计民生、推动关键领域发展为重任，对利润的分配倾向于留存用于再投资、技术研发与产业升级。与之相对，民营企业等社会资本多受市场逐利性驱动，追求短期内资金回笼与利润最大化，期望快速分红实现资本增值。国资更加注重程序正确性和制度刚性，而民营资本则更加注重效率与效益。这种在经营理念、利润留存、分配节奏、目标追求上的巨大分歧，使得双方在混改前、混改中、混改后都花费巨大的交易成本，阻碍混改进程。

**2. 股权结构设计困难，股权交易复杂**

国有资本欲引入活力充沛的非国有资本实现优势互补，却在股权占比上存在疑虑。如果国有资本占比高，非国有资本则担心话语权受限，经营决策难以自主，缺少参与混改的积极性；如果国有资本占比降低，又存在国有资产失去控制权与潜在流失的风险，且极易引发国资监管部门、社会舆论的质疑。民营资本是否可以控股、在哪些条件下可以控股、控股比例是多少，这些问题都需在实践中继续探索。

许多国有企业经历了多年的改制、重组，历史遗留问题错综复杂。甚至一些企业内部账册记录含混不清，财务数据前后矛盾、错漏百出，重要资产权证遗失缺失，产权归属模糊不明。梳理协调这些问题需联合市场、税务、国资等多部门协同作战，股权交易复杂、困难。

**3. 国有企业参与混改的动力不足，积极性不够**

虽然中央顶层设计已经将国有企业混合所有制改革作为国有企业改革的重点，但是仍然有一些公司高管认为其改革的预期效应还存有诸多不确定性。特别是没有从正面和负面两个角度来评估战略投资者，导致部分企业在进行混合所有制改革时，无法制定出行之有效的应对措施，改革方案只是流于形式，无法付诸实施。另有一些公司业务跨度宽泛，产业关联性微弱，优质资产与低效、闲置资产相互掺杂，整合优化难度较大，难以吸引到契合度高、实力强劲的优质非国有资本。还有一些公司害怕失去对公司的控制权，会影响合并报表的经营绩效，所以不愿意把优质的企业和优质的资产拿出来，反而把那些拥有较小资产的集团所属二、三级的公司来参加混合所有制改革。①

### 4. 政策法规不完善，存在监管短板

国有企业混合所有制改革涉及股权结构设置、职工持股计划、激励机制重建，以及产权交易等多个方面。虽然中央顶层文件中已经进行了明确表达，相应配套措施也在不断落实，但精细入微、全面覆盖的国企混改政策体系仍未搭建完成，针对不同混改模式，如民资参股国企、国企入股民企、员工持股型混改等，缺乏专项、具体的操作规范与指导文件。监管方面，混合所有制企业内资本成分多元复杂，既有国有资本的严格监管要求，又有适应非国有资本灵活自主的监管诉求，使得监管主体多元、监管方式难以统一协调。监管部门既要严守国有资产不流失的底线，又要维护非国有资本平等参与、公平获益的权益，在平衡两者关系、实现精准有效监管的道路上困难重重，稍有不慎便可能顾此失彼，影响混改的健康、有序推进。

### （二）国有企业混合所有制改革突破困境的对策

面对新形势下国有企业混合所有制改革的困境，亟须全方位、深层次且系统精准的应对措施。

### 1. 完善顶层设计，消除认识误区

在国有企业层面，混合所有制改革是以"混资本"的产权制度改

---

① 陈聪颖. 国企混合所有制改革中面临的困境与突破［J］. 现代企业文化，2024（29）：73－75.

革为基础，以"转机制"的体制改革为核心，以市场化的观念改革为方向的综合性改革。国企混改要按照"完善治理、强化激励、突出主业、提高效率"的要求，分层分类地深化混合所有制改革，不能片面地以混改的数量、比例、进度、范围等作为国企改革的标识。企业开展混改之前要进行充分的可行性论证，厘清企业混改的目的。要根据企业的长期发展目标确定战略规划、战略布局和经营模式，剖析企业存在的短板及瓶颈，论证混改的意义和价值。确定混改方案后要在全企业内宣传，从总公司到分公司，从高管到普通员工都要认识到混改的必要性，在思想上统一观念，消除误区。混改过程中要合理设计股权结构，吸引优质社会资本，消除防范心理，求同存异，协同发展。混改完成后应建立评价机制，从国资委和企业两个层面推进混改后评价机制建设。从混资本、改机制、促发展三个维度出发，对资本增值、管理提升、主业发展、投资者作用等方面进行综合评价，检验混改成效，找出问题和不足，提出改进措施，提升企业整体绩效。

2. 明确混改策略，稳定推进实施

对于不同层级企业的改革方案应量身定做，"一企一策"，避免"一刀切"运动式推进。在充分论证和意见征求的前提下，完善改革方案，按照法律法规及公司章程以及国有企业"三重一大"决策机制，履行内部决策程序，并根据监管部门的审批要求上报相应的监管机构审议通过。做好审计、评估、尽调、产权交易及变更登记工作，严格执行国有资产交易制度，严格资产评估，明确定价、流转和退出机制，交易过程应强化交易主体和交易过程监管，切实做到规则公开、过程公开、结果公开，防止暗箱操作、利益输送等问题产生，杜绝交易过程中国有资产流失。完善混改后企业治理架构的设置，企业发展规划及资源配置，建立责权明晰的管控机制，健全市场化运营及制度体系。

### 3. 引资用资，协同发展

国企改革三年行动方案（2020～2022年）指出，"国企民企要相互配合，推进兼并重组和战略性组合"。"兼并重组和战略性组合"就必须围绕国有企业运行效率和竞争力，坚持"价值认同、治理规范、利益共赢"的原则，从传统的"引资"转为新形势下的"用资"。"用资"并非单纯使用民企各类资源，而是在于通过汲取民企运营方式、体系架构、治理方法等一众经验，充分提升国有企业市场竞争力。这也意味着，"用资"的对象应是具有高匹配度、高认同感、高协同性的战略投资者。高匹配度是指战略投资者应具有强烈的改革意愿，具有相同的合作和发展诉求，能够在共同合作的基础上互利共赢；高认同感是指对企业定位、发展战略、经营理念和企业文化等高度认同，确保股东层面的"同频同振"；高协同性是指在业务开展、产业链布局、管理能力、技术水平、资源配置等方面协同性高，要通过混改使单一的国有资本和非国有资本相融合，使其相互促进、优势互补、共同发展，达到"1＋1＞2"的效果。总之，国企和民企要在战略上一致、文化上认同，产业链上协同，要长期合作、互利共赢。①

### 4. 完善配套机制，细化政策保障

企业各部门要做好相互配合与协调，促进多方改革措施的落实与协同发力。整合各方力量，做好混改的组织保障工作。建议由企业主要负责人牵头组织混改专项工作，以明确混改工作核心地位；建立完善的工作组织，确保财务、法务等关键职能部门深度参与混改工作；方案编制过程中，工作小组应提前与国资委沟通对接，结合国资委意见，及时调整方案内容；做好程序配套工作，落实内部及外部决策程

---

① 丁宗庭. 新形势下国有企业混合所有制改革的实施路径探究［J］. 中国商论，2024（22）：156－159.

序，确保审批过程顺利；建议企业做好混改过程项目管理，引入并整合会计师事务所、律师事务所等专业机构，节约项目成本，提高混改实施效率，保障企业混改合法合规推进。

细化关键政策规定，促进改革措施的落实。国有企业中"1＋N"的政策体系已经构建完成，不过在实际应用上仍存在着很大的差异，因此要针对国有企业的混合所有制改革的重点政策进行细化和研究，制定配套的细则，保障混合所有制改革措施的落实。比如，要做好混合所有制改革中税负处理、土地处理、股权结构、职工持股计划、劳动关系调整等内容的完善，通过各项举措的有效落实，消除民营企业参与混改的顾虑。

国有企业混合所有制改革是新形势下国家构建国民共进、协调发展经济格局的立足点，是国有企业改革的突破口。对于国有企业优化资源配置、完善市场化机制、强化内部监督体系、提升企业的持续竞争力等方面都有重要意义。国有企业新三年行动方案（2023～2025年）提出：国有企业要实现"三个明显成效"，即在增强国有企业服务国家战略功能作用上取得明显成效，在推动国有企业真正按市场化机制运营上取得明显成效，在加快建设世界一流企业和培育专精特新企业上取得明显成效。继续稳步推进国有企业混合所有制改革是实现这三个明显成效的关键。

## 》复习思考题

1. 请简述国有企业分类监管的作用和目的？

2. 请简述员工持股优势和风险？

3. 当前经济环境下，混合所有制改革对民营企业发展有哪些机遇和挑战？民营企业应该如何抓住机遇和应对挑战？

4. 国有资产管理中如何有效解决委托—代理问题？

**案例分析**

## 中信集团的混合所有制改革*

中信集团有限公司（简称"中信集团"）是我国一家新兴的大型国有企业。中信集团的前身是中国国际信托投资公司，由荣毅仁于1979年创办，2002年更为现名。近几年来，中信集团通过上市等方式积极发展混合所有制，特别是2014年和2015年以中信股份有限公司为上市平台，将集团绝大部分资产注入到这个在香港上市的子公司当中去，有力地推动了现代企业制度建设和经营机制的转换。

中信集团通过几十年的发展，已成为涉及金融、资源能源、制造、工程承包、房地产及基础设施等多个业务领域，在国内外具有重要影响力和良好信誉的大型综合性跨国企业集团。截至2014年年末，中信集团总资产达47329亿元，净资产2676亿元，全年实现营业收入3409亿元，净利润291亿元。2009年以来连续六年入选美国《财富》杂志"世界500强"企业排行榜，2015年排名第186位。

中信集团发展初期，公司根据国家经济社会发展需要，通过"引进资金、引进技术、引进管理"，对服务于国内经济建设，发挥了重要的窗口作用和独特的桥梁作用。进入21世纪以来，中信集团逐步发展成一个大型综合性跨国企业集团，集团资产质量、盈利能力得到显著提升。"十二五"期间，中信集团加快了改革步伐，2011年整体改制为国有独资公司，并以主要资产发起设立了中国中信股份有限公司（简称"中信股份"）。2014年8月，中信集团将中信股份100%的股权注入香港上市公司中信泰富，实现了中信股份

＊ 资料来源：张文魁，等. 混合所有制与现代企业制度——政策分析及中个实例［M］. 北京：人民出版社，2017：159－167.

境外上市。随后一年间，中信集团又进行了两次大的股权转让，积极进行混合所有制改革。

2015年1月20日，中信股份发布公告称，本公司订立认购协议，同意以45922549800.00港币（港币459.2亿元）的总对价向正大光明配发及发行3327721000股全额付清的本公司可转换优先股。同日，中信股份控股股东之一、中信集团全资附属公司中信盛星订立股份购买协议，同意以34366586609.00港币的总对价向正大光明出售本公司2490332363股股份，占本公告之日本公司全部已发行股本之10.00%。

股份购买完成后，中信股份的股权结构将调整为中信集团间接持有67.90%的股权、正大光明持有10.00%的股权、其他公众股东持有其余约22.10%的股权。并且，在正大光明满足优先股中所载列的若干条件的情况下及受限于最低公众持股比例得到维持，其可将所持有的优先股转换为普通股，使其持有中信股份的比例增加至20.00%左右，进一步实现中信股份股权结构的多样化、国际化和市场化。

此外，2015年1月20日，中信股份还与"正大"及伊藤忠商事株式会社（"伊藤忠"）订立不具法律约束力的战略合作协议，三方期待在中国和全球市场利用各自现有优势共同谋取并捕捉重要的战略机遇。

根据中信股份的公告及相关信息，引入正大光明为战略投资者将从以下四方面受益：（1）股权结构进一步国际化和多元化，正大光明将向中信股份派出董事，提升公司治理水平；（2）优先股发行完成后，中信股份可直接获得459亿港币现金，用于中信股份发展现有业务和投资新兴业务；（3）正大集团和伊藤忠是跨越多个领域的跨国企业集团，三方合作将有助于中信股份进一步获取亚太地区乃至全球业务的机会；（4）增强中信股份资本基础，提升融资能力及灵活性。

2015 年 8 月 12 日，中信股份发布公告称，雅戈尔于 2015 年 8 月 12 日根据认购协议的条款和条件完成认购中信股份 859218000 股新股份。认购所得款项净额为 11986091100 元港币（119.86 亿港币），所得款项将被用作一般公司用途。购股完成后，雅戈尔（集团）持有中信股份的股比从 0.54% 升至 3.85%。雅戈尔是一家在香港注册成立的有限责任公司，其主营业务为投资控股，为雅戈尔集团的全资附属公司。雅戈尔集团是中国最大的民营企业集团之一。

授课 PPT

本章知识点

▶ 问题：中信集团为什么要进行混合所有制改革？

# 第十五章

## 逆向混改：中国民营企业纾困实践

## 第一节　逆向混改的动因与路径

逆向混合所有制改革（以下简称逆向混改①）是我国混合所有制改革的一类特殊形式，是国有资本入资和控股非国有经济体的一种混合所有制改革模式。站在非国有经济主体的角度，破解融资难融资贵和改善市场竞争地位以及顺应国家层面的产业布局战略是其主要动因。非国有经济体主要以民营经济为主，混改涉及的领域包括环保、机械、金融、医药、集成电路等行业，是我国国有资本运营模式变革后国有资本重点布局的领域。

因此，逆向混改不仅是非国有资本在市场中求变和发展的策略，同时契合了我国国有资本在服务国家产业布局优化、实现国有资本保值增值的资本运营战略。从最终形态上，同一般混合所有制改革的最终形态由国有经济主体产权占据主导地位不同，逆向混改主体的最终

---

① 混改和逆向混改是混合所有制改革的两种方式。混改是指在国有控股企业中加入非国有资本（包括民间资本和外国资本），使国有企业股权结构多元化，形成多方持股的企业形态；逆向混改是指在民营或民间资本控制的企业中加入国有资本，使国有股权占比增加，减少或完全取消非国有资本的持股比例，重新确立国家对相关企业的控制地位。前者是国有企业吸纳民营企业进入；后者是国有股权参股到民营企业之中。

形态上，产权以非国有经济主体占据主导地位。

## 一、逆向混改的动因

企业创新需要充足的资源和长远的战略规划。民营企业一般难以靠自身资本开展创新活动，需借助外部融资获取创新资源。① 站在非国有经济主体的角度，逆向混改的驱动力主要来自两类因素：一类是内部因素，在我国现有国情和市场制度体系下，非国有经济主体主动求变的驱动；另一类是外部因素，是在国内外经济环境和产业政策变化驱动下，各类经济主体顺应趋势而做出的产权调整。

从我国民营经济为主的非国有经济面临的问题看，相对于大中型国有经济体，主要包括融资难、融资贵、市场门槛高、技术和人才资源匮乏等现实约束，通过引进国有资本实现同国有经济主体的"联姻"，有助于解决民营企业经营上面临的困局，具体包括以下几个方面。

### （一）借助国有资本解决融资难融资贵问题

非国有资本在扩张的过程中受限于自身资本短缺的约束，需要寻找外部资本的支持。受我国现行信贷机制和规则的限制，民营企业获得银行贷款存在较大的难度，且难以享受很多面向国有企业的政策性优惠贷款。同国有资本的联合，有助于规避一些信贷歧视的问题。

### （二）有助于自身市场竞争地位的改善

很多非国有经济体在某些产业领域具有较强的竞争力，国家产业布局政策引导下的对国有资本和产权的引入，有助于形成产业的协同效应，以更好实现国家的产业布局战略。

---

① 邓永勤，汪静. 国有参股股东能够促进企业创新吗［J］. 科技进步与对策，2020，37（10）：81－89.

## （三）有助于国家产业布局优化

在国家产业政策的规划下，各类所有制主体通过产业融合实现国家层面的产业布局优化。近年来，全球产业格局不断变化，对我国产业布局战略提出了新的挑战，客观上造成了促进国内市场国有经济和非国有经济产业融合战略实践的内外环境。对国有经济和非国有经济在资源、市场及管理上的有机整合和优势互补，理论上有利于实现混改企业效率的帕累托优化（Pareto Optimal），这一目标也契合了近期国家关于国企改革应着眼于提升活力效率的要求。

## 二、逆向混改的路径

混改路径的正确选择是混改成功的关键，学术界与实务界一致认为，进行混改需遵循"因企施策"原则。[①] 实践中包括股权转让、整体上市、引入战略投资者、资产重组、员工持股等主要路径。[②] 整体上市适用于母子公司存在同业竞争的集团，在集团层面重组、剥离不良资产和非经营性资产之后，实现集团经营性资产的整体上市。引入战略投资者的主要目的是双方优势互补，发挥协同效应，混改企业引进的不仅是资本，更是股东所蕴含的各种战略性资源。资产重组是出售部分资产或业务置换新资产的重组模式。员工持股计划主要针对管理层之外的员工，通过让员工持有本企业股票的方式，实现对员工"利益绑定"的目的。[③] 这几种模式并非互斥的，目前多数企业会依据自身情况选择一种或几种混改模式，如整体上市后实施员工持股计

---

① 徐辉，何悦，骆淑恬. "逆向混改"动因、路径与效果研究——以小康股份引入东风汽车为例 [J]. 财会通讯，2023（18）：97－104.

② 王斌，刘一寒. 论战略投资者 [J]. 财务研究，2021（5）：3－14.

③ 王砾，代昀昊，孔东民. 激励相容：上市公司员工持股计划的公告效应 [J]. 经济学动态，2017（2）：37－50.

划，也可以在整体上市后通过定向增发实施引入战略投资者，以期多角度带来正向的混改效果。

## 第二节　逆向混改的经典案例

### 一、节能国祯引入中国节能

#### （一）两企业基本情况

安徽国祯环保节能科技股份有限公司（民营，节能国祯的前身）创立于 1997 年，2014 年在深交所创业板挂牌（股票代码：300388），公司主营水资源的综合利用和开发，服务范围覆盖全国。公司已建立和拥有完备的产业链优势，为客户提供环保领域的项目投资、科技研发、设计建造、设备制造与集成及项目运营服务。节能国祯在混改前的股权结构如图 15 - 1 所示，安徽国祯集团股份有限公司（以下简称"安徽国祯"）持有节能国祯 2.18 亿股，占总股本的 32.45%，是节能国祯的控股股东；李炜持有安徽国祯 62.56% 的股权，为节能国祯的实际控制人。

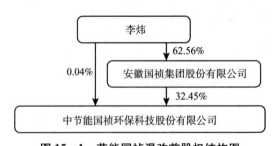

图 15 - 1　节能国祯混改前股权结构图

据公司 2019 年年报所示，公司营收项目主要包括工业废水综合处理服务、水环境治理综合服务以及小城镇环境治理综合服务。其中，水环境治理综合服务的营收占公司总营收的 66.25%，是公司的核心收入来源。

中国节能环保集团有限公司（国央企）是经国务院批准，由中国节能投资公司和中国新时代控股（集团）公司于 2010 年联合重组成立的央企，由国务院国有资产监督管理委员会 100% 控股。中国节能作为一家专注于环境保护和节能减排的大型央企，自创立之初便将"节约资源保护环境"作为核心理念，为促进我国节能环保事业的蓬勃发展作出了杰出的贡献。当前，中国节能业务遍布国内外多个国家和地区，形成了独特的产业格局。①

## （二）混改过程

自 2019 年 7 月，中国节能通过定向增发增持节能国祯股份，定增完成后，中国节能对节能国祯持股比例达到 8.34%，后又于 2020 年 3 月 13 日，节能国祯公司控股股东安徽国祯与中国节能签订了包括《股份转让协议》在内的相关协议，拟向国祯集团和中国节能转让所持 1.01 亿股国祯环保股份，转让价格为 14.6636 元/股，同时将 4197.8 万股对应的表决权委托给中国节能，转让完成后中国节能对节能国祯的持股比例达 22.73%，成为节能国祯的控股股东，国务院国有资产监督管理委员会成为节能国祯的实际控制人。混改后节能国祯的股权结构如图 15-2 所示。

---

① 贡彬豪. 节能国祯引入中国节能"逆向"混改的动因及效果研究［J］. 中国市场，2023（34）：122-125.

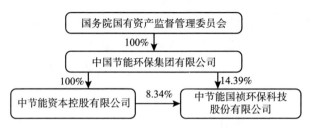

图 15 – 2　节能国祯混改后股权结构图

## （三）动因及混改效果分析

### 1. 动因

（1）引入国资背景，提升企业治理能力。环保行业盛行 PPP 模式业务，由于 PPP 项目的周期长、资金投入大，在一定程度上加大了企业的经营风险，因此节能国祯亟须获得外部助力来降低风险。此外，引入国有背景的股东，能够使节能国祯紧跟市场步伐，及时了解政府对环保产业颁布的相关政策。

（2）降低股权质押比例，缓解融资约束。一是环保行业自身的工程属性决定了其具有投资规模巨大、期限较长等特性，对资金的需求极高，对企业的财务负担较重；二是国家降杠杆大势下让环保民营企业融资更加困难。

（3）化解应收账款风险，增加公司现金流量储备。2016～2019年，伴随着公司业务规模的扩大，节能国祯的应收账款及营业收入均呈不断增长态势，同时发现前3年企业的应收账款周转率逐年上升，但在 2019 年急剧下降。应收账款占收入比重也在 2019 年突然上升。主要是公司的应收账款总额居高不下，加之公司未能有效管控应收账款规模，强化公司的经营性现金回收，这可能会使企业面临短期内现金流短缺的风险。

### 2. 混改效果

（1）优化企业股权结构，提升公司治理能力。逆向混改股权转让完成后，实际控制人变为国务院国有资产监督管理委员会，安徽国祯集团则成为第二大股东。节能国祯因此形成多元化的股权结构，而多元化的股权结构一方面能够减轻公司股权集中的问题，提升公司治理的稳定性和灵活性；另一方面有利于保护中小股东的合法权益，减少市场操纵等行为的出现。此外，通过引入国有股权，更多国有资本成员加入董事会，有利于民营企业及时了解行业风向，为公司决策提出更多的建议。[①]

（2）获得国资信用背书，缓解公司融资难问题。相较于短期借款，长期借款融资主要包含以下优势：一方面，长期借款的筹资速度快，能迅速募集资金；另一方面，长期借款也能起到财务杠杆作用，主要表现在长期借款利息是固定的，因此和债券融资、优先股融资相似，也有财务杠杆的作用。

## 二、合力泰引入福建电子

### （一）两企业基本情况

合力泰科技股份有限公司是一家专注于智能终端核心部件的研发、加工、制造的民营企业。2014 年通过重大资产重组借壳联合化工于深交所上市，股票代码为 002217。2018 年年末，福建电子以股权转让的形式入驻合力泰。本次股权转让后，福建省国资委成为控股股东，企业性质也从民营企业向地方国有企业转变。

福建电子信息集团（简称福建电子）于 2009 年 9 月由福建省人

---

① 孙亮，刘春. 民营企业因何引入国有股东？——来自向下调整盈余的证据 [J]. 财经研究，2021，47（8）：109 – 122.

民政府出资设立,是一家以国有资产经营为主的电子信息产业投资平台,位列国家电子信息企业的百强。福建省国资委作为控股股东和实际控制人,持有福建电子100%的股权。福建电子的主要业务为国有资产的经营和管理、控股或参股电子元器件以及电脑、外设等。

## (二) 混改过程

合力泰公司于2018年9月25日发布了《关于筹划重大事项停牌公告》,原因是公司的控股股东及其一致行动人可能发生变化,对公司的控制权产生影响。文开福先生于9月28日与福建电子签署《股份转让协议》及《补充协议》,确定将公司股份总数的15%转让给福建电子。公司于10月9日发布了《关于公司实际控制人签署控股权转让协议及公司股票复牌的提示性公告》。10月16日,双方签署《补充协议二》,取消对公司核心业务人员的现金激励。11月22日,文开福和福建电子签署《股份转让协议之补充协议三》并发布了《关于筹划重大事项进展及复牌公告》。

文开福与福建电子于2018年12月10日签订《表决权委托协议》,与曾力、陈运等人签订了《解除一致行动协议》。公司于12月17日取得《证券过户登记确认书》,股份过户登记手续也已办理完毕。至此,福建电子持有合力泰29.9%的实际表决权,成为公司的第一大股东和实际控制人。12月28日合力泰召开股东大会,并将福建电子所推选的独立董事及董事纳入董事会,合力泰"逆向混改"基本完成。①

---

① 黄辉,张悦."逆向混改"与民营企业纾困——以合力泰引入福建电子为例 [J]. 会计之友,2024(2):147-153.

## （三）动因及混改效果分析

### 1. 动因

（1）长期而持续的股权质押使得风险增加。股权质押比例高，并且持续的股权质押，使得股票被平仓导致丧失公司控制权的风险增加，也增大其"掏空"的动机，故合力泰公司具有引进国有战略投资者的强烈动机，以提高投资者信心，稳定和提升股价，降低被强制平仓导致公司丧失控制权的风险。

（2）资金周转速度慢，流动性较差。总体上，由于银行信贷配给政策对民营企业的限制，合力泰多样化融资需求难以得到满足，极希望引进国企来提高公司的信用等级，缓解融资约束，解决资金周转问题。

（3）负债比率居高不下。资产负债率2015年至2018年逐年较大幅度上升，且明显高于行业均值。流动负债和非流动负债均保持增长，合力泰偿债压力大，严重影响其经营管理的流动性。面对负债压力，合力泰急需引进外部投资者，提高偿债能力，促进企业可持续发展。

（4）治理结构不合理。合力泰控制人及其他大股东所持股权比例较高，合计占总股本的50.29%，在股东大会拥有绝对的话语权。控制管理团队的大股东难以受到有效监督，中小股东权益无法得到保障，希望引入国有资本，对合力泰内部起到强化监督的作用。[①]

### 2. 混改效果

（1）降低质押比例缓解了平仓风险。文开福、曾力的质押率分别由87.90%和99.94%降低到58.64%和37.39%，且平均质押价格大幅度降低，降低了平仓的风险。同时，其他一致行动人均偿清债务，

---

① 刘宁，张洪烈. 宜控还是宜参？国有股权与民营企业双元创新：逆向混改视角［J］. 科技进步与对策，2022，39（18）：77 – 87.

无质押股份。

（2）融资能力增强。合力泰获得 3A 级企业信用等级，且福建电子能为合力泰债券发行提供担保，长期借款与应付债券等增加，债务融资能力增强，有效缓解了资金紧张问题，又为公司经营奠定了良好基础。

（3）偿债能力增强。混改前，合力泰的流动比率和速动比率均低于行业平均水平，企业短期偿债压力较大；混改后，合力泰与行业均值在以上两个指标的差距逐渐缩小，短期偿债能力逐步增强。

（4）优化了治理结构。在股权结构上，目前中小股东占比最大，占总持股比例的 59%。引入福建电子，既能有效发挥对创始人股东的监督和制约作用，又能保障广大中小股民的权益，使公司的治理结构得到优化。

（5）增强创新能力，提高了市场竞争力。企业科技创新是核心竞争力的重要体现，对企业创造价值和实现可持续发展至关重要。

## ≫ 复习思考题

授课 PPT

本章知识点

1. 请解释"逆向混改"与一般的"混改"有何不同，并举例说明其特点。

2. 根据上文内容，列举出逆向混改可能涉及的行业领域，并解释为什么这些领域会成为国有资本重点布局的对象。

3. 讨论非国有经济主体寻求逆向混改的内部动因，结合民营企业在融资、市场竞争以及技术资源方面面临的挑战进行说明。

4. 描述一下逆向混改的路径选择中的几种主要方式，并思考为何企业会根据自身情况选择不同的模式。

5. 以节能国祯引入中国节能的案例为例，分析该次逆向混改的可能动因以及期望达到的效果。

# 主要参考文献

［1］（美）阿道夫·A.伯利，加德纳·C.米恩斯.现代公司与私有财产［M］.北京：商务印书馆，2005：78.

［2］鲍为民.美国法上的公司僵局处理制度及其启示［J］.法商研究，2005（3）：130－136.

［3］本杰明·克莱因.契约与激励：契约条款在确保履约中的作用［M］//科斯，哈特等.契约经济学.北京：经济科学出版社，2000：192－193.

［4］蔡锐，孟越.公司治理学［M］.北京：北京大学出版社，2018：6.

［5］陈聪颖.国企混合所有制改革中面临的困境与突破［J］.现代企业文化，2024（29）：73－75.

［6］陈德球.公司治理［M］.北京：中国人民大学出版社，2023：183－184.

［7］陈国青，任明，卫强，等.数智赋能：信息系统研究的新跃迁［J］.管理世界，2022，38（1）：180－196.

［8］陈浩，胡瑞生.美国独立董事制度与德国监事会制度比较分析［J］.河南省政法管理干部学院学报，2004，19（4）：145－147.

［9］陈洪，张娇东.股东代表诉讼制度可诉性补强研究［J］.法律适用，2016，363（6）：62－66.

［10］陈佳贵．关于企业生命周期与企业蜕变的探讨［J］．中国工业经济，1995（11）：5－13.

［11］陈诗情．利益平衡视角下公司股东代表诉讼制度的未来构建［J］．特区经济，2022，399（4）：120－123.

［12］陈甦．我国公司立法的理念变迁与建构面向［J］．中国法律评论，2022（3）：22－36.

［13］陈永杰，等．民营企业发展与混合所有制经济改革［M］．杭州：浙江大学出版社，2016：91－94.

［14］程国平．经营者激励——理论、方案与机制［M］．北京：经济管理出版社，2002：94.

［15］程桔华，王文京．以数智化为企业锻造新质生产力［J］．中关村，2024（6）：34－35.

［16］崔之元．美国二十九个州公司法变革的理论背景［J］．经济研究，1996（4）：35.

［17］（美）道格拉斯·诺思．制度、制度变迁与经济绩效［M］．杭行，译，上海：格致出版社，2019：3.

［18］邓峰．董事会制度的起源、演进与中国的学习［J］．中国社会科学，2011，187（1）：164－176，223.

［19］邓永勤，汪静．国有参股股东能够促进企业创新吗［J］．科技进步与对策，2020，37（10）：81－89.

［20］丁宗庭．新形势下国有企业混合所有制改革的实施路径探究［J］．中国商论，2024（22）：156－159.

［21］董一歌，杨丽华．数字化转型对专精特新企业高质量发展的影响路径探究［J］．科技与经济，2024（4）：6－10.

［22］法国民法典［M］．罗结珍，译．北京：北京大学出版社，2010：295－303.

［23］付杰．DH集团推行职业经理人制度的实践及启示［D］.

西安：西安科技大学，2017．

［24］复旦大学课题组，段厚省．新证券法背景下的股东诉讼研究［J］．投资者，2021（2）：1-48．

［25］高程德．现代公司理论［M］．北京：北京大学出版社，2013．

［26］高珂，李晴．威廉姆森与交易成本经济学［J］．改革与战略，2010，26（12）：183-186．

［27］高旭军．德国公司法中规范股东冲突的机制及其启示［J］．北京理工大学学报（社会科学版），2023，25（2）：57-68．

［28］贡彬豪．节能国祯引入中国节能"逆向"混改的动因及效果研究［J］．中国市场，2023（34）：122-125．

［29］谷卫，姜娟．企业无形资产商誉的重新思考［C］//第八届全国无形资产理论与实务研讨会论文集．2007：71-75．

［30］国企业党建丛书编写组．国有企业改革发展探索［M］．南宁：广西人民出版社，2017：60．

［31］韩洪云，李寒凝．契约经济学：起源、演进及其本土化发展［J］．浙江大学学报（人文社会科学版），2018，48（2）：55-71．

［32］郝鹏．深入实施国企改革三年行动 推动国资国企高质量发展［J］．企业观察家，2021（8）：74-79．

［33］贺小刚．现代企业理论［M］．上海：上海财经大学出版社，2016：208．

［34］胡泽民，刘杰，李刚．控股股东代理问题、现金股利与企业绩效［J］．财会通讯，2018，791（27）：60-66．

［35］黄辉，张悦．"逆向混改"与民营企业纾困——以合力泰引入福建电子为例［J］．会计之友，2024（2）：147-153．

［36］江平，孔祥俊．论股权［J］．中国法学，1994（1）：73-82．

［37］姜付秀．公司治理基本原理及中国特色［M］．北京：中国人

民大学出版社，2022：81 - 83.

　　［38］兰有金．国企混改新时代［M］．北京：中信出版集团，2019：114.

　　［39］蓝庆新，韩晶．公司治理模式演进的国际比较分析——基于制度系统论的视角［J］．经济社会体制比较，2010（5）：192.

　　［40］李洪，张德明．独立董事与公司治理绩效的灰色关联分析［J］．经济管理，2006（18）：21 - 26.

　　［41］李建伟．司法解散公司事由的实证研究［J］．法学研究，2017，39（4）：117 - 137.

　　［42］李锦．习近平总书记再提完善中国特色现代企业制度的背景与指向［J］．现代国企研究，2024（7）：7.

　　［43］李维安，郝臣，崔光耀，等．公司治理研究40年：脉络与展望［J］．外国经济与管理，2019（12）：162 - 186.

　　［44］李维安，武立东．公司治理教程［M］．上海：上海人民出版社，2005：3.

　　［45］李正图，朱秋，米宏晋，等．论建立和完善中国特色现代企业制度的原则［J］．上海经济研究，2023（3）：19 - 26.

　　［46］梁开银．论公司股权之共有权［J］．法律科学（西北政法大学学报），2010，28（2）：140 - 148.

　　［47］梁能．公司治理结构：中国的实践与美国的经验［M］．北京：中国人民大学出版社，2000：59.

　　［48］刘斌．董事会权力的失焦与矫正［J］．法律科学（西北政法大学学报），2023，41（1）：160 - 172.

　　［49］刘诚，杨继东，周斯洁．社会关系、独立董事任命与董事会独立性［J］．世界经济，2012，35（12）：83 - 101.

　　［50］刘诚．独立董事社会关系增进还是削弱了董事会的功能——基于灰色董事行为的博弈分析［J］．经济理论与经济管理，2017，320

（8）：91 - 99.

［51］刘俊海.上市公司独立董事制度的反思和重构——康美药业案中独董巨额连带赔偿责任的法律思考［J］.法学杂志，2022，43（3）：1 - 27.

［52］刘宁，张洪烈.宜控还是宜参？国有股权与民营企业双元创新：逆向混改视角［J］.科技进步与对策，2022，39（18）：77 - 87.

［53］刘思远.全国首例特别股东代表诉讼案实务观察［J］.中国改革，2023（3）：76 - 78.

［54］卢昌崇，陈仕华.断裂联结重构：连锁董事及其组织功能［J］.管理世界，2009，188（5）：152 - 165.

［55］芦雅婷.董事会职能、内部控制缺陷定量认定标准与内部控制审计费用［J］.南京审计大学学报，2019，16（2）：30 - 38.

［56］罗君丽.罗纳德·科斯的经济学方法论研究综述［J］.浙江社会科学，2016（4）：133.

［57］骆正山.信息经济学（第二版）［M］.北京：机械工业出版社，2013：278 - 283.

［58］马歇尔.经济学原理［M］.朱志泰，译.北京：商务印书馆，1981.

［59］马艺玲.实施双重股权结构的动因及经济后果研究综述［J］.中国商论，2022，868（21）：137 - 139.

［60］聂辉华，李金波.资产专用性、敲竹杠和纵向一体化——对费雪—通用汽车案例的全面考察［J］.经济学家，2008（4）：44 - 49.

［61］聂辉华.交易费用经济学：过去、现在和未来——兼评威廉姆森《资本主义经济制度》［J］.管理世界，2004（12）：146 - 153.

［62］佩杰·威齐.产权经济学［M］.北京：经济科学出版社，1999：32.

［63］彭正银，廖天野.连锁董事治理效应的实证分析——基于内

在机理视角的探讨［J］．南开管理评论，2008，58（1）：99－105．

［64］平新乔．微观经济学十八讲［M］．北京：北京大学出版社，2001：240．

［65］钱玉林．股东大会决议瑕疵的救济［J］．现代法学，2005（3）：138－144．

［66］乔纳森·查卡姆．公司长青：英美法日德公司治理的比较［M］．郑江淮，李鹏飞，译．北京：中国人民大学出版社，2006：164．

［67］任勇，李晓光．委托代理理论：模型、对策及评析［J］．经济问题，2007（7）：13－15．

［68］芮明杰，袁安照．现代公司理论与运行［M］．上海：上海财经大学出版社，2005：115．

［69］石少侠．论股东诉讼与股权保护［J］．法制与社会发展，2002（2）：60－63．

［70］宋玉臣．市场有效周期理论的构建、实证及应用［M］．北京：中国人民大学出版社，2015：424．

［71］孙亮，刘春．民营企业因何引入国有股东？——来自向下调整盈余的证据［J］．财经研究，2021，47（8）：109－122．

［72］田高良，李留闯，齐保垒．连锁董事、财务绩效和公司价值［J］．管理科学，2011，24（3）：13－24．

［73］佟晓慧．论异议股东股权回购请求权制度的完善［J］．黑龙江人力资源和社会障，2022，480（16）：56－58．

［74］汪聪．企业成长及其评价指标探讨［J］．经济研究导刊，2022（5）：1．

［75］汪青松．中国特色现代企业制度的公司法进路［J］．上海政法学院学报（法治论丛），2024（3）：18－19．

［76］王虎成．公司制企业运作［M］．北京：华文出版社，2023：7．

［77］王砾，代昀昊，孔东民．激励相容：上市公司员工持股计划

的公告效应［J］．经济学动态，2017（2）：37－50．

［78］王姗．浅析美国公司敌意收购的经济学问题及司法规制［J］．金融文坛，2022（8）：6．

［79］王晓艳，温翔宇．公司治理问题文献综述［J］．农村经济与科技，2020（1）：211－214．

［80］王悦．混改：资本市场的观察与思考［M］．北京：中信出版集团，2019：189－305

［81］威廉姆森．资本主义经济制度［M］．北京：商务印书馆，2004．

［82］吴波，等．中国特色现代企业制度的历史逻辑、基本特点与特殊优势——基于国企党建的视角［J］．探求，2023（5）：38．

［83］吴高臣．有限责任公司法论［M］．北京：中国民主法制出版社，2019：9－10．

［84］吴泓衍．通过证据确认权利——一起已注销企业法人股东资格继承公证案例评析［J］．司法，2011（00）：273－286．

［85］吴敬琏．大中型企业改革——建立现代企业制度［M］．天津：天津人民出版社，1993．

［86］习近平．论坚持党对一切工作的领导［M］．北京：中央文献出版社，2019．

［87］席酉民，赵增耀．公司治理［M］．北京：高等教育出版社，2004：87．

［88］小艾尔佛雷德·D.钱德勒．看得见的手——美国企业的管理革命［M］．重武，译．北京：商务印书馆，2004：587．

［89］肖建军，刘松林，蒋瑛．资产重组——国企改革的突破口［J］．中国财政，2000（3）：21－22．

［90］辛晶．论董事会中心主义［D］．重庆：西南政法大学，2014．

［91］徐丹丹，曾章备，董莹．基于效率评价视角的国有企业分类

改革实现路径研究——以高端装备制造业为例 [J]. 中国软科学，2017 (7)：182 – 192.

[92] 徐辉，何悦，骆淑恬. "逆向混改"动因、路径与效果研究——以小康股份引入东风汽车为例 [J]. 财会通讯，2023 (18)：97 – 104.

[93] 徐宁，徐向艺. 公司治理理论的演进趋势研究——基于经济学与法学的整合视角 [J]. 经济与管理研究，2009 (12)：64.

[94] 许海峰. 数智化赋能企业高质量发展——以 G 集团财务共享中心建设为例 [J]. 国际商务财会，2024 (14)：36 – 40.

[95] 余菁. 美国公司治理：公司控制权转移的历史分析 [J]. 中国工业经济，2009 (7)：98.

[96] 袁琛，马连福，张晓庆. "薪中有数"：企业数字化转型对人力资本产权激励的赋能效应 [J]. 上海财经大学学报，2024，26 (4)：32 – 48.

[97] 张琦. 建立现代企业制度的理论探索——中国 20 世纪 90 年代的企业改革思想 [J]. 中国经济史研究，2023 (1)：152.

[98] 张维迎. 博弈论与信息经济学 [M]. 上海：格致出版社，2004：240.

[99] 张维迎. 理解公司：产权、激励与治理 [M]. 上海：上海人民出版社，2013：308.

[100] 张维迎. 所有制、治理结构及委托—代理关系——兼评崔之元和周其仁的一些观点 [J]. 经济研究，1996 (9)：10.

[101] 张五常. 经济解释 [M]. 北京：商务印书馆，2000：363.

[102] 张晓敏. 论独立董事的独立性、问责与免责——以康美诉讼案判决为例 [J]. 现代商贸工业，2023，44 (17)：161 – 163.

[103] 张银平. 现代企业制度在中国的构建与发展 [J]. 中外企业文化，2022 (12)：17 – 23.

[104] 赵忠奎，周友苏. 整合与扩容：公司组织形态变革的本土

路径 [J]. 社会科学研究, 2021 (1): 142 – 152.

[105] 周翔, 叶文平, 李新春. 数智化知识编排与组织动态能力演化——基于小米科技的案例研究 [J]. 管理世界, 2023, 39 (1): 138 – 157.

[106] Arman A, Harold D. Production, Information Costs, and Economic Organization [J]. The American Economic Review, 1972 (62): 777 – 795.

[107] Bazerman M H, Schoorman F D. A Limited Rationality Model of Interlocking Directorates [J]. Academy of Man. agement Review, 1983, 8 (2): 206 – 217.

[108] Bhagat S, Black B. The Non – Correlation Between Board Independence and Long – Term Firm Performance [J]. Journal of Corporation Law, 2002, 27 (2): 231 – 273.

[109] Coase, R H. The Nature of the Firm [J]. Economica, 1937 (4): 386 – 405.

[110] Coase, R H. The Problem of Social Cost [J]. Journal of Law and Economics, 1960 (3): 1 – 44.

[111] Davis L E, North D C. A Theory of Intitutional Change: Concepts and Causes [M] //Institutional Change and American Economic Growth, London: Cambridge University Press, 1971.

[112] Demsetz H. The Theory of the Firm Revisited [J]. Journal of Law Economics and Organization, 1988 (4): 141 – 161.

[113] Fama E, Jensen M. Separation of Ownership and Control [J]. Journal of Law and Economics, 1983, 26 (2): 301 – 325.

[114] Grossman S J, Hart O D. The Costs and Benefits of Ownership: A Theory of Vertical and Lateral Integration [J]. Journal of Political Economy, 1986, 94 (4): 691 – 719.

［115］ Hermalin B E，Weisbach M S. Boards of Directors as an Endogenously Determined Institution：A Survey of the Economic Literature ［J］. Economic Policy Review，2003，9（1）：7 – 26.

［116］ Kaplan，Steven N. Top Executive Rewards and Firm Performance：A Comparison of Japan and the United States ［J］. Journal of Political Economy，1994.

［117］ Klein B，Alchian C A A . Vertical Integration，Appropriable Rents，and the Competitive Contracting Process ［J］. The Journal of Law and Economics，1978，21（2）：297 – 326.

［118］ Kraus S，Kanbach D K，et al. Facebook and the creation of the metaverse：radical business model innovation or incremental transformation？［J］. International Journal of Entrepreneurial Behavior & Research，2022，28（9）：52 – 77.

［119］ Porter M E. Competitive Advantage：Creating and Sustaining Superior Performance ［M］. New York：Free Press，1998.

［120］ Sun L，Liu C，Chen G，et al. Automatic Treatment Regimen Design ［J］. IEEE Transactions on Knowledge and Data Engineering，2021，33（11）：3494 – 3506.

［121］ Vafeas N. Board Meeting Frequency and Firm Performance ［J］. Journal of Financial Economics，1999，53（1）：113 – 142.

［122］ Warfield T D，John J，Wild，et al. Wild. Managerial ownership，accounting choices，and informativeness of earnings ［J］. Journal of Accounting and Economics，1995（7）：61 – 91.

［123］ Wilson R. The Structure of Incentives for Decentralization Under Uncertainty ［J］. La Decision，1963（171）：787 – 307.

［124］ Yermack D. Higher Market of Companies with a Small Board of Directors ［J］. Journal of Financial Economics，1996，40（2）：185 – 211.